startup WR

Wirtschaft und Recht für das Gymnasium

Band 1
für die Jahrgangsstufe 9

bearbeitet von
Gotthard Bauer
Max Bauer
Sebastian Bürle
Benjamin Nold
Gerhard Pfeil
Ulrike Wombacher

C.C. Buchner Bamberg

startup.WR Band 1
Wirtschaft und Recht für das Gymnasium

Bearbeiter:
Gotthard Bauer
Max Bauer
Sebastian Bürle
Benjamin Nold
Gerhard Pfeil
Ulrike Wombacher

1. Auflage, 3. Druck 2016
Alle Drucke dieser Auflage sind, weil untereinander unverändert, nebeneinander benutzbar.

Dieses Werk folgt der reformierten Rechtschreibung und Zeichensetzung. Ausnahmen bilden Texte, bei denen künstlerische, philologische oder lizenzrechtliche Gründe einer Änderung entgegenstehen.

© 2013 C.C.Buchner Verlag, Bamberg
Das Werk und seine Teile sind urheberrechtlich geschützt. Jede Nutzung in anderen als den gesetzlich zugelassenen Fällen bedarf der vorherigen schriftlichen Einwilligung des Verlags. Das gilt insbesondere auch für Vervielfältigungen, Übersetzungen und Mikroverfilmungen.

Hinweis zu § 52 a UrhG: Weder das Werk noch seine Teile dürfen ohne eine solche Einwilligung eingescannt und in ein Netzwerk eingestellt werden. Dies gilt auch für Intranets von Schulen und sonstigen Bildungseinrichtungen.

www.ccbuchner.de

Redaktion: Simon Hameister
Layout und Satz: tiff.any GmbH, Berlin
Umschlag: tiff.any GmbH, Berlin
Druck und Bindung: creo Druck und Medienservice GmbH, Bamberg

ISBN 978-3-661-82001-9

Zur Arbeit mit dem Buch

Die Konzeption des Unterrichtswerks ermöglicht es Schülerinnen und Schülern, das notwendige Sachwissen und die zentralen Kompetenzen des Faches Wirtschaft und Recht zu erwerben. Für Lehrerinnen und Lehrer ist das Buch eine Hilfe, um einen modernen Unterricht zu verwirklichen.

Zum Aufbau des Buches

Die **Auftaktseiten** jedes Kapitels sind mit ansprechenden Bildern gestaltet. Die Rubrik „Was weißt du schon?" dient der Lernstandserhebung und der Annäherung an das Thema. Das zu erwerbende Können sowie die zu erwerbenden Kompetenzen werden für jedes Kapitel ausformuliert und machen den Schülerinnen und Schülern transparent, über welches Können und welche Kompetenzen sie am Ende des Kapitels verfügen sollten.

Die Unterkapitel im **Materialienteil** beginnen mit Leitfragen, die eine direkte Verknüpfung zum entsprechenden Lehrplaninhalt herstellen. Mithilfe der sorgfältig ausgewählten, authentischen Quellen (Zeitungsartikel, Bilder, Karikaturen, Grafiken, ...) und Autorentexten werden die fachspezifischen Kompetenzen schrittweise erworben und sinnvoll miteinander verknüpft. Die **Aufgabenblöcke** schließen jeweils eine Unterrichtseinheit ab.

Ausgewiesene **Methodenseiten** führen in wirtschaftliche und rechtliche Forschungsmethoden und Arbeitsweisen ein. An geeigneten Inhalten werden die Methoden exemplarisch dargestellt. Die Erläuterungen und Anregungen können und sollen aber auch unabhängig davon an anderer Stelle herangezogen werden. Zentrale wirtschaftliche und rechtliche Begriffe werden in den **Randspalten** erklärt, um eine exakte fachwissenschaftliche Verwendung zu erleichtern.

Die Rubriken **„Fachwissen im Zusammenhang"** sowie **„Anwendung und Transfer"** beenden die jeweiligen Großkapitel. Das im Lehrplan geforderte grundlegende Sachwissen wird auf den Seiten „Fachwissen im Zusammenhang" mithilfe eines umfangreichen Darstellungsteils für die Schülerinnen und Schüler übersichtlich und verständlich zusammengefasst. Die Seite „Anwendung und Transfer" beinhaltet Angebote zur Überprüfung und Anwendung des im Kapitel erworbenen Könnens und der Kompetenzen.

Alle Paragrafen des Bürgerlichen Gesetzbuches (BGB), die für die Bearbeitung der Materialien und Aufgaben notwendig sind sowie eine Hilfe für die Erschließung des Sachwissens darstellen, sind innerhalb der Rubrik **Sammlung wichtiger Paragrafen** am Ende des Schulbuches aufgelistet. Ein **Register** zum Auffinden von Querverweisen erleichtert zudem das selbstständige Arbeiten mit dem Buch.

Hinweise:

Aufgrund der besseren Lesbarkeit wird im Folgenden darauf verzichtet, immer beide Geschlechter anzusprechen („Schülerinnen und Schüler"), auch wenn selbstverständlich beide gemeint sind.

Materialien und Schaubilder ohne Quellenangaben sind vom Bearbeiter verfasst.

Inhaltsverzeichnis

1 Entscheidungen beim Konsum ... 6
Welchen Sinn hat unser Konsum? ... 8
Warum ist es sinnvoll, einen Haushaltsplan zu erstellen? ... 10
Warum müssen wir „Wirtschaften"? ... 12
Methode: die gewichtete Entscheidungsmatrix ... 14
Wie beeinflusst Werbung das Konsumverhalten? ... 15
Wie können wir uns als Verbraucher am Prinzip der Nachhaltigkeit orientieren? ... 18
Fachwissen im Zusammenhang ... 22
Anwendung und Transfer ... 27

2 Entscheidungen beim Umgang mit Geld ... 28
Wofür brauchen wir Geld? ... 30
Was ist eine Inflation? ... 32
Welche unterschiedlichen Zahlungsarten gibt es? ... 34
Welche Geldanlage ist die richtige? ... 36
Ab wann werden Schulden gefährlich? ... 38
Fachwissen im Zusammenhang ... 40
Anwendung und Transfer ... 47

3 Entscheidungen im Zusammenhang mit Ausbildung und Beruf ... 48
Welche Anforderungen verlangt die moderne Arbeitswelt? ... 50
Welcher Beruf ist der richtige? ... 52
Methode: der didaktische Bleistift – Kriterien entwickeln und gewichten ... 54
Wovon hängt eine erfolgreiche Bewerbung ab? ... 55
Was erwartet mich beim Einstellungstest? ... 58
Worauf kommt es beim Vorstellungsgespräch an? ... 60
Welche Wege schulischer und beruflicher Bildung gibt es? ... 62
Fachwissen im Zusammenhang ... 64
Anwendung und Transfer ... 67

4 Bedeutung und Abschluss von Verträgen am Beispiel der Kaufhandlung ... 68
Warum sind rechtliche Regelungen sinnvoll? ... 70
Was sind Verträge und wofür brauchen wir diese? ... 72
Wie kommt ein Kaufvertrag zustande und welche Bedeutung hat er? ... 74
Was ist der Unterschied zwischen Eigentum und Besitz? ... 76
Warum besteht die Kaufhandlung aus verschiedenen Rechtsgeschäften? ... 78
Wie sind Normen formuliert und warum ist das so? ... 80
Fachwissen im Zusammenhang ... 82
Anwendung und Transfer ... 87

5 Rechte des Verbrauchers bei Pflichtverletzungen ... 88
Welche Pflichtverletzungen können beim Kauf auftreten? ... 90
Wann liegt ein Sachmangel vor? ... 92
Welche vorrangigen Rechte bestehen, wenn die Sache Mängel aufweist? ... 94
Welche weiteren Rechte gibt es, wenn der Mangel nicht beseitigt wird? ... 96
Wie wird der Verbraucher beim Kauf besonders geschützt? ... 98
Fachwissen im Zusammenhang ... 100
Anwendung und Transfer ... 105

6 Die rechtliche Stellung Minderjähriger ... 106
Wovon hängt es ab, ob man Rechte hat? ... 108
Ab wann kann man seinen eigenen rechtlichen Willen durchsetzen? ... 110
Was darf man als beschränkt Geschäftsfähiger
eigentlich rechtswirksam machen? ... 112
Kann ein beschränkt Geschäftsfähiger ohne seine Eltern
gültige Verträge abschließen? ... 114
Was ist, wenn Minderjährige bereits im Berufsleben stehen? ... 115
Wann haben Minderjährige einen rechtlichen Freiraum bei Verträgen? ... 116
Ab welchem Alter muss man für seine „Taten" geradestehen? ... 118
Warum gibt es für Jugendliche in der Öffentlichkeit Einschränkungen? ... 120
Fachwissen im Zusammenhang ... 122
Anwendung und Transfer ... 129

7 Entscheidungen bei der Gründung eines Unternehmens ... 130
Warum sind manche Unternehmen erfolgreich und andere nicht? ... 132
Was muss ein Unternehmensgründer mitbringen? ... 134
Warum braucht die Wirtschaft Unternehmer? ... 136
Wie kann man die persönliche Haftung beschränken und
was sind die Folgen? ... 138
Welche Kriterien sind bei der Standortentscheidung zu berücksichtigen? ... 140
Fachwissen im Zusammenhang ... 142
Anwendung und Transfer ... 145

8 Typische Geschäftsprozesse im Unternehmen ... 146
Wie kann man knappe Produktionsfaktoren wirtschaftlich einsetzen? ... 148
Wie kann durch Arbeitsteilung die Wirtschaftlichkeit gesteigert werden? ... 150
Wie kann durch die Organisation der Fertigung die Wirtschaftlichkeit
gesteigert werden? ... 153
Methode: die Betriebserkundung ... 156
Wie kann das Marketing den Umsatz des Unternehmens erhöhen? ... 157
Wie wirken Produktion und Marketing in der globalisierten Wirtschaft
zusammen? ... 159
Fachwissen im Zusammenhang ... 162
Anwendung und Transfer ... 167

9 Das Rechnungswesen als Grundlage unternehmerischen Handelns ... 168
Wie erhält man schnell einen Überblick über die Lage
eines Unternehmens? ... 170
Wie wirken sich Geschäftsprozesse auf die Bilanz aus? ... 172
Was sind die Grundlagen der Erfolgsrechnung? ... 174
Rentabel arbeiten – was heißt das? ... 176
Zur Vertiefung: Wie können Daten anschaulich aufbereitet werden? ... 178
Fachwissen im Zusammenhang ... 181
Anwendung und Transfer ... 185

Sammlung wichtiger Paragrafen ... 186
Register ... 191

Entscheidungen beim Konsum

Man sollte ja meinen, dass die Eröffnung eines Elektronikmarktes nun wirklich nichts Weltbewegendes mehr ist – selbst wenn es der größte seiner Art ist. Für rund 5.000 Hauptstädter ist das überraschenderweise offensichtlich anders. Bei Tumulten anlässlich der Eröffnung eines dieser Technik-Konsumtempel im Einkaufszentrum Alexa am Berliner Alexanderplatz sind sogar mindestens fünf Menschen verletzt worden.

Die Eröffnung des Marktes war für Mitternacht angesetzt und von einer umfangreichen Werbekampagne mit zahlreichen Sonderangeboten begleitet worden. Der Andrang überstieg dann aber doch die Erwartungen, sodass u. a. eine große Scheibe zu Bruch ging. Ursprünglich sollte das Geschäft die Nacht über geöffnet bleiben, musste nach zwei Stunden aber aus Sicherheitsgründen wieder geschlossen werden.

Nach: www.faz.net mit Material von AP, 12.9.2007

Das Einkaufszentrum am Alexanderplatz ist völlig überfüllt.

1

Kunden stürmen den Elektronikmarkt am Alexanderplatz.

Kompetenzen

Am Ende dieses Kapitels solltest du Folgendes können:

- erklären, was sich hinter dem Begriff „Wirtschaften" verbirgt
- eine rationale Konsumentscheidung mithilfe einer gewichteten Entscheidungsmatrix treffen
- verstehen, wie Werbung dein Konsumverhalten beeinflusst
- dich als Verbraucher am Prinzip der Nachhaltigkeit orientieren
- dein eigenes Konsumverhalten kritisch reflektieren

Was weißt du schon?

1. Beurteile das Verhalten der Kunden bei der Eröffnung des Elektronikmarktes am Berliner Alexanderplatz.

2. Schildere ähnliche außergewöhnliche Situationen, die du beim Einkaufen eventuell schon einmal persönlich erlebt hast.

Welchen Sinn hat unser Konsum?

M1 Das Thema Konsum innerhalb der Musik

Je veux: Text: Soltani Ker, Eddie © Play On/Sony/ATV Music Publishing für D/A/CH, Sony/ATV Music Publishing (Germany) GmbH, Berlin

Ka-Ching!: Text, OT: Lange, Robert John/ Twain, Shania © Loon Echo/Out-of-Pocket-Productions-Ltd. Universal/MCA Music Publishing GmbH, Berlin/Universal Music Publishing GmbH, Berlin

ZAZ: Je veux
Donnez-moi une suite au Ritz, je n'en veux pas
Des bijoux de chez Chanel, je n'en veux pas
Donnez-moi une limousine, j'en ferais quoi?
Offrez-moi du personnel, j'en ferais quoi?
Un manoir à Neufchatel, ce n'est pas pour moi
Offrez-moi la Tour Eiffel, j'en ferais quoi?
Je veux de l'amour, de la joie, de la bonne humeur
Ce n'est pas votre argent qui fera mon bonheur.
(dt.: Gebt mir eine Suite im Ritz, die will ich nicht!
Schmuck von Chanel, den will ich nicht!
Schenkt mir eine Limousine, was soll ich damit?
Gebt mir Personal, was soll ich damit?
Eine Villa in Neufchatel, das ist nichts für mich.
Schenkt mir den Eiffelturm, was soll ich damit?
Ich will Liebe, Freude, gute Laune;
euer Geld ist nicht das, das mich glücklich machen wird.)

Shania Twain: Ka-Ching!
We live in a greedy little world –
that teaches every little boy and girl
To earn as much as they can possibly –
then turn around and
Spend it foolishly
We've created us a credit card mess
We spend the money that we don't possess
Our religion is to go and blow it all
So it's shoppin' every Sunday at the mall.
All we ever want is more
A lot more than we had before
So take me to the nearest store
Can your hear it ring
It makes you wanna sing
It's such a beautiful thing
Ka-ching!

M2 Unterschiedliche Arten von Wünschen und Bedürfnissen

Bedürfnis
Ein Gefühl des Mangels, verbunden mit dem Streben, diesen Mangel zu beseitigen.

Güter
Alle Mittel, die der Bedürfnisbefriedigung dienen.

Für Epikur gab es dreierlei Arten von Wünschen bzw. Bedürfnissen: natürliche und notwendige, natürliche und nicht notwendige, nicht natürliche und nicht notwendige.

5 Die natürlichen und notwendigen Freuden sind diejenigen, die das Überleben sichern: essen, trinken, schlafen und sich kleiden, wenn es kalt ist. Gemeint ist natürlich, nur so viel zu essen, dass man satt wird, nur zu trinken, um seinen
10 Durst zu löschen, und der Jahreszeit entsprechende Kleidung zu tragen. Ein Pelzmantel in Neapel zum Beispiel würde schon nicht mehr ins Bild passen. Die natürlichen und nicht notwendigen Freuden sind jene, die den Sinnen zwar
15 angenehm sind, aber das Überflüssige darstellen. Dazu gehört zum Beispiel besser zu essen, besser zu trinken usw. Ein schönes Nudelgericht mit dicken Bohnen zu essen wäre gewiss eine solche natürliche und nicht notwendige Freude.
20 Können wir sie ohne allzu große Anstrengung erleben, soll sie willkommen sein, andernfalls verzichten wir eben. Die nicht natürlichen und nicht notwendigen Wünsche sind diejenigen, die durch eine Meinung hervorgerufen werden. Nehmen wir das Beispiel einer goldenen Uhr: 25 ganz gewiss ist sie kein notwendiges Gut. Wir möchten sie vor allem deshalb gerne besitzen, weil sie in den Augen aller als Wertgegenstand gilt. Wenn es einfach nur der Anblick wäre, der uns entzückte, müssten wir uns ebenso sehr für 30 eine goldähnlich lackierte Uhr begeistern. Die Menschheit lässt sich aber heute mehr vom Firmennamen als von der Qualität und dem Aussehen eines Produktes beeindrucken, und das ist gewiss weder natürlich noch notwendig. […] 35 An sich sind die Grundregeln der epikureischen Ethik ganz elementar: die natürlichen und notwendigen Bedürfnisse müssen immer befriedigt werden, sonst ist ja das Überleben nicht gesichert; die nicht natürlichen und nicht notwen- 40 digen Bedürfnisse dagegen nie; bei den dazwischen liegenden sollte man sich immer zuerst fragen: „Ist es vorteilhaft für mich oder nicht?"

Aus: Luciano de Crescenzo: Geschichte der griechischen Philosophie I. Aus dem Italienischen von Linde Birke. Copyright der deutschsprachigen Ausgabe © 1985, 1990 Diogenes Verlag AG, Zürich

M 3 Macht Konsum glücklich?

Schauen wir mal ein bisschen in uns selbst hinein: Wenn ich ein neues Haus oder ein neues Auto bekomme, bin ich zunächst einmal begeistert. Aber dann gewöhne ich mich daran und meine Stimmung ist wieder so, wie sie ursprünglich war. Nun habe ich das Gefühl, dass ich das neue Haus und das bessere Auto unbedingt brauche. Wenn ich jetzt wieder das alte Haus und das alte Auto hätte, wäre ich viel unglücklicher als vorher, weil ich etwas Besseres erlebt habe.
Ich selbst bin ohne Zentralheizung aufgewachsen. Das war in Ordnung so. Manchmal musste ich mich ans Feuer stellen oder meine Füße in eine Schüssel heißes Wasser stellen, aber meine Stimmung war gut. Als ich vierzig war, bekam ich eine Zentralheizung. Heute wäre ich wirklich unglücklich, wenn ich die Kälte so bekämpfen müsste, wie ich es früher tat. Ich bin sozusagen süchtig nach Zentralheizung geworden.
Wenn man einmal ein neues Erlebnis hatte, dann muss man immer mehr davon haben, wenn man auf demselben Niveau der Zufriedenheit bleiben will.

Bearbeitet und übersetzt nach: Richard Layard, Happiness. Lessons from a New Science, London 2005, S. 48f.

M 4 Der persönliche und gesellschaftliche Nutzen von Konsum

Bleibt die letzte entscheidende Frage. Wenn mehr Geld und wachsender Wohlstand die Menschen nicht glücklicher macht, warum streben die Leute dann so rastlos nach immer mehr Geld? Der Ökonom Adam Smith meinte schon vor mehr als zweihundert Jahren, die Menschen säßen einer ziemlich produktiven Selbsttäuschung auf. Sie glauben, dass wachsender Wohlstand sie glücklicher macht, und streben deshalb nach immer mehr Geld und Reichtum: „Es ist diese Irreführung, welche das produzierende Gewerbe kontinuierlich in Bewegung hält. Täuschung bringt uns dazu das Land zu kultivieren, Städte zu gründen und Weltreiche zu errichten."

Nach: Rainer Hank, Warum macht Geld nicht wirklich glücklich, in: R. Hank (Hrsg.), Was Sie schon immer über Wirtschaft wissen wollten, Frankfurt 2008, S. 306f.

Adam Smith (1723–1790)

Aufgaben

1. Innerhalb der Liedtexte werden unterschiedliche Konsumverhalten beschrieben. Vergleicht die Texte miteinander und beurteilt, welche der Einstellungen zum Konsum der Realität näher kommt. Begründet eure Meinungen. (M1)
2. Fasse die von Epikur beschriebenen Wünsche bzw. Bedürfnisse in einer grafischen Darstellung zusammen und ergänze diese mit Beispielen aus deiner eigenen Erfahrungswelt. (M2)
3. Erläutere, warum Konsum auf Dauer nicht glücklich macht. (M3)
4. Beschreibe den gesellschaftlichen Wert von Konsum nach Adam Smith und formuliere aus dieser Sicht eine Kritik an den Ausführungen von Epikur. (M2, M4)

Warum ist es sinnvoll, einen Haushaltsplan zu erstellen?

M 1 Die Wünsche und Bedürfnisse der Familie Fesl

Vater Jürgen Fesl (39 Jahre) arbeitet für ein mittelständisches Unternehmen in der Finanzbuchhaltung. In seiner Freizeit spielt er Golf und im Winter fährt er gerne Ski. Sein Motto lautet: „Wer hart und viel arbeitet, darf sich auch teure Hobbies leisten!" Jürgen Fesl ist es aber auch wichtig, dass die Familie jeden Monat einen gewissen Betrag für die Anschaffung eines neuen Autos zurücklegt, da er derzeit mit einem älteren Auto täglich zur Arbeit pendelt.

Mutter Angelika Fesl (37 Jahre) ist bei einer Werbeagentur beschäftigt. Da sie sich außerdem um den Haushalt und die Kinder kümmert, arbeitet sie in Teilzeit. Mit ihrer Familie möchte sie jedes Jahr einen größeren Sommerurlaub verbringen. Deshalb achtet sie genau darauf, dass jeden Monat ein bestimmter Betrag für den Urlaub zur Seite gelegt wird: „Eine Woche Strandurlaub brauche ich auf alle Fälle, um mich von den Alltagsstrapazen des ganzen Jahres zu erholen."

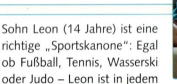

Sohn Leon (14 Jahre) ist eine richtige „Sportskanone": Egal ob Fußball, Tennis, Wasserski oder Judo – Leon ist in jedem Sportverein. Über die Kosten seiner Freizeitgestaltung hat er sich bisher noch keine Gedanken gemacht. Schließlich bezahlen die Eltern seine vielfältigen Aktivitäten. Sein monatliches Taschengeld in Höhe von 50 € benötigt er, um mit seinen Freunden ins Kino oder Eis essen zu gehen.

Sophie ist 12 Jahre alt und Gymnasiastin. Sie bekommt regelmäßig 40 € Taschengeld pro Monat. Darüber hinaus fördern ihre Eltern die Talente ihrer Tochter und bezahlen ihre Ballettstunden und den Musikunterricht. Ihr größter Wunsch ist es, in nächster Zeit mit dem Reiten zu beginnen und Reitstunden zu nehmen.

M 2 Die Gehaltsabrechnungen von Herrn und Frau Fesl

Technology Answers
Industriestraße 14
80999 München

Jürgen Fesl
Lilienweg 14
86169 Augsburg

Gehaltsabrechnung September

Bruttogehalt:	3.075,00 €
Steuern:	288,00 €
Sozialversicherungen:	638,00 €
= Nettobezüge:	2.149,00 €
= Überweisungsbetrag:	2.149,00 €

Advertise & Many More
Königsplatz 117
86150 Augsburg

Angelika Fesl
Lilienweg 14
86169 Augsburg

Gehaltsabrechnung September

Bruttogehalt:	2.650,00 €
Steuern:	751,00 €
Sozialversicherungen:	550,00 €
= Nettobezüge:	1.349,00 €
= Überweisungsbetrag:	1.349,00 €

M 3 Die monatlichen Ausgaben und Rücklagen der Familie Fesl

Zins- und Tilgungsrate für das Einfamilienhaus	900 €
Wasser, Strom, Heizung, Müllentsorgung etc.	300 €
Telefon (Festnetzanschluss und vier Handyverträge), Internet	110 €
Versicherungen (Haftpflicht, Unfall, Hausrat, Brandschutz etc.)	170 €
Lebensmittel, Kosmetika etc.	450 €
Beiträge für Golfclub, Sport- und Musikvereine	500 €
Benzin	240 €
Monatsfahrkarten	60 €
Steuer und Versicherung für 2 Autos	150 €
Taschengeld	90 €
Kleidung	250 €
Tageszeitung	30 €
Ausgaben für die Schule	70 €
Rücklagen für größere Anschaffungen (Auto, Waschmaschine etc.)	200 €
Rücklagen für den Urlaub	250 €
Sonstiges	50 €

M 4 Tabelle zum Kindergeld

Höhe des Kindergelds ...	
für erstes Kind	184 €
für zweites Kind	184 €

Aufgaben

1. Stelle für die Familie Fesl einen Haushaltsplan auf, indem du alle Ausgaben und Rücklagen den Einnahmen gegenüberstellst und berechnest, wie hoch die monatliche Ersparnis der Familie ist. (M1–M4)

2. Die Werbeagentur, für die Frau Fesl arbeitet, muss Insolvenz anmelden. Frau Fesl wird überraschend arbeitslos. Die Arbeitsagentur überweist jedoch weiterhin für ein Jahr 67 % ihres letzten Nettogehalts. Trotzdem muss die Familie ihren Haushaltsplan stark anpassen.

    a) Jeder Schüler entwickelt für das folgende Rollenspiel Argumente, um seine wirtschaftlichen Forderungen an die Familie sinnvoll und überzeugend zu vertreten.

    b) Erstellt in einem Rollenspiel einen angepassten Haushaltsplan, der für alle Familienmitglieder einen möglichst hohen Nutzen ermöglicht.

Spielregeln für das Rollenspiel:
- Jeder Schüler stellt möglichst einen Charakter der Familie Fesl dar. (M1) Die Schüler, die keinen Charakter darstellen, nehmen eine Beobachterposition ein.
- Jeder Schüler entwickelt Argumente, die er anschließend gegenüber den anderen Schülern im Rollenspiel vertritt.
- Im Rollenspiel wird höflich und sachlich miteinander diskutiert.
- Am Ende des Rollenspiels sollte ein einvernehmliches Ergebnis zustande gekommen sein.

Warum müssen wir „Wirtschaften"?

M1 Im Schlaraffenland

Ich weiß ein Land, dahin mancher gern ziehen möchte. Dieses schöne Land heißt Schlaraffenland. Da sind Häuser gedeckt mit Eierkuchen, die Türen sind von Lebzelten und die Wände von Schweinebraten. Um jedes Haus steht ein Zaun, der ist aus Bratwürsten geflochten. Aus allen Brunnen fließt süßer Wein und süßer Saft. Wer den gern trinkt, braucht nur den Mund unter das Brunnenrohr zu halten, und der süße Saft rinnt ihm nur so hinein. Auf den Birken und Weiden, da wachsen frischgebackene Semmeln, und unter den Bäumen, da fließen Milchbäche. Die Semmeln fallen in sie hinein und weichen sich selbst ein. Ihr könnt es ruhig glauben, die Vögel fliegen dort gebraten in der Luft herum, die Gänse, Enten und Hühner, die Truthühner und die Tauben. Und wem es zu viel Mühe macht, die Hand darnach auszustrecken, dem fliegen sie schnurstracks in den Mund hinein. Die Spanferkel laufen gebraten umher, das Messer steckt ihnen schon im Rücken, damit, wer will, sich ein frisches, saftiges Stück abschneiden kann. Das Geld kann man von den Bäumen wie gute Kastanien schütteln. Jeder mag sich das beste herunterschütteln, das mindere lässt er liegen. Für die Schlafsäcke und Faulpelze, die bei uns durch ihre Faulheit arm werden und betteln gehen müssen, ist das Schlaraffenland gerade das richtige Land. Jede Stunde Schlafen bringt dort ein Silberstück ein und jedes Mal Gähnen ein Goldstück. Wer gern arbeitet, das Gute tut und das Böse lässt, der wird aus dem Schlaraffenland vertrieben. Aber wer nichts kann, nur schlafen, essen, trinken, tanzen und spielen, der wird zum Grafen ernannt. Und der Faulste wird König im Schlaraffenland.

Nach: Andreas Kniepert, www.internet-maerchen.de (16.11.2012)

Das Schlaraffenland, Gemälde von Pieter Brueghel dem Älteren (1567)

M2 Von allem gibt es immer zu wenig!

Meine Tochter Ella hat ein Problem. Jede Woche besucht sie einmal den Klarinettenunterricht und dreimal das Basketballtraining. Als Schülerin muss sie Hausaufgaben machen. Hin und wieder soll sie im Haushalt helfen. Schließlich braucht sie Zeit zum Chillen, Chatten, zum Shoppen und, um sich mit Freunden zu treffen. Sie würde gerne noch Saxophon lernen, Gesangsstunden nehmen, bei einer Musicalaufführung mitmachen, regelmäßig reiten, schwimmen und öfter ausschlafen. Ella bräuchte für ihr Wunschprogramm doppelt so viel Zeit, wie sie hat. Auch mehr Geld wäre nötig, denn Reitstunden sind nicht umsonst. Und ein Chauffeur wäre nicht schlecht, der sie schnell zu ihren Terminen bringt. Meistens sind die Wünsche einer Person größer als ihre Fähigkeiten und Mittel, diese zu erfüllen. Knappheit nennen das die Leute, die sich mit Wirtschaft wissenschaftlich befassen.
Meine sechzehnjährige Tochter hat genau dieses Knappheitsproblem: Alle Menschen wollen immer mehr von irgendetwas: Mehr Zeit, mehr Schnitzel, mehr Cola, mehr Autos, mehr Gesundheit, mehr Liebe, mehr Benzin, mehr saubere Luft, mehr Ferien, mehr Tickets für das Champions-League-Finale oder mehr Schokolade. Wie dieses Problem meiner Tochter und

all ihrer Mitmenschen am besten gelöst oder zumindest behandelt werden kann, davon handelt die Wirtschaft. Knappheit zwingt dazu, Entscheidungen zu treffen. Wenn Ella das Basketballtraining besucht, dann fehlt ihr die Zeit an anderer Stelle. Wenn sie einmal in der Woche shoppen geht, spart sie sich nicht genügend Geld für einen Kinobesuch. Jede Entscheidung für irgendetwas kostet. Und das ist schon einer der wichtigsten Gedanken der Wirtschaftswissenschaft – oder der Ökonomie, wie sie auch genannt wird.

Nach: Winand von Petersdorff-Campen, Das Geld reicht nie, Frankfurter Allgemeine Buch, 3. Auflage 2008, S. 9 f.

M 3 Wie kann man wirtschaftlich handeln?

Ein Fußballverein hat einen reichen arabischen Scheich als neuen Sponsor gewinnen können. Dieser stellt dem Fußballclub jährlich 100 Mio. € zur Verfügung. Der Verein investiert dieses Geld in neue Fußball-Stars, bessere Trainingsbedingungen etc. und möchte in der nächsten Spielzeit den größtmöglichen sportlichen Erfolg erzielen.

Die 17-jährige Elena bessert ihr Taschengeld einmal in der Woche mit dem Austragen von Werbeprospekten auf. Sie erhält 20 € für das Zustellen der Werbung in ihrem Stadtteil. Um möglichst schnell fertig zu sein, plant sie ihre Route vorher genau auf einem Stadtplan.

Michael (15) möchte sich eine Digitalkamera kaufen. Seit Wochen informiert er sich schon und ist überzeugt, dass ein bestimmtes Modell das beste Preis-Leistungsverhältnis bietet. Er macht sich nun auf die Suche nach dem Angebot mit dem günstigsten Preis für dieses Modell.

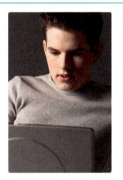

Bauer Wallinger versucht auf einem zwei Hektar großen Feld einen möglichst hohen Ernteertrag zu erwirtschaften. Hierfür kauft er nicht nur sehr gutes Saatgut, sondern hat den Boden auch mit reichlich Dünger behandelt.

Aufgaben

1. Beschreibe die Verfügbarkeit von Gütern im Schlaraffenland und vergleiche diese Situation mit der Realität. (M1)
2. Erkläre das Spannungsverhältnis zwischen dem Ausmaß an Bedürfnissen und der Verfügbarkeit von Gütern am Beispiel von Ella (M2) und Familie Fesl (S. 10 f.). Erläutere eine direkte Folge hieraus.
3. Ordne die in M3 beschriebenen Situationen nach dem Verhältnis von Mitteleinsatz und Nutzen in zwei unterschiedliche Kategorien ein.
4. Beschreibe die Unterschiede zwischen den beiden Kategorien aus Teilaufgabe 3 in Bezug auf das Verhältnis Nutzen zu Mitteleinsatz.

Methode: die gewichtete Entscheidungsmatrix

Trotz aller Einsparungen leistet sich Familie Fesl dieses Jahr einen Sporturlaub am Mittelmeer. Zur Auswahl stehen Angebote für drei verschiedene Hotels am gleichen Ort. Die Familie trifft ihre Wahl mithilfe einer gewichteten Entscheidungsmatrix.

Sporthotel Florida ★★★
- ideal für aktive Urlauber: großer Swimmingpool, Tischtennisplatten, Fitnessstudio uvm.
- Strand in 20 min. erreichbar
- Halbpension mit reichhaltigem Frühstücks- und Abendbuffet
- **Preis:** 70 € pro Person/Nacht

Hotel Imperial ★★★★
- Ausstattung: beheizter Pool mit Strandbar, Animationsprogramm, inklusive Stadtführungen und breitem Kulturangebot
- direkte Strandlage
- All inclusive
- **Preis:** 120 € pro Person/Nacht

Hotel Europa ★★★
- Lage: in der belebten Innenstadt
- Möglichkeit zum Baden am öffentlichen Strand
- Vollpension mit landestypischer Küche
- **Preis:** 60 € pro Person/Nacht

1. Schritt: Herausarbeiten der Entscheidungskriterien
Welche Kriterien sind für die Entscheidung der Familie Fesl wichtig? Es werden dabei alle für die Entscheidung relevanten Kriterien aufgenommen.

2. Schritt: Gewichtung der Entscheidungskriterien
Wie wichtig sind die einzelnen Kriterien bei der Entscheidung? Je wichtiger das Kriterium für die Familie Fesl ist, desto höher ist die Gewichtung in Prozent. Für Familie Fesl haben der Preis und die Sportausstattung des Hotels eine große Bedeutung bei ihrer Entscheidung. Die Summe der einzelnen Gewichtungen ergibt dabei 100 %.

Kriterium	Gewichtung	Sporthotel Florida Bewertung	Sporthotel Florida gewichtete Bewertung	Hotel Imperial Bewertung	Hotel Imperial gewichtete Bewertung	Hotel Europa Bewertung	Hotel Europa gewichtete Bewertung
Sterne	20 %	6	1,20	8	1,60		
Entfernung zum Strand	15 %	3	0,45	10	1,50		
Sportausstattung	25 %	8	2,00	3	0,75		
Verpflegung	10 %	6	0,60	10	1,00		
Preis	30 %	7	2,10	3	0,90		
Summe	100 %		6,35		5,75		

3. Schritt: Bewertung jedes Kriteriums für jede Alternative
Inwieweit erfüllt jede Entscheidungsalternative die einzelnen Kriterien? Falls ein Kriterium vollkommen erfüllt wird, werden 10 Punkte vergeben. Das Hotel Florida hat eine recht gute Sportausstattung und wird deshalb mit 8 Punkten bewertet.

4. Schritt: Berechnung der gewichteten Bewertung
Hierbei wird jede Bewertung mit der jeweiligen Gewichtung multipliziert [z. B. 8 × 0,25 (25 %) = 2,00].

5. Schritt: Berechnung der Summen der gewichteten Bewertungen und Entscheidung
Welche Alternative wird ausgewählt? Es werden alle gewichteten Bewertungen addiert und die Alternative mit der höchsten Punktzahl gewählt.

Aufgabe
Übertrage die gewichtete Entscheidungsmatrix entweder in dein Heft oder in ein Tabellenkalkulationsprogramm. Bewerte anschließend das Hotel Europa und triff für Familie Fesl eine Entscheidung.

Wie beeinflusst Werbung das Konsumverhalten?

M1 Werbung – zwei Meinungen

Werbung informiert einen darüber, was gerade „hip" und „cool" ist. Damit können wir uns einen guten Überblick über das Marktangebot verschaffen. Werbung fördert den Wettbewerb der Anbieter. Sie ist oft schön und originell gemacht und die Sprüche sind manchmal sehr lustig, sodass wir gut unterhalten werden. Die Werbebranche bietet zahlreiche interessante Arbeitsplätze und durch die Einnahmen aus Werbung finanzieren sich zahlreiche Medien. Viele Arbeitsplätze können deshalb erhalten oder neu geschaffen werden.

Phillip (15)

Lea (14)

Werbung setzt einen unter Druck, weil sie einem das Gefühl gibt, blöd zu sein, wenn man ihr nicht folgt. Sie will einem vorschreiben, was schön oder gut für einen ist. Werbung wurde erfunden, um Menschen Dinge anzudrehen, die sie eigentlich nicht brauchen oder wollen. Werbung versucht uns also zu manipulieren. Die Werbung gaukelt uns eine heile Welt vor und weckt bei uns Illusionen. Unternehmen schlagen die Kosten für Werbung auf die Produktpreise drauf, sodass die Produkte teurer werden.

Hartwig Riedel, Politik & Co. Baden-Württemberg 1, Bamberg, S. 109

M2 Die teuerste Werbung der Welt

Wenn am Sonntagabend im Lucas Oil Stadium in Indianapolis das Super Bowl Finale zwischen den New England Patriots und den New York Giants ausgetragen wird, werden Hunderte Millionen Zuschauer vor den Fernsehern sitzen und Football gucken. Fast genauso wichtig wie das Gerangel und Gekicke beim überdimensionierten Rasen-Schach ist der Werbeblock in der Halbzeitpause. Großkonzerne zahlen Millionen, um dort Werbung schalten zu dürfen. Die Half Break des Super Bowls sind die teuersten Werbesekunden der Welt. 30 Sekunden kosten in diesem Jahr rund 3,5 Millionen Dollar.

In der Regel produzieren Unternehmen extra für diese Pause originelle Werbefilme. So hat beispielsweise ein deutscher Automobilhersteller im vergangenen Jahr einen Spot drehen lassen, in dem ein kleiner Junge als Darth Vader verkleidet versucht, magische Kräfte zu entwickeln – vergeblich. Das neue Automodell nimmt mit dem Steppke erst Kontakt auf, nachdem der Vater des Jungen per Fernbedienung das Blinklicht aktiviert. Feierten in der Vergangenheit die Super-Bowl-Filmchen tatsächlich ihre Premiere immer erst in der Halbzeitpause, gehen in diesem Jahr viele Unternehmen dazu über, ihre Spots zumindest in Ausschnitten wenige Tage vor dem Spektakel ins Internet zu stellen. Mit Erfolg. Die Werbeclips werden millionenfach geklickt.

Nach: Christoph Giesen, Süddeutsche Zeitung, 6.2.2012

M3 Transfer-Coup perfekt: Lionel Messi wechselt zum weltweit größten Computerspieleentwickler

Der weltweit größte Computerspieleentwickler gab heute die Verpflichtung des weltbesten Fußballers bekannt: Lionel Messi, Argentiniens Ballvirtuose und Superstar des FC Barcelona wird ab sofort zum langfristigen globalen Gesicht der gesamten Computerspiel-FIFA-Reihe. Der Weltfußballer der Jahre 2009 und 2010 wird demnach bereits im März 2012 sein Debüt im Jersey des Computerspieleentwicklers feiern können: Als Coverstar des neuen FIFA-Computerspiels.

Dass das größte Unternehmen für die Entwicklung von Computerspielen mit Lionel Messi einen der größten Ballzauberer dieser Zeit zu seinem Fußballbotschafter macht, ist nicht nur ein Zeichen der großen Verbundenheit zum Sport, sondern mit Blick auf die Leistungen beider Seiten auch kein Zufall.

„Unsere FIFA-Serie ist weltweit die Nummer eins der Sport-Videospiele, und Lionel Messi ist die weltweite Nummer eins der Fußballspieler – dass wir uns nun zusammentun, ist also eine echte Partnerschaft der Superstars", so Matt Bilbey, Vice President und Geschäftsführer für Fußball beim weltweit größten Computerspieleentwickler. „Mit Messi haben wir nun den weltbesten und aufregendsten Spieler im Team. Er wird uns dabei helfen, unsere führende Rolle auf dem globalen Markt auf Jahre hinaus zu sichern."

Nach: www.ea.com, 24.11.2011

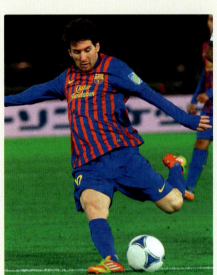

Lionel Messi im Jahr 2011 am Ball für den FC Barcelona

M4 Werbeannoncen für verschiedene Produkte in verschiedenen Zeitschriften

Zielgruppe
Mögliche Käufergruppe eines Produkts, die mit der Werbung gezielt erreicht werden soll (nach Geschlecht, Alter, Einkommen etc.).

Nachrichtenmagazin	Frauenzeitschrift	Sportmagazin
Anbieter für Kreuzfahrten	Modeartikel	Autohersteller
Autohersteller	Hautpflegeprodukte	Reifenhersteller
Shampoo für „graues Haar"	Schuhe	Internet-/Telefonanbieter
Versicherungsunternehmen	Waschmittel	Motorsägen

M5 Die Wirkung von Werbung

Werbeträger
Medien oder Gegenstände, mit deren Hilfe die Werbebotschaft an die Zielgruppe herangetragen wird (z. B.: TV- oder Radio-Werbespot, Internetwerbung, Plakatwand etc.).

Warum kaufen Jugendliche T-Shirts mit aufgedruckten Firmenlogos, obwohl die gut und gerne zehnmal teurer sind als ganz normale T-Shirts ohne Logo? Billiges verkauft sich gut, haben wir gelernt. Und was noch? Cooles verkauft sich gut. Fußballschuhe vom Ausrüster der deutschen Fußball-Nationalmannschaft, Energy-Drinks aus Österreich, Medienabspielgeräte aus den USA. Alle diese Sachen haben eines gemeinsam: einen berühmten Namen. Alle sind Markenartikel. Jeder kennt sie. Aber das kommt nicht von ungefähr: Die Unternehmen geben sehr viel Geld für Werbefilme, Plakate oder Anzeigen aus, um ihre Produkte bekannt zu machen.

Das Beispiel des Energy-Drink-Herstellers aus Österreich: Das Unternehmen verkaufte 2012 Getränke für 4,93 Milliarden Euro. Von diesen

Einnahmen nimmt der Chef des Unternehmens 1,4 Milliarden Euro für Werbung und Vermarktung. Das heißt, er gibt vermutlich mehr Geld für die Werbung des Getränks aus als für die Herstellung.

Die Werbung dient dazu, das Getränk bekannt zu machen. Aber viel wichtiger noch: Die Werbung soll das Getränk begehrt machen. Wir Kunden sollen das Gefühl bekommen, dass wir glücklicher werden, wenn wir das Getränk kaufen und trinken. Und wir sollen bereit sein, viel Geld dafür auszugeben. Der Energy-Drink ist süß, klebrig und schmeckt nach Gummibärchen. Viele junge Leute wollen ihn trinken. Denn er ist in. Wie hat der österreichische Energy-Drink-Hersteller das hingekriegt? Wie ist er cool geworden?

Durch alle möglichen Aktivitäten, die auf den ersten Blick mit Durstlöschen gar nicht so viel zu tun haben. Der Energy-Drink-Hersteller gibt viel Geld für Wettkämpfe in gefährlichen Sportarten aus – z. B. für die Formel 1-Autorennen.

Zudem hat er Geld für die Love Parade ausgegeben, für einen Wettbewerb von Stuntmännern, für Seifenkistenrennen, für Surfen mit Fallschirm, für Fußball oder einen Fallschirmsprung aus der Stratosphäre. Und sogar für einen Auftritt im Kinofilm. Der Energy-Drink tauchte bei Ocean's Twelve mit George Clooney und Brad Pitt auf. Extremsport, Love Parade und Brad Pitt, das ist irgendwie gefährlich, enthemmt und cool. Jeder junge Mensch möchte damit zu tun haben und kauft sich deshalb den Energy-Drink aus Österreich. Das ist zumindest der Plan des Unternehmens. Oft funktioniert er. Der Energy-Drink ist je Liter ungefähr dreimal so teuer wie die Cola vom größten Softdrinkhersteller der Welt. Und Cola ist im Vergleich zu Konkurrenten nicht billig.

Nach: Winand von Petersdorff-Campen, Das Geld reicht nie, Frankfurter Allgemeine Buch, 3. Auflage 2008, S. 138 ff.

M6 Werbung – einmal kritisch betrachtet

Jetzt geht es ans Eingemachte. Und um die Frage: Wie frei bist du wirklich, wie vernünftig und wie stark? Können die Werbung und das Marketing dich so beeinflussen, dass du ständig Entscheidungen triffst, die du später bereust? Gibst du ständig deutlich mehr Geld aus, als du dir eigentlich leisten kannst? Macht es dir etwas aus, wenn sich deine Mitschüler über die Discounter-Jeans und das Billig-T-Shirt lustig machen?

Wenn du alle Fragen mit „ja" beantworten musst, dann hast du ein Problem. Man muss schon ganz schön stark sein, um schlechten Verlockungen zu widerstehen.

Nach: Winand von Petersdorff, Das Geld reicht nie, Frankfurter Allgemeine Buch, 3. Auflage 2008, S. 144 f.

Emotionale Werbung
Werbung, die vor allem mit Gefühlen arbeitet.

Informierende Werbung
Werbung, die vor allem Informationen vermittelt.

Aufgaben

1. Was spricht für, was gegen Werbung? Diskutiert in der Klasse. (M1)
2. Begründe die hohen Investitionen von Unternehmen in Werbung. (M2)
3. Erläutere, wieso das größte Unternehmen für die Entwicklung von Computerspielen der Welt gerade Lionel Messi für seine Werbekampagne ausgewählt hat. (M3)
4. Begründe die Wahl des Werbeträgers für jedes Produkt der Tabelle M4.
5. Beschreibe die Rolle und die Wirkung von Gefühlen in der Werbung und nimm dazu kritisch Stellung. (M5, M6)

Wie können wir uns als Verbraucher am Prinzip der Nachhaltigkeit orientieren?

M 1 Staaten im Klimacheck

Klimawandel
Als Klimawandel bzw. als globale Erwärmung bezeichnet man den in den letzten Jahrzehnten beobachteten und zukünftig erwarteten Anstieg der Durchschnittstemperatur der Erdatmosphäre und der Meere. Der hohe Ausstoß von CO_2 und anderen Treibhausgasen wird als Hauptursache für die globale Erwärmung angesehen.

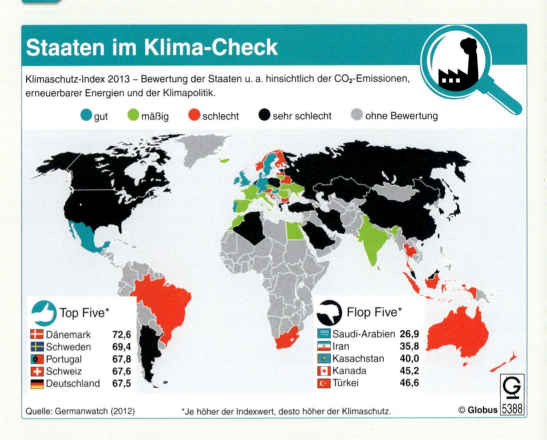

M 2 Die Zauberformel „Nachhaltige Entwicklung"

Erneuerbare Ressourcen
Hierzu zählen nachwachsende Rohstoffe, deren Bestände sich auf natürliche Weise wieder selbst regenerieren können, z. B. Holz oder auch die Fischbestände der Weltmeere.

Das Konzept der Nachhaltigkeit lässt sich bis ins 14. Jahrhundert zurückverfolgen. Schon damals existierte eine „nachhaltige" Forstwirtschaft, die darauf basierte, „nicht mehr Holz
5 zu schlagen, als nachwächst". 1795 formulierte Georg Ludwig Hartig: Die Wälder sind so zu nutzen, „dass die Nachkommenschaft ebenso viel Vorteil daraus ziehen kann, als sich die jetzt lebende Generation zueignet". 1987 legte
10 die „World Commission on Environment and Development" (WCED) („Weltkommission für Umwelt und Entwicklung") unter der Leitung der damaligen norwegischen Ministerpräsidentin Gro Harlem Brundtland ihren Abschlussbericht „Our Common Future" vor. Darin heißt es: 15 „Mögen die Bilanzen unserer Generation auch noch Gewinne aufweisen – unseren Kindern werden wir die Verluste hinterlassen. Ohne Absicht und Aussicht auf Rückzahlung borgen wir heute von künftigen Generationen unser 20 ‚Umweltkapital'. Unsere Nachfahren mögen uns ob unseres verschwenderischen Vorgehens verfluchen – unsere Schulden werden sie nicht mehr eintreiben können. Unser Verhalten ist bestimmt von dem Bewusstsein, dass uns keiner zur Rechenschaft ziehen kann. Künftige 25 Generationen haben heute kein Wahlrecht, sie verfügen über keine politische oder finanzielle

Macht und sind uns daher ohnmächtig ausgeliefert." Heftig gestritten wird darüber, wie man das Prinzip der Nachhaltigkeit mit wirtschaftlichem Wohlstand und gerechter Verteilung der Güter in Einklang bringen kann. Im Zentrum der Debatten über Nachhaltigkeit steht deshalb in der Regel das Begriffsdreieck (die Trias) Ökologie – Ökonomie – Soziales. Das heißt, dass alle Maßnahmen auf ihre ökologischen, sozialen und ökonomischen Auswirkungen zu untersuchen sind.

Nach: Stephan Podes, Politik & Co. Nordrhein-Westfalen 2, Bamberg, S. 302

Nicht-erneuerbare Ressourcen
Rohstoffe, deren Entstehung sich nicht in menschlichen Zeitmaßstäben vollzieht und daher endlich sind (z. B. Erdöl).

M 3 Mitternachtsblau – die Folgen der globalen Jeansproduktion

Vor zehn Jahren war Zhongshan eine Ansammlung von mehreren Dörfern, Ententeichen und Feldern. Heute gibt es hier 5.000 Textilfabriken unterschiedlicher Größe, die jeden Schritt der Jeansherstellung abdecken, vom Weben und Färben bis zum Nähen und der Nachbearbeitung. Das Wachstum der Stadt orientierte sich dabei so sehr an der Industrie, dass es zwecklos ist, einem Taxifahrer einen Straßennamen zu nennen. Nennt man ihm aber den Namen einer Firma, bringt er einen umgehend dorthin. Die Fabrikanten stammen genauso wie die Arbeiter aus armen Dörfern im Westen Chinas. Sie sind ins Delta des Pearl River gegangen, eine Region in der Provinz Guangdon in der Nähe von Hongkong, um ihr Glück in der Industrie zu suchen.

China ist zum größten Jeansproduzenten der Welt aufgestiegen. Der jährliche Umsatz dieses Industriezweigs wird auf zweistellige Euro-Milliardenbeträge geschätzt. Aber die Arbeiter zahlen für diese Erfolgsgeschichte einen hohen Preis.

Stoffe für Kleidung werden in der Regel erst gewebt und dann gefärbt. Bei der Denim-Produktion aber ist es andersherum. Die Arbeiter beladen zuerst offene Wannen voller „Sulphur Black" oder anderen Färbemitteln mit dem Garn. Je dunkler die Färbung werden soll, umso mehr Chemikalien werden benötigt. Dann werden die Fasern mit Ätznatron und Säure behandelt, um die Aufnahme der Farbe zu verbessern. Meist sind die Arbeiter gegen die zersetzenden Dämpfe nicht geschützt. Danach wird der Denimstoff gewebt, zugeschnitten und zu einer Jeans vernäht.

Auch hier wimmelt es von Gefahren, wenn Näher und Näherinnen bis zu 18 Stunden am Tag die Highspeed-Nähmaschinen mit dem schweren Jeansstoff füttern. Sie werden pro Stück bezahlt. Das Durchschnittseinkommen von 150 Euro im Monat ist höher als in den meisten anderen Industriezweigen. Aber um dieses zu erreichen, müssen sie unnachgiebige Produktionsquoten erfüllen. Dafür riskieren sie Arbeitsunfälle oder Augenprobleme und Rückenschmerzen durch Überanstrengung. Dou Yongwen ist 24 Jahre alt. Seit acht Jahren stanzt er fast jeden Tag 10.000 Knöpfe in Jeans. „Das ist kein Leben", sagt er. Aber er zahlt diesen Preis in der Hoffnung auf eine bessere Zukunft. „Ich versuche, den Handel zu verstehen. In ein paar Jahren habe ich hoffentlich genug Geld gespart, um mich mit einem Knopfbetrieb selbstständig machen zu können." Die goldene Zukunft hat sich bislang für Dou aber noch nicht eingestellt. Die einzige Pause in der letzten Zeit hatte er, als nach einem langen Arbeitstag bis Sonnenaufgang seine Konzentration nachließ und die Maschine seinen Finger durchstanzte. Die Lage der Arbeiter verbessert sich nur langsam. Doch mit zunehmendem Lebensstandard, Bildung und internationalen Arbeitsbestimmungen wird es für Ausbeuterbetriebe immer schwieriger. Mit Chinas Verwandlung in einen Industriegiganten steigt die Nachfrage nach gut ausgebildeten Kräften derart, dass sie das Angebot weit übersteigt. Und seitdem auch Arbeiter Mobiltelefone haben, machen Informationen über ausbeuterische Praktiken schnell die Runde.

Nach: Justin Jan, Greenpeace Magazin 03.08

M 4 Die Weltreise einer Jeans

Zurückgelegte Kilometer	Produktionsschritt
0 km	In Kasachstan oder Indien wird die Baumwolle für die Jeans geerntet.
4.800 km	In der Türkei wird die Baumwolle zu Garn gesponnen.
15.000 km	Das Baumwollgarn wird in Taiwan mit chemischer Indigofarbe gefärbt.
27.000 km	Aus dem Garn werden in Polen die Jeansstoffe gewebt.
28.600 km	In Frankreich werden das Innenfutter und die kleinen Schildchen mit der Waschanleitung produziert und die Knöpfe und Nieten kommen aus Italien.
42.300 km	Alle Einzelteile werden auf den Philippinen zusammengenäht.
54.000 km	In Griechenland erfolgt die Endverarbeitung mit Bimsstein.
56.300 km	Die Jeans werden in Deutschland verkauft, getragen und schließlich in die Altkleidersammlung einer karitativen Einrichtung gegeben.
57.100 km	In den Niederlanden wird die Kleidung sortiert.
64.000 km	In Afrika wird die Jeans als Second-Hand-Ware wieder verwendet.

Nach: www.globalisierung-online.de (27.12.2012)

M 5 Wie setzt sich der Preis für eine Jeans zusammen?

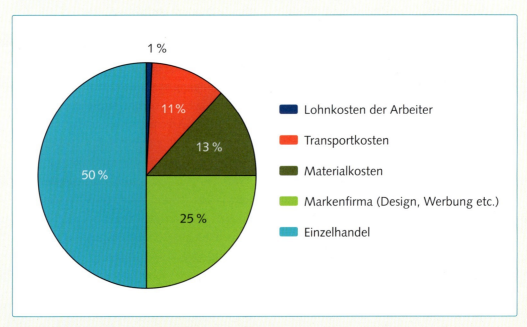

- 1 % Lohnkosten der Arbeiter
- 11 % Transportkosten
- 13 % Materialkosten
- 25 % Markenfirma (Design, Werbung etc.)
- 50 % Einzelhandel

Nach: Rudolf Schmitt, www.praxis-umweltbildung.de (27.12.2012)

| M 6 | „Don't Worry, be happy …"

Karikatur:
Jupp Wolter

| M 7 | Siegel für einen nachhaltigen Konsum

Aufgaben

1. Erläutere, warum man den Begriff „Nachhaltigkeit" auch mit Generationengerechtigkeit umschreiben könnte. (M2)

2. Erläutere, bis zu welchem Maß man die Tropenwälder roden und die Meere befischen darf, falls man sich am Prinzip der „nachhaltigen Entwicklung" orientiert. (M2)

3. Beschreibe die ökologischen und sozialen Probleme, die mit der Jeansproduktion verbunden sind. (M3–M5)

4. Interpretiere die Karikatur M6 und erkläre den Symbolcharakter des Floßes.

5. Erarbeite auf Basis deiner in diesem Unterkapitel gewonnenen Erkenntnisse fünf Handlungsanweisungen für einen Konsum, der die drei Dimensionen der nachhaltigen Entwicklung berücksichtigt. (M7)

Fachwissen im Zusammenhang

Konsum und Bedürfnisbefriedigung

Konsum erfüllt den Zweck, die Bedürfnisse der Verbraucher (der privaten Haushalte) durch den Kauf von Gütern zu befriedigen. Ist ein Mensch z. B. hungrig (Bedürfnis nach Essen), kann er dieses Mangelgefühl durch den Kauf und Verzehr von Lebensmitteln (Güter) beseitigen.

Die Frage, ob eine einzelne Kaufhandlung sinnvoll ist oder nicht, kann man durch eine Analyse des konkreten Bedürfnisses beantworten. So nahm z. B. der griechische Philosoph Epikur (341–271 v. Chr.) schon in der Antike eine Klassifikation von Bedürfnissen vor. Er unterscheidet Bedürfnisse nach den Kategorien: **notwendig** oder **nicht notwendig** sowie **natürlich** bzw. **nicht natürlich**.

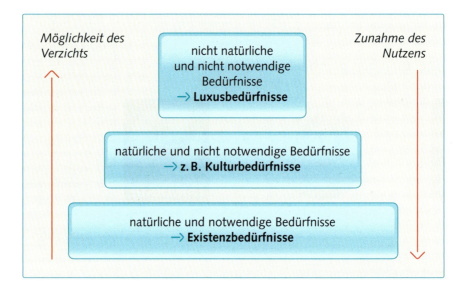

Demzufolge bringt den Konsumenten der Kauf von Gütern, die natürliche und notwendige Wünsche erfüllen, den höchsten Nutzen, da damit grundlegende Bedürfnisse, wie z. B. das Bedürfnis nach Nahrung, befriedigt werden. Nicht notwendige und natürliche Bedürfnisse müssen nicht zwingend, können aber befriedigt werden, da sie dazu dienen, das Leben angenehmer zu gestalten. Zu dieser Kategorie zählt z. B. der Wunsch nach bequemerer Kleidung, aber auch Bedürfnisse im kulturellen Bereich, wie z. B. das Bedürfnis nach Bildung. Vor allem auf den Kauf von nicht natürlichen und nicht notwendigen Dingen – d. h. vor allem auf Prestigekäufe, z. B. von überteuerten Artikeln – kann verzichtet werden, da diese nur mit einem geringen Nutzen verbunden sind.

Fachwissen im Zusammenhang

Bedürfnisse auf einer höheren Stufe können immer erst dann befriedigt werden, wenn die Bedürfnisse auf den niedrigeren Stufen bereits befriedigt worden sind.

Der Ökonom Adam Smith (1723–1790) betont vor allem den gesellschaftlichen Wert des Konsums. Das Streben der Menschheit nach größerem Wohlstand durch den Kauf von Gütern macht die Menschen zwar nicht zwingend glücklicher, führt aber dazu, dass sich das Wirtschaftsgeschehen ständig weiterentwickelt. So führt z. B. der Wunsch der Käufer nach komfortableren und schnelleren Autos dazu, dass die Hersteller ihre Autos ständig modernisieren. Die unerfüllten Bedürfnisse der Konsumenten sind demzufolge also immer Anreiz für die Unternehmen, diese durch Entwicklung neuer Güter oder Verbesserung bestehender Produkte zu befriedigen.

gesellschaftlicher Wert des Konsums

Neben Bedürfnissen lassen sich auch Güter untergliedern. So unterscheidet man Güter u. a. nach ihrer **Gegenständlichkeit**:
- **Sachgüter** haben materiellen Charakter, d. h. man kann diese Objekte anfassen. Hierzu zählen beispielsweise Autos, Möbel etc.
- **Dienstleistungen** hingegen haben immateriellen Charakter, d. h. man kann diese nicht anfassen. So z. B. den Kundendienst beim Auto oder die Reparatur eines Möbelstücks.

unterschiedliche Arten von Gütern

Güter lassen sich außerdem nach ihrem **Verwendungszweck** unterscheiden:
- **Konsumgüter** werden vom Verbraucher gekauft und selbst verbraucht bzw. verwendet; z. B. Lebensmittel oder Kleidung.
- **Investitionsgüter** dienen hingegen der Produktion von anderen Gütern; z. B. ein Industrieroboter in der Autoproduktion oder der Backofen eines Bäckers.

Das Beispiel eines Haushaltsplans einer Familie verdeutlicht ein grundsätzliches wirtschaftliches Problem: Die Wünsche und Bedürfnisse von Familienmitgliedern sind unbegrenzt, jedoch kann sich eine Familie nur eine bestimmte Menge an Gütern leisten. Die Familie muss also entscheiden, welche Bedürfnisse sie sich mit ihren begrenzten Mitteln erfüllt und welche nicht. Allgemein ergibt sich daraus, dass jeder Teilnehmer am Wirtschaftsleben zum sog. „Wirtschaften" gezwungen ist. So bedeutet die Entscheidung für ein bestimmtes Gut i. d. R. einen Verzicht auf ein anderes Gut.

Zwang zum Wirtschaften

| Bedürfnisse sind unbegrenzt! | Güter sind i. d. R. begrenzt! |

Zwang zum Wirtschaften und zum Entscheiden

Fachwissen im Zusammenhang

Das Dilemma der Unbegrenztheit an Bedürfnissen und der Begrenztheit an Gütern zwingt zwangsläufig zum sparsamen Umgang mit Ressourcen. Dieses Prinzip besitzt Gültigkeit für Personen, Unternehmen und sogar Staaten: Kinder und Jugendliche müssen sich entscheiden, welches Gut sie mit ihrem begrenzten Taschengeld kaufen und auf welches andere sie zwangsläufig verzichten. Unternehmen müssen ihre knappen Produktionsmittel (z. B. Rohstoffe) möglichst wirtschaftlich, d. h. effizient einsetzen, um Gewinne zu erzielen. Regierungen verfügen nur über begrenzte Steuereinnahmen und müssen daher entscheiden, welche der unbegrenzten Wünsche ihrer Bevölkerung sie befriedigen sollen und welche nicht.

Wirtschaftlichkeitsprinzip (Ökonomisches Prinzip)

Der Verbraucher kann sich bei seinen wirtschaftlichen Entscheidungen an zwei unterschiedlichen Ausprägungen des Wirtschaftlichkeitsprinzips orientieren:
- Beim **Minimalprinzip** steht die Sparsamkeit im Vordergrund: Mit möglichst wenig Mitteln soll ein bestimmter Ertrag erreicht werden. Bsp.: Ein bestimmtes Handy soll möglichst günstig gekauft werden.
- Beim **Maximalprinzip** geht es um die Ergiebigkeit: Mit vorgegebenen Mitteln soll ein möglichst hoher Ertrag erreicht werden. Bsp.: Mit einem gegebenen Budget soll ein möglichst qualitativ hochwertiges Handy gekauft werden.

Entscheidungsfindung mithilfe der gewichteten Entscheidungsmatrix

Eine Möglichkeit zur sinnvollen Entscheidungsfindung beim Konsum bietet die „gewichtete Entscheidungsmatrix". Hierbei handelt es sich um eine Methode der sog. „rationalen" Entscheidungsfindung. Mit deren Hilfe kann eine Entscheidung unter Berücksichtigung der Vor- und Nachteile verschiedener Alternativen gefällt werden. Gefühle, die in der Realität beim Konsum und bei anderen Entscheidungen eine Rolle spielen, bleiben dabei unberücksichtigt.

Beeinflussung des Verbrauchers durch Werbung

Unternehmen setzen Werbung als gezieltes Mittel zur Absatzförderung ein. Die Werbung soll das Kaufverhalten der Konsumenten auf ein bestimmtes Produkt lenken. Gelingt dies, erhöhen sich die Verkaufszahlen des Unternehmens. Es steigern sich sowohl der Absatz als auch der Umsatz, was wiederum zu höheren Unternehmensgewinnen führt.

Falls ein Unternehmen ein neues Produkt auf den Markt bringt, ist Werbung zwingend nötig. Mithilfe der Werbung soll das neue Produkt unter den Konsumenten bekannt gemacht und Erstkäufer angezogen werden. In diesem Zusammenhang spricht man von **Einführungswerbung**. Bereits länger auf dem Markt befindliche Produkte müssen ebenfalls ständig weiter beworben werden, um deren Bekanntheitsgrad zu erhalten. Durch diese **Erinnerungswerbung** sollen die Umsätze des Produkts konstant auf hohem Niveau gehalten werden.

Bei der Planung einer Werbekampagne bestimmen die Unternehmen eine bestimmte Zielgruppe für das Produkt. Damit ist eine Gruppe potenzieller Käufer des Produkts gemeint, die mithilfe der Werbung gezielt angesprochen werden soll. Eine Zielgruppe wird dabei z. B. anhand der Kriterien Alter, Geschlecht, Einkommen etc. gebildet.

Männer im mittleren Alter mit hohem Einkommen werden z. B. von den Autoherstellern für den Kauf von teureren Autos als potentielle Kunden ins Auge gefasst. Die Hersteller von Modeschmuck versuchen hingegen gezielt junge Frauen mit ihrer Werbung anzusprechen.

Das beworbene Produkt und die Zielgruppe beeinflussen zudem die Wahl des Werbeträgers sowie die Gestaltung der Werbebotschaft.

Hersteller teurer Autos platzieren ihre Werbung deshalb vorwiegend in Zeitschriften mit einer zahlungskräftigen Leserschaft. In „Frauenmagazinen" findet sich vor allem Werbung für Mode oder Schmuck wieder.

Die Werbebotschaft kann den Konsumenten zum einen viele Details über das Produkt, wie Produkteigenschaften, Sonderkonditionen, Garantieleistungen etc. vermitteln. Diese Werbeart nennt man informierende Werbung und passt am besten zu Produkten, bei denen der Käufer vor allem durch Fakten zum Kauf bewegt werden soll, wie z. B. bei Strom- oder Flatrate-Tarifen.

Zum anderen wird durch Werbung versucht, Emotionen und Gefühle beim Käufer anzusprechen. Positive Gefühle wie Freiheit oder Attraktivität werden gezielt in Verbindung mit dem Produkt gebracht. Auf diese Weise soll der Konsument zum Kauf angeregt werden. Anhand von Bildern werden unterschwellig Gefühle geweckt, die dem Produkt zu einem hohen Erinnerungswert verhelfen.

Das **Prinzip der Nachhaltigkeit** übt ebenso Einfluss auf das Kaufverhalten von Konsumenten aus. Darunter versteht man einen Umgang mit der Natur, der es der heutigen Generation erlaubt, ihre Bedürfnisse zu befriedigen, ohne die Möglichkeiten künftiger Generationen zu gefährden, ihre eigenen Bedürfnisse zu erfüllen und ihren Lebensstil zu wählen. Konkret bedeutet dies, dass z. B. immer nur so viele natürliche Ressourcen (z. B. Wasservorräte, Fisch- oder Holzbestände) verbraucht werden dürfen, wie sich im selben Zeitraum wieder selbstständig regenerieren können. Auf der UNO-Konferenz 1992 in Rio de Janeiro verpflichteten

Orientierung am Prinzip der Nachhaltigkeit

sich die UN-Mitgliedsstaaten dem Leitbild der Nachhaltigkeit. Seitdem versuchen sie die wirtschaftliche Entwicklung in den Einklang mit der „Zauberformel" der Nachhaltigkeit zu bringen:

Nachhaltigkeit bedeutet deshalb auch gleichzeitig, nach Lösungsansätzen für die mit der Güterproduktion einhergehenden ökologischen und sozialen Probleme zu suchen und diese in die Tat umzusetzen.

Zu den ökologischen Problemen zählen neben dem Verbrauch von erneuerbaren Ressourcen (z. B. Überfischung, Abholzung der Regenwälder) und nicht-erneuerbaren Ressourcen (z. B. Erdöl, Erdgas) auch die Belastung und Verschmutzung der Natur. Die Produktion und der Transport von Gütern schaden der Umwelt, u. a. durch den Ausstoß von CO_2. Dieses sog. „Treibhausgas" trägt maßgeblich zum Klimawandel bzw. „Global Warming" bei. Eine Wirtschaft, die sich am Prinzip der Nachhaltigkeit orientiert, dürfte nicht mehr CO_2 ausstoßen, als die Natur mithilfe der Fotosynthese wieder aufnehmen kann.

In Verbindung mit der Güterproduktion treten ebenso soziale Probleme auf. Dazu zählen ausbeuterische Arbeitsbedingungen, wie z. B. Kinderarbeit, „Hungerlöhne" oder unzureichender Gesundheitsschutz bei der Arbeit mit giftigem Material. Diese Probleme treten verstärkt in Schwellen- und Entwicklungsländern auf.

Durch den Kauf von Produkten, deren Hersteller sich am Prinzip der Nachhaltigkeit orientieren, können die Konsumenten zur Beseitigung von ökologischen und sozialen Problemen beitragen.

Einflussfaktoren auf die Konsumentscheidung

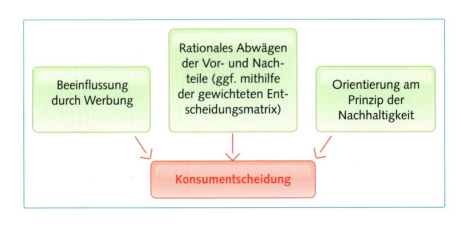

Anwendung und Transfer

Leon Fesl möchte sich von seinem gesparten Taschengeld ein neues Handy kaufen.
Zur Auswahl stehen drei verschiedene Handys:

M 1 — Auszug aus einem Smartphone-Vergleichstest

	Smartphone Basic	Smartphone Best	Smartphone Deluxe
Display-Größe	4,3 Zoll	4,7 Zoll	3,5 Zoll
Prozessor	800 MHz	1,2 GHz	1,0 GHz
Kamera	6,0 MP	8,0 MP	7,0 MP
Preis	329,00 €	439,00 €	349,00 €

M 2 — Rohstoffverbrauch bei der Handyproduktion

Handys enthalten wertvolle Rohstoffe, z. B. Edelmetalle, wie Gold und Silber. Außerdem werden sog. „Seltene Erden" wie Thulium und Lutetium verarbeitet. Die Gewinnung dieser Rohstoffe verursacht z. T. immense Umweltschäden. Bei deren Abbau fallen große Mengen an Rückständen an, die giftige Abfälle enthalten. Diese werden in künstlichen Teichen gesammelt. Ein Leck oder Dammbruch hat verheerende Folgen für die gesamte Umgebung, die Natur und die Menschen, die dort wohnen.

Nach: www.nabu.de (19.11.2012)

M 3 — Beim Handykauf!

Karikatur: Klaus Stuttmann

Aufgaben

1. Erläutere mögliche Folgen für Leon Fesl, falls er sich für das Smartphone Best entscheiden würde. (M1)
2. Führe die Wahl eines Handys mithilfe einer gewichteten Entscheidungsmatrix durch. (M1)
3. Interpretiere die Karikatur M3 und formuliere mithilfe der daraus gewonnenen Erkenntnisse Kritikpunkte an der gewichteten Entscheidungsmatrix als Grundlage einer Konsumentscheidung.
4. Beschreibe zentrale, mögliche Elemente einer Werbekampagne eines Handyherstellers.
5. Beurteile den Kauf eines Handys unter dem Gesichtspunkt der Nachhaltigkeit. (M2)

Entscheidungen beim Umgang mit Geld

Wir brauchen es täglich und tragen es andauernd mit uns herum. Wir machen uns Sorgen, wenn wir zuwenig davon haben. Doch was ist Geld eigentlich, wie funktioniert es? Für einen Einzelnen ist Geld nutzlos. Eine Hunderternote kann man nicht essen und ihr Heizwert ist ziemlich bescheiden. Warum also messen wir farbigen Papierscheinen so viel Wert bei?

Nach: Jan Schudel, Vom Sinn und Nutzen des Geldes, http://pages.unibas.ch (21.11.2012)

Flohmarkt

Börse in Frankfurt

2

Tauschangebot

Strichcode eines Artikels aus China

Kompetenzen

Am Ende dieses Kapitels solltest du Folgendes können:

- erkennen, welche Bedeutung Geld in einer arbeitsteiligen Wirtschaft hat
- beurteilen, welches die Vor- und Nachteile unterschiedlicher Zahlungsarten sind
- verschiedene Möglichkeiten der Geldanlage benennen und dich reflektiert je nach Situation für eine entscheiden
- Ursachen und Risiken der Verschuldung privater Haushalte benennen

Was weißt du schon?

1. Diskutiere mit deinem Nachbarn, wie dein Leben in einer Welt ohne Geld aussehen würde.

2. Erläutere anhand der Bilder, welche Erleichterungen bzw. Möglichkeiten Geld mit sich bringt.

Wofür brauchen wir Geld?

M 1 Tauschhandel – eine komplizierte Angelegenheit

Als die Menschen sesshaft wurden, war es so, dass sich jeder auf eine Tätigkeit beschränkte. Diese Spezialisierungen kamen daher, da es wenige Experten zu den speziellen Tätigkeiten
5 gab. Somit hatte fast jeder Mensch genau eine Art von Ware. Der eine Schweine, der andere Eier und wieder andere Kleidung aus Büffelfell. Die Menschen stellten ihre Ware in größeren Mengen her, um diese gegen andere wichtige
10 Gegenstände zu tauschen. Somit konnten fehlende Kenntnisse in anderen Bereichen ausgeglichen werden. So zog dann beispielsweise eine Näherin los und versuchte ihre Fellkleidung gegen frische Eier zu tauschen.
15 Es ergaben sich aber auch Probleme beim früheren Tauschhandel. Niemand wusste beispielsweise, wie viele Eier er an einem Tag für seine Kuh bekommt. Von Tag zu Tag änderte sich der Preis, denn es kam darauf an, was benötigt wurde und wie viel davon angeboten wurde. 20 Des Weiteren hatten vor allem diejenigen Menschen Schwierigkeiten, die schwere Waren anboten. Wenn ein Bauer damals eine Kuh eintauschen wollte, konnte er mit dieser keine großen Wege zurücklegen, schon gar nicht, wenn er 25 mehrere eintauschen wollte. Hersteller von leicht verderblichen Nahrungsmitteln mussten ihre Waren schnell eintauschen. Fanden diese keine passenden Tauschpartner, waren ihre Lebensmittel sehr schnell unbrauchbar. Deshalb 30 war auch eine Vermögensansammlung schwierig. Das letzte Problem beim Tauschhandel waren sogenannte „Tauschketten". Diese kann man sich so vorstellen:

Person A bietet Eier zum Tausch und möchte dafür Fellkleidung.

Person B bietet Milch zum Tausch und möchte Brot haben.

Person C bietet Fellkleidung zum Tausch und möchte Milch.

Nach: Hanno Hoffmann, www.wirtschafts-butler.de (21.11.2012)

M 2 Eigenschaften des Geldes

Wie das Geld genau unter die Menschen kam, ist nicht eindeutig geklärt. Viele Ökonomen meinen, die Menschen hätten beim Gütertausch kleiner und großer Waren den Nutzen
5 eines allseits anerkannten Tausch- und Wertaufbewahrungsmittels erkannt und sich nach einem geeigneten Material umgesehen. In Europa und Kleinasien, wo schon vor Jahrtausenden Metalle abgebaut wurden, setzten sich Metallstücke, die Münzen, durch. Auf der im 10 Pazifik gelegenen Insel Yap benutzten die Eingeborenen ein aus einem seltenen Kalk bestehendes Steingeld, anderswo fanden seltene Vogelfedern Verwendung.

Nach: Rainer Hank, Erklär mir die Welt, Frankfurter Allgemeine Buch 2008, S. 15

Federgeld

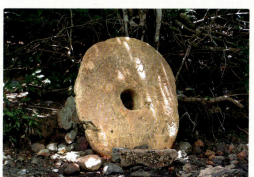

Steingeld auf der Insel Yap – das wohl schwerste Zahlungsmittel der Welt

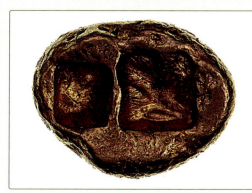

Lydische Münzen um 650 v. Chr.

Aufgaben

1. Erläutere anhand von M1, welche unterschiedlichen Probleme beim Handel ohne Geld auftreten können.

2. Erkläre, wie man diese Probleme mit Geld lösen könnte und welche Funktionen bzw. Aufgaben das Geld dabei jeweils übernimmt.

3. Versuche am Beispiel der Münzen sowie des Feder- und Steingelds zu erläutern, welche Eigenschaften Geld haben muss, um von allen Tauschpartnern als allseits anerkanntes Tauschmittel akzeptiert zu werden. Beurteile dabei, bei welchen Geldarten diese Eigenschaften nur teilweise gegeben sind. (M2)

Was ist eine Inflation?

M 1 Gold, Silber, Armut

Inflation
Inflation beschreibt einen anhaltenden Prozess der Geldentwertung, der sich durch allgemeine Preiserhöhungen bemerkbar macht. Mit einer Geldeinheit kann dann ständig weniger gekauft werden, d. h., die Kaufkraft des Geldes vermindert sich laufend.

Edelmetalle aus Südamerika kurbelten die europäische Wirtschaft an – und lösten die erste Inflation der Weltgeschichte aus.

Die Plünderung südamerikanischer Bodenschätze im 16. und 17. Jahrhundert ist eine Geschichte der Gier. Die weißen Männer zwangen die Indianer mit Schwertern und Gewehren in die Bergwerke. Die Indianer starben, die Weißen wurden reich. Aber nicht lange. Denn die Geschichte des Goldes und des Silbers aus der Neuen Welt ist ein ökonomisches Lehrstück, ein historischer Beweis dafür, dass Geld allein nicht reich macht.

Bis zu 220 Tonnen Silber im Jahr bringen die Schiffe über den Atlantik. Im 16. Jahrhundert ist das Geld noch nicht aus Papier. Es ist aus Gold und aus Silber. Was die Spanier aus ihren Kolonien nach Europa schaffen, ist also im ökonomischen Sinn kein Rohstoff, es ist keine Ware. Es ist neues, zusätzliches Geld. Mit den neuen Münzen finanzieren die spanischen Könige die Kriegsschiffe und Kanonen ihrer Armada. Sie bezahlen Paläste und Gelage und kaufen Geschmeide für ihren Hofstaat in ganz Europa. So hat es zunächst den Anschein, als würde das Silber, das die Indios massenweise aus dem Gestein holen, die Weißen tatsächlich reich machen. Dann jedoch zeigt sich ein ökonomisches Phänomen, das heute im Wirtschaftsteil jeder Tageszeitung diskutiert wird, damals jedoch noch weitgehend unbekannt ist: Inflation. Die Preise steigen. Feuerholz, Holzkohle, Getreide, Fleisch, vor allem Waren des täglichen Bedarfs werden teurer und teurer. In den folgenden Jahrzehnten werden sich ihre Preise teilweise fast verzehnfachen.

Heute sprechen die Historiker von der Preisrevolution des 16. und 17. Jahrhunderts. Denn dank der Bergwerke in Südamerika ist auf einmal mehr Geld in der Welt. Es gibt aber deshalb nicht mehr Weizen, mehr Rinder oder mehr Bäume. Mit den in Bolivien geprägten Münzen verhält es sich wie mit fast allen anderen Dingen auf der Erde: Je mehr es von ihnen gibt, desto weniger sind sie wert. Also sinkt die Kaufkraft der neuen Münzen.

Am stärksten bekommen dies die einfachen Leute zu spüren, also die Kleinbauern, Knechte, Handlanger und Hilfsarbeiter. Bis zu ihnen dringt das neue Geld selten vor, ihre Löhne sind kaum höher als früher. Die neuen, hohen Preise aber gelten für alle.

Nach: Wolfgang Uchatius, Die Zeit, 24.3.2011

Nachbau der Santa Maria, einem der Schiffe, mit dem Kolumbus 1492 Amerika erreichte.

M 2 Folgen der Inflation

Im November 1923 deponierten Münchner Spengler in dem fertig gestellten Dach des Walchensee-Kraftwerks eine Urkunde mit folgendem Text: „Dieser Turm wurde gedeckt im Jahre 1923 während der Zeit vom Oktober bis November. Der Lohn dieser Zeit betrug für einen Spengler 120 Milliarden Mark in der Stunde. Es kostete in Milliarden: 1 Liter Bier 80, 1 Pfund Brot 36, 1 Pfund Fleisch 200, 1 Liter Milch 80, 1 Ei 15; 1 Paar Schuhe 3,5 Billionen, 1 Anzug nach Maß 70 Billionen, 1 Tafel Kupfer für den Turm 500 Billionen …"

Damals herrschte in Deutschland eine schier unglaubliche, von Stunde zu Stunde sich beschleunigende Geldentwertung. Ungeheure Geldvermögen wurden vernichtet.

Max Bauer, Buchners Kompendium Politik Ausgabe C, Bamberg, S. 102

M 3 Anstieg der Verbraucherpreise in Deutschland

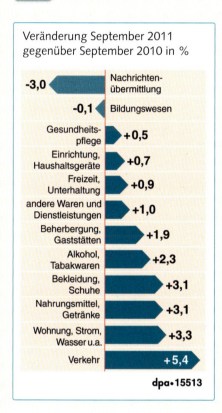

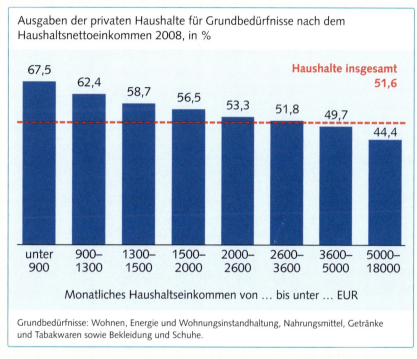

Statistisches Bundesamt, Datenreport 2011: Private Haushalte – Einkommen, Ausgaben, Ausstattung

Aufgaben

1. Begründe, warum Gold und Silber unter normalen Bedingungen die Eigenschaften eines allgemein akzeptierten Zahlungsmittels erfüllen.

2. Erläutere die gesellschaftlichen Folgen einer Inflation. (M1, M2)

3. Stelle die Auswirkungen der Inflation auf die Funktionen des Geldes als allgemein akzeptiertes Tauschmittel, Wertübertragungsmittel und Recheneinheit dar. (M1, M2)

4. Werte die beiden Grafiken in M3 aus und beurteile, welche Haushalte besonders von den Preissteigerungen betroffen sind.

Welche unterschiedlichen Zahlungsarten gibt es?

M 1 Wer die Wahl hat ...

Vielen Dank für Ihren Einkauf bei Onlineshop Plus. Bitte wählen Sie zur Bezahlung Ihrer Artikel eine der nachfolgenden Zahlungsoptionen:

 Bankeinzug   Vorkasse durch Überweisung   Nachnahme

 Kreditkarte  PayPal   Vorkasse per Rechnung

Bankeinzug (Lastschriftverfahren)
Nach Eingabe von Kontonummer, Bankleitzahl bzw. ab dem 1.2.2016 von IBAN, BIC und dem Namen des Kontoinhabers erhält der Verkäufer einmalig die Erlaubnis den Rechnungsbetrag per Lastschrift vom angegebenen Konto einzuziehen. Daraufhin wird der Artikel an Sie versendet. Dabei entstehen keine Gebühren. Sollte es zu unberechtigten Abbuchungen von Ihrem Konto kommen, können Sie innerhalb von sechs Wochen Widerspruch bei Ihrer Bank einlegen und die Abbuchung rückgängig machen lassen.

Vorkasse
Sie überweisen den fälligen Rechnungsbetrag auf das angegebene Konto des Verkäufers. Sobald der Rechnungsbetrag auf dem Konto des Verkäufers eingegangen ist, wird der Artikel an Sie versendet. Die Überweisungsdauer kann zwischen einem und drei Bankgeschäftstagen dauern.

Nachnahme
Bei Bezahlung per Nachnahme müssen Sie dem Verkäufer Ihre Adressdaten mitteilen. Der Artikel wird Ihnen daraufhin vom Postzusteller überbracht, der den Rechnungsbetrag in bar von Ihnen kassiert. Zusätzlich fällt eine Zustellgebühr an.

Kreditkarte
Um den Kauf zu tätigen, müssen Sie Ihre Kreditkartendaten angeben. Direkt nach Übermittlung der Daten zahlt Ihre Bank den Betrag an den Verkäufer aus und der Artikel wird automatisch an Sie versendet. Es entstehen keinerlei Gebühren. Da weder eine PIN-Nummer anzugeben noch eine Unterschrift zu leisten ist, muss Ihnen Ihre Bank den Betrag zurücküberweisen, falls zu viel oder zu Unrecht Geld von Ihrem Konto abgebucht wird.

Rechnung
Bevor Sie einen Artikel auf Rechnung bestellen können, müssen Sie sich zunächst beim Verkäufer registrieren. Zusammen mit dem bestellten Artikel erhalten Sie Ihre Rechnung inkl. Überweisungsformular. Die Zahlungsfrist beträgt zwischen 14 und 30 Tage. Beim Zahlen auf Rechnung wird i. d. R. eine Bearbeitungsgebühr vom Verkäufer erhoben. Zum Teil können nur Stammkunden auf Rechnung bestellen. Außerdem kann oftmals nur bis zu einem bestimmten Höchstbestellwert auf Rechnung bestellt werden.

PayPal
Falls Sie über ein eigenes PayPal-Konto verfügen, genügt es, wenn Sie sich mit Ihren PayPal-Zugangsdaten anmelden und den Kauf bestätigen. PayPal wird dann den fälligen Betrag an den Verkäufer überweisen und von Ihrem Konto einziehen. Die dabei entstehenden Gebühren übernimmt der Verkäufer.

M2 Die Kreditkarte

Credit Gold Card mit Komfort + Service

Die Credit Gold Card ist mehr als eine gewöhnliche Kreditkarte! Wir bieten Ihnen einen Service, der ihr Leben unkompliziert und schöner macht. Unzählige Privilegien erlauben Ihnen den Zugang in eine exklusive Welt. Ob zum Shopping in New York, London, Dubai, Berlin oder ganz einfach und bequem online von zuhause aus – genießen Sie das Leben, wir kümmern uns um den Rest. Für Ihre Wünsche räumen wir Ihnen einen üppigen Kreditrahmen ein. Alle anfallenden Beträge belasten wir einmal im Monat Ihrem Girokonto. Die Kombination aus ca. 35 Millionen Akzeptanzstellen weltweit sowie über 450.000 in Deutschland und unser umfassendes Reise-, Versicherungs- und Servicepaket machen Ihr Leben einfacher.

- Zugang zu über 500 Priority Pass Airport Lounges
- VIP-Status in Hotels
- Restaurantempfehlungen & Tischplatzreservierungen
- Gebührenfrei bezahlen im Euroraum
- 1 Platinum Zusatzkarte und bis zu 4 weitere Karten inklusive
- 150 Euro Jahresgebühr

M3 Das Girokonto

Das Girokonto der Sparbank – mit Zufriedenheitsgarantie	
Monatliche Kontoführungsgebühren	Ab einem Geldeingang von 1.000 Euro im Monat kostenlos, ansonsten 5,90 €/Monat
Girocard mit europa- und z. T. weltweiter Akzeptanz	0,00 €
Abheben von Bargeld an rund 10.000 Geldautomaten in Deutschland	0,00 €
Bezahlen in Geschäften, Restaurants etc. im Eurowährungsraum	0,00 €
Online-Kontoauszug	0,00 €
Teilnahme am Online-Banking	0,00 €
Online-Überweisungen (pro Überweisung)	0,00 €
Einrichten von Daueraufträgen	0,00 €
Teilnahme am Telefon-Banking	0,00 €
Zinssatz für Kontoüberziehung	16,90 % p. a.

Aufgaben

1. Erarbeite anhand von M1, welche Kriterien im Zahlungsverkehr von Bedeutung sind.
2. Stelle Vor- und Nachteile von Kreditkarte und Girokonto gegenüber. (M2, M3)

Welche Geldanlage ist die richtige?

M1 Das Geld ist weg

Der Brief kommt unerwartet, sein Inhalt lässt nichts Gutes erahnen. Thomas Küstner hat 40.000 Dollar in einen Fond investiert. Und jetzt: „das Geld ist weg". Damit scheitert das größte Immobilienprojekt des Münchner Fondsanbieters: 500 Millionen Dollar von rund 4.000 deutschen Sparern sind verloren. Wie war das möglich? Bereits im Jahr 1995 begannen die Planungen für den Bau eines riesigen Shopping- und Unterhaltungszentrums auf dem Meadowlands-Gelände in New Jersey nahe New York. Deutsche Sparer sollten rund ein Drittel der Finanzierungskosten tragen. „Das kommt alles sehr überraschend", sagt der Sparer Thomas Küstner. Obwohl ihn die hohen Renditeaussichten damals wunderten, entschloss er sich, in das Shoppingcenter zu investieren. Schließlich wirbt der US-Immobilienspezialist damit, dass man historisch mit allen Fonds eine durchschnittliche Rendite von rund 15 Prozent erwirtschaftet habe.

Nach: Markus Zydra, Süddeutsche Zeitung, 27.8.2010

Fonds
Geldmittelbestand von Kapitalanlegern, der in Form von Wertpapieren oder Grundstücken für einen bestimmten Zweck angelegt wird.

Rendite
Verhältnis zwischen den Ein- und Auszahlungen einer Geldanlage

Zinsen
Vergütung für die Anlage eines Geldbetrags

M2 Verschenktes Geld

Die Deutschen lieben ihr gutes altes Sparbuch. Für viele ist es der Inbegriff einer sicheren Geldanlage. Sie halten an dem Klassiker fest – nicht wenige länger als an ihrem Ehepartner. Die Treue hat jedoch ihren Preis: Wer sein Erspartes auf dem Sparbuch schlummern lässt, verzichtet Jahr für Jahr auf deutlich höhere Zinseinnahmen. Um wie viel Geld es dabei geht, zeigt jetzt erstmals ein Zehn-Jahres-Vergleich: Demnach hätte bei einem Anlagebetrag von 10.000 Euro ein Wechsel vom durchschnittlich verzinsten Sparbuch auf ein täglich verfügbares Konto (Tagesgeldkonto) mit durchschnittlicher Verzinsung binnen zehn Jahren immerhin 1.137 Euro zusätzlich an Zinsen und Zinseszinsen gebracht. Bei den Sparkassen und Banken hat das Tradition: Die Kreditinstitute verzinsen das Sparbuch mit der üblichen dreimonatigen Kündigungsfrist recht mickrig. Trotzdem sammeln die Bundesbürger auf den klassischen Sparbüchern wieder mehr Geld. Dabei stört die Anleger offenbar auch nicht, dass das Sparbuch im Vergleich zum Tagesgeldkonto eher unflexibel ist. So kann der Kunde pro Kalendermonat nur maximal 2.000 Euro abheben. Höhere Beträge zahlen Banken oder Sparkassen nur dann ohne Abzüge (Vorschusszinsen) aus, wenn der Sparer die gewünschte Summe drei Monate vorher gekündigt hat.

Nach: Thomas Öchsner, Süddeutsche Zeitung, 28.8.2012

M3 Liquidität über alles

Erst vor kurzem machte der Bundesbank-Präsident in aller Deutlichkeit klar, dass das Ende der Krise längst noch nicht erreicht sei. Dabei brechen die Märkte nicht abrupt zusammen, sondern in Schüben. Bei einer bösen Vorahnung kann die Devise daher nur lauten: Rette sich wer kann, aber wie? Aus der Sicht privater Anleger ist Liquidität, auch um den Preis niedriger Renditen, ein besonders wichtiger Schlüssel zum finanziellen Überleben. In diesem Sinn hat Liquidität dreierlei Bedeutung: Geld, Zahlungsfähigkeit und Liquidierbarkeit. Nach der ersten Definition (Geld) geht es vor allem darum, Bargeld und Konten, wie z. B. das Tagesgeldkonto, zu haben, also Geldbestände, welche schnell verfügbar sind. Nach der zweiten Definition (Zahlungsfähigkeit) beschreibt Liquidität die Fähigkeit, Zahlungsverpflichtungen jederzeit erfüllen zu können (zum Beispiel Miete, Rechnungen und Kreditzinsen). Nach der dritten (Liquidierbarkeit), über Reserven zu verfügen, die in absehbarer Zeit zu Bargeld zu machen sind, wobei es sich hier um ein besonders breites Spektrum handelt (Festgeld, Sparkonten und -briefe, gängige Goldbarren und -münzen, mit großen Einschränkungen Immobilien). In Krisenzeiten wachsen Sicherheit und Liquidität zusammen: Ohne Liquidität – im Sinn von Geld, von Zahlungsfähigkeit und von Liquidierbarkeit – ist finanziell nichts sicher.

Nach: Manfred Gburek, Wirtschaftswoche, 20.8.2009

M4 Die Gier der kleinen Leute

Wer am Donnerstag auf die deutsche Website einer bestimmten isländischen Bank ging, erlebte sein blaues Wunder. Zwar konnten diejenigen, die die Tagespresse aufmerksam verfolgten, ihr Geld in letzter Minute abziehen, für alle andern hieß es – nichts geht mehr. Alle Konten sind bis auf weiteres nicht verfügbar. Auch wer sein Geld nicht fest, sondern als Tagesgeld angelegt hat, erhält keinen Zugriff. Da helfen auch die Hinweise auf traumhafte Tagesgeldzinsen von 5,65 Prozent oder sogar 6,10 Prozent für Zwölfmonatsgeld nichts mehr. Wer sich in den vergangenen Jahren von den Hochzinskonten der isländischen Bank anlocken ließ, musste wissen, welches Risiko er eingeht. Oft genug wurde nicht nur in Fachmagazinen darauf hingewiesen, dass das Geld nicht durch den deutschen Einlagensicherungsfonds, der im Falle einer Pleite für verlorengegangene Einlagen aufkommt, abgesichert ist. Und lange schon ist bekannt, dass Island gegen den Staatsbankrott ankämpft. Auch die horrende Verschuldung der isländischen Bank war seit Jahren bekannt. Kurzum: Dass etwas faul ist im Staate Island, konnte jeder wissen, der sein Geld dort angelegt hat. Da geht es den Kleinsparern auch nicht anders als Investmentbankern: Die Gier war größer als der Sachverstand, Sicherheitsdenken und Risikovermeidung kein Thema. Mitleid wäre daher fehl am Platz.

Nach: Tim Bartz, Financial Times Deutschland, 9.10.2008

Aufgaben

1. Erläutere, warum Herr Küstner sein Geld in ein US-amerikanisches Shoppingcenter investiert hat, und diskutiere, welche Schuld er selbst am Verlust seiner Anlage trägt. (M1)

2. Benenne mögliche Motive von Sparern, die ihr Geld auf Sparbüchern anlegen. (M2)

3. Erläutere die Vorteile der Liquidität und stelle einen Zusammenhang zwischen Sicherheit und Liquidität in Krisenzeiten her. (M3)

4. Erarbeite allgemeine Kriterien, welche für die Entscheidung einer Geldanlage zu beachten sind, und beschreibe, in welchem Verhältnis diese zueinander stehen. (M1–M3)

5. Diskutiert anhand eurer gewonnenen Kenntnisse, welche Kriterien der Geldanlage bei der isländischen Bank gegeben waren und welche nicht. (M4)

Ab wann werden Schulden gefährlich?

M1 Geld für falsche Sachen ausgegeben

Schuldner und Gläubiger
Ein Schuldner ist eine Person, die einer anderen Person (dem Gläubiger) etwas schuldet, bzw. ihr gegenüber eine Leistung zu erbringen hat.

Inkassounternehmen
Dienstleistungsunternehmen, das Gläubigern dazu verhilft, das ihnen geschuldete Geld zu erlangen.

„Eine Zeit lang habe ich den Briefkasten gar nicht mehr aufgemacht. Ich wusste nicht mehr, wo ich anfangen sollte. Ich wusste ja, es wird sowieso nicht weniger." Zu diesem Zeitpunkt hatten sich bereits Schulden von mehreren hundert Euro angesammelt und das, obwohl Hannah S. regelmäßige Einkünfte hatte: im ersten Ausbildungsjahr 600 Euro, im zweiten 700 Euro und schließlich 1.000 Euro netto. Erst seit einigen Monaten ist sie arbeitslos.

Hannah S. ist in einer normalen Familie aufgewachsen – nichts deutete darauf hin, dass sie einmal Schwierigkeiten mit Geld bekommen würde. Die Trennung der Eltern und der Wegzug der Mutter nach Berlin brachte die erste Krise. „Da hatte mein Vater mich nicht mehr unter Kontrolle. Ich bin wohl in die falschen Kreise gekommen. Geld hatte ich, aber ich hab's für die falschen Sachen ausgegeben." Kurz bevor sie 18 wird, wirft der Vater sie aus dem Haus. Hannah S. hat zum ersten Mal eine eigene Wohnung, die sie mit dem Ausbildungsgehalt finanzieren muss. Für die Miete reicht es meistens gerade, aber am Ende des Monats ist oft kein Geld mehr da. „Ich konnte von Anfang an nicht richtig mit Geld umgehen, ehrlich. Ich hab versucht eine Balance zu halten." Wenn gar kein Geld mehr da war, hat sie sich von Freunden Geld geliehen oder Pfandflaschen zurückgebracht.

Die Übersicht über alle notwendigen Ausgaben zu behalten, ist Hannah S. nicht gelungen. Dass Miete, Strom, Nebenkosten unumgängliche Ausgaben sind, wusste sie. An Rücklagen für Nachzahlungen bei Strom, Wasser, Müllgebühren hat sie nicht gedacht. Und als schließlich Mahnbriefe eines Inkassounternehmens kommen, verschließt sie einfach die Augen. „Ich bin so'n kleines Schisserle – wenn dann Briefe von der Creditinkasso kamen, habe ich mich nicht mehr gewehrt." Ein teurer Handyvertrag kam hinzu, bei dem sie noch 600 Euro abbezahlen muss. Der Kreislauf hatte begonnen.

Nach: Zentrale Schuldnerberatung Stuttgart, http://zsb-stuttgart.de (21.11.2012)

Hannah S. tappte in die Schuldenfalle.

M2 Den Versuchungen des Konsums verfallen

Die Versuchungen der Konsumwelt waren für Monika F. in jungen Jahren zu stark. Sie bestellte Kleider und Möbel im Versandhaus, leistete sich ein Handy, das Auto wurde auf Kredit finanziert. Zum Schluss hatte sie 15.000 Euro Schulden. Dann verlor sie unerwartet ihre Arbeit. Die heile Konsumwelt brach zusammen. Monika F. konnte ihre Raten nicht mehr bezahlen. Schließlich verlangten die Gläubiger wegen der aufgelaufenen Zinsen insgesamt 20.000 Euro von ihr. Mahnungen, Pfändungen, Besuche des Gerichtsvollziehers waren die Folge. Ihr Auto wurde gepfändet. Am Ende musste sie eine eidesstattliche Versicherung abgeben, in der sie über ihre gesamten Vermögensverhältnisse verbindlich Auskunft gab. „Diese Zeit war die schlimmste in meinem Leben", sagt sie heute.

Nach: Zentrale Schuldnerberatung Stuttgart, http://zsb-stuttgart.de (21.11.2012)

M3 Die Schuldnerberaterin

Franca Peters war Direktorin bei einer großen deutschen Bank und trug Verantwortung für unvorstellbare Summen. Heute arbeitet sie als Ehrenamtliche bei der Schuldnerberatung. Unhöflich ist sie nie, aber immer direkt. Sie mache ihren Klienten „klare Ansagen", sagt sie, „durch falsche Rücksicht werden die Schulden nicht weniger". Lebensversicherung? Auflösen. Auto? Weg damit. Hausratsversicherung? Wozu, wenn einer nichts hat. Zur ersten Sprechstunde, erzählt Franca Peters, brächten viele Ratsuchende eine Einkaufstüte voll ungeöffneter Post mit. „Die denken, wenn sie die Rechnungen im Umschlag lassen, müssen sie nicht zahlen." Den Neuen gibt sie dann ein kleines Geschenk mit: ein Haushaltsbuch. Wenn jemand seine Ausgaben niederschreiben müsse, hat sie festgestellt, „fällt manchem doch auf, dass man nicht 1.000 Euro verdienen und 950 Euro für die Wohnung verbrauchen kann." Manchmal werde ihr fast schwindlig vor lauter Kopfschütteln: über den Klienten, der einen Kredit aufgenommen hat, um sich einen Anzug für 600 Euro zu „gönnen".

Mit unbezahlbaren Handy-Rechnungen begännen viele Schuldnerkarrieren, sagt Peters. Bei anderen stehe am Anfang die Arbeitslosigkeit oder ein Unglück, der Tod des Ehepartners etwa, und bei gar nicht wenigen gehe alles mit zu großer Gutmütigkeit los. Wie bei der Frau, die zehn Jahre lang eine Großfamilie mühsam über Wasser hielt, während ihr Mann ihr Geld verspielte. Als sie sich endlich von ihm trennte, saß sie auf 20.000 Euro Schulden.

Ein Thema setzt ihr Gemüt spürbar in Bewegung: Wenn sie über die „Vorgehensweise mancher Banken, die naiven Leuten rücksichtslos Kredite aufschwatzen" spricht. Und wütend ist sie auch ganz allgemein auf eine Gesellschaft, „die die Leute ständig dazu verleitet, auf Pump zu leben". Sie selbst sei „für das glückliche Ende zuständig". Das macht ein Verbraucherinsolvenzverfahren möglich, aber wer da durch will, braucht sechs Jahre äußerste Disziplin. „In der Zeit kann man sich nicht mal einen Kaffee leisten", sagt Franca Peters. Aber nach sechs Jahren ist man schuldenfrei. Heute weiß sie, dass der soziale Absturz jeden treffen könnte: „Man muss nur im falschen Moment den Job verlieren – und schon geht es bergab."

Nach: Roman Deininger, Süddeutsche Zeitung, 5.6.2008

Verbraucherinsolvenzverfahren
Das Verbraucherinsolvenzverfahren kann von Personen, die zahlungsunfähig sind oder denen Zahlungsunfähigkeit droht, beantragt werden. In diesem Verfahren werden dem Schuldner strenge Auflagen gemacht und er muss äußerste Haushaltsdisziplin beweisen. Erfüllt er die Auflagen, kann der Schuldner nach sechs Jahren von einem Gericht von seinen Restschulden befreit werden.

Viele verschuldete Personen setzen sogar auf die Suche nach Pfandflaschen, um ihren Lebensunterhalt zu sichern.

Aufgaben

1. Erstelle eine Liste mit Ursachen, die zur Verschuldung führen können. (M1–M3)
2. Führe mit deinem Nachbarn eine erste Sprechstunde einer fiktiven Schuldnerberatung durch. Übernehmt dabei die Rolle von Hannah S. aus M1 und die Rolle von Franca Peters aus M3.

Fachwissen im Zusammenhang

Entwicklung und Funktionen des Geldes

Nachdem die Menschen sesshaft geworden waren, begannen sie sich entsprechend ihrer unterschiedlichen Begabungen zu spezialisieren. Die hergestellten Produkte mussten nun aber getauscht werden, da beispielsweise der Schuster zwar Schuhe, aber keine Kleidung hatte. Es entstand der **Naturaltausch** (Gut gegen Gut).

Es war jedoch sehr aufwändig, einen geeigneten Tauschpartner zu finden. Zudem hatten die Güter häufig einen unterschiedlichen Wert. So war für den einen eine Kuh z. B. wertvoller als eine Ziege. Um diese Schwierigkeiten zu überwinden, einigten sich die Menschen auf bestimmte Güter, die von allen als Zahlungsmittel akzeptiert wurden und mit denen immer getauscht werden konnte: das **Naturalgeld**. Dabei nutzten sie an den verschiedenen Orten die unterschiedlichsten Gegenstände als Naturalgeld und damit als Zahlungsmittel: Steingeld auf der Südsee-Insel Yap, Kaurischnecken in Asien und Afrika, Tee in Tibet, Walzähne auf den Fidschi-Inseln, Muscheln auf Inseln im Indischen Ozean oder Zigaretten nach dem Zweiten Weltkrieg in Deutschland.

Die Menschen akzeptierten ein Gut immer dann als Zahlungsmittel, wenn es in seiner Eigenschaft **knapp, teilbar, wertbeständig** und **leicht zu transportieren** war. Wurde ein Zahlungsmittel allgemein akzeptiert, übernahm es neben der Funktion als **Tausch- und Zahlungsmittel** auch die Aufgabe als **Wertaufbewahrungsmittel**, wenn es gespart wurde, und als **Recheneinheit** bzw. **Wertmaßstab**, um den Wert verschiedener Güter und Dienstleistungen miteinander vergleichen zu können. Silber und Gold erfüllten diese Eigenschaften relativ gut. Sie wurden zunächst in Barren, Stäbe oder Ringe gegossen und bei Bedarf hackte man entsprechend große Stücke ab. Zwar waren diese Barren und Stäbe vergleichsweise selten und wertbeständig, allerdings benötigte man bei jedem Tauschgeschäft eine Waage, um das exakte Gewicht des Metallgeldes zu bestimmen. Die Eigenschaft der Teilbarkeit war erst mit der Einführung einheitlich großer Münzen gegeben. Dabei garantierte der König mit seinem Wappen auf der Münze für deren Gewicht und Wert. Wollte man jedoch wertvolle Güter bezahlen, musste man große Mengen an Münzen transportieren und diese bei der Übergabe abzählen. Erst die Erfindung des Papiergeldes erlaubte es, auch größere Summen leicht zu transportieren. Der Herausgeber des Papiergeldes bürgte für den entsprechenden Gegenwert des an sich wertlosen Papiers.

In der modernen Wirtschaft haben sich die Anforderungen an die Eigenschaften des Geldes erhöht. Riesige Mengen an Geld müssen in Sekunden über weite Entfernungen transportiert werden. Die Einführung des bargeldlosen Zahlungsverkehrs ermöglicht dies.

Welche Anforderungen zukünftig an unser Geld gestellt werden, ist noch unbekannt. Klar ist jedoch, dass es als Zahlungsmittel nur akzeptiert werden wird, wenn es knapp, teilbar, wertbeständig und leicht zu transportieren ist.

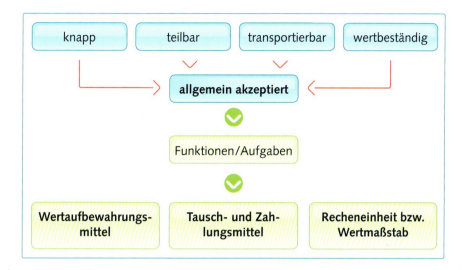

In einer arbeitsteiligen Gesellschaft übernimmt das Geld wichtige Funktionen. Neben der Aufgabe als Wertaufbewahrungsmittel und Recheneinheit muss es vor allem als Tausch- und Zahlungsmittel fungieren. Diese Aufgaben kann das Geld aber nur erfüllen, wenn es wertbeständig, leicht zu transportieren, teilbar und knapp ist. Ist die letztgenannte Eigenschaft der Knappheit nicht gegeben, kommt es zu einer Inflation. Der Begriff stammt aus dem Lateinischen und bedeutet so viel wie „anschwellen" oder „sich aufblähen". Gemeint ist, dass die Geldmenge und damit die Preise über einen längeren Zeitraum anschwellen. Geld ist immer dann **nicht knapp**, wenn mehr Geld vorhanden ist, als es Waren und Dienstleistungen gibt. Ein einfaches Beispiel verdeutlicht dies:

In einem Land gibt es zwei unterschiedliche Güter: 50 kg Butter und 50 Laib Brot. Zur Bezahlung stehen 100 Geldeinheiten zur Verfügung. Das Tauschverhältnis ist zunächst so eingestellt, dass für eine Geldeinheit entweder ein Brot oder ein kg Butter gekauft werden kann. Verdoppelt sich die Geldmenge nun auf 200 Geldeinheiten, so verändert sich auch das Tauschverhältnis. Für einen Laib Brot bzw. ein kg Butter müssen nun 2 Geldeinheiten bezahlt werden – die Preise steigen.

Der Wert des Geldes

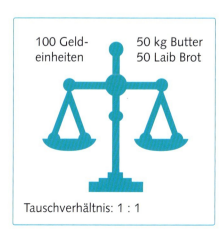

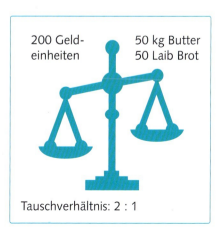

Da die Menge an Gütern, die man für eine Geldeinheit erhält, nun kleiner geworden und damit die „Kraft" einer Geldeinheit gesunken ist, spricht man bei einer Inflation von einem Rückgang der **Kaufkraft**. Für eine Geldeinheit können nun lediglich 500g Butter oder ein halber Laib Brot gekauft werden – der Wert des Geldes ist also gesunken. Die Auswirkungen einer **Inflation** zeigen sich auch am Beispiel Deutschlands im Jahr 1923. Nachdem der Staat Unmengen von Geld gedruckt hatte, explodierten die Preise. Wer seinen Lohn am Abend erhielt und diesen erst am nächsten Morgen ausgab, konnte sich davon weniger als am Tag zuvor kaufen. Quasi über Nacht waren die gesamten Rücklagen der Sparer nichts mehr wert. Das Geld verlor damit seine Funktionen als Wertaufbewahrungsmittel. Ebenso verloren die Menschen ihr Vertrauen in das Geld als Zahlungsmittel. Viele Geschäfte bunkerten ihre Vorräte und tauschten diese nur noch gegen andere Waren ein, da das Geld wertlos geworden war. Sie kehrten vorübergehend zum Naturaltausch zurück.

Steigt dagegen der Wert bzw. die Kaufkraft des Geldes, wenn die Preise für Waren- und Dienstleistungen über einen längeren Zeitraum fallen, spricht man von einer **Deflation**. Die Folgen einer Deflation sind jedoch keinesfalls positiv – im Gegenteil. Das stetig fallende Preisniveau motiviert die Konsumenten, ihre Einkäufe in die Zukunft zu verschieben. Da jedoch die Preise dauerhaft fallen und die Menschen davon ausgehen, dass der Wert ihres Geldes auch künftig steigt, schieben sie ihre Einkäufe immer weiter auf. Unternehmen produzieren und verkaufen damit weniger Produkte und Dienstleistungen, zu deren Herstellung sie zudem auch weniger Mitarbeiter benötigen. Zum Teil werden Unternehmen sogar geschlossen, wodurch noch mehr Menschen ihre Arbeit verlieren. Dies kann eine gefährliche, wirtschaftliche Abwärtsspirale in Gang setzen.

Sowohl die Folgen einer Inflation als auch einer Deflation können sich somit negativ auf die wirtschaftliche Entwicklung, den Wohlstand und die soziale Gerechtigkeit eines Landes auswirken. Ein stabiler Geldwert (**Geldwertstabilität**) ist daher von großer Bedeutung.

Zahlungsverkehr im Spannungsfeld

Die Entwicklung des Geldes ist bis heute noch nicht abgeschlossen. Durch den hohen Grad an Spezialisierung und der damit verbundenen Notwendigkeit des globalen Gütertauschs benötigt der Geschäftsverkehr neue Zahlungsarten. So muss es möglich sein, Geld auch in großen Mengen über weite Entfernungen bequem zu transportieren, ohne dass sich die Geschäftspartner dabei direkt gegenüber stehen. Die Anforderungen an die Eigenschaften des Geldes als Tauschmittel sind damit gestiegen. Mit immer neueren Formen von Zahlungsarten wird versucht, den sich ständig wandelnden Anforderungen des weltweiten Zahlungsverkehrs gerecht zu werden. Die unterschiedlichen Zahlungsarten bieten verschiedene Vor- und Nachteile. Bei jedem Zahlungsvorgang muss zwischen den Kriterien **Sicherheit, Kosten** und **Bequemlichkeit** abgewogen werden. Diese Kriterien stehen in einem Spannungsverhältnis zueinander:

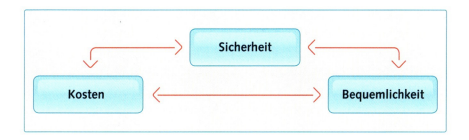

Dies verdeutlichen die folgenden Zahlungsarten exemplarisch: In Deutschland wird ca. jede dritte bargeldlose Zahlung mit dem Instrument der Überweisung abgewickelt. Dabei weist der Kontoinhaber seine Bank an, von seinem Konto einen bestimmten Betrag auf das Konto des Zahlungsempfängers zu übertragen. Eine solche Anweisung kann z. B. per Überweisungsformular erfolgen. Überweisungen eignen sich besonders für einmalige Zahlungen. Der **Dauerauftrag** ist eine besondere Form der Überweisung. Bei regelmäßig und in gleicher Höhe wiederkehrenden Zahlungen kann der Schuldner seine Bank anweisen, den entsprechenden Betrag z. B. jeden Monat an einen bestimmten Gläubiger zu überweisen. Zahlungsaufträge wie Miete oder die monatliche Sparrate für einen Bausparvertrag müssen damit nur einmal bei der Bank angewiesen werden.

Überweisungen und Daueraufträge können, meist kostengünstiger, auch elektronisch, z. B. per **Online-Banking** erfolgen. Mittels eines PCs, Tablet-Computers oder Smartphones hat der Kontoinhaber Zugang zu seinem Konto. Allerdings sind durch das sogenannte Phishing die Betrugsfälle beim Online-Zahlungsverkehr in der Vergangenheit stark gestiegen. Dabei wird der Verbraucher auf eine betrügerische Website gelenkt, die der seiner Bank zum Verwechseln ähnlich sieht. Gibt er dort PIN und TAN ein, landen diese in den Händen der Betrüger.

Eine weitere Art, Geld einfach und schnell zu transportieren, stellt das **Lastschriftverfahren** dar. Dieses eignet sich vor allem bei regelmäßig wiederkehrenden Zahlungen über unterschiedlich hohe Beträge wie z. B. der Telefonrechnung. Der Kontoinhaber erteilt dem Zahlungsempfänger, hier der Telefongesellschaft, eine Einzugsermächtigung. Diese erlaubt es der Telefongesellschaft, den fälligen Rechnungsbetrag vom Konto abzubuchen. Auch wer mit seiner Bankkarte in einem Geschäft bezahlt und anschließend auf dem Beleg unterschreibt, erteilt dem Verkäufer die Erlaubnis, den entsprechenden Betrag per Lastschrift vom Konto abbuchen zu lassen.

Sowohl für die Überweisung als auch den Dauerauftrag und das Lastschriftverfahren benötigt der Schuldner ein Girokonto bei einer Bank. In der Regel werden auf diesem auch die Gehaltszahlungen verbucht. Das Girokonto übernimmt damit die meisten Aufgaben des täglichen Zahlungsverkehrs. Im Normalfall erhält der Kunde zu seinem Girokonto eine sog. Girocard. Mit dieser kann er bargeldlos in Geschäften bezahlen und Geld am Bankautomaten vom Girokonto beziehen.

Bei der **Kreditkarte** gewährt die Bank dem Kunden einen Kredit. Das bedeutet, der Kunde kann im Rahmen dieses Kredits in Geschäften, Restaurants usw. einkaufen. Zur Legitimierung bedarf es der PIN bzw. der Unterschrift. Vor allem im Internet gehört die Kreditkarte zu den gängigsten Formen des Zahlungsverkehrs. Dies liegt maßgeblich an der unkomplizierten, bequemen Abwicklung sowie an der breiten Akzeptanz im Internet. Auch auf Reisen vereinfacht die Kreditkarte aufgrund ihrer weltweiten Akzeptanz den Zahlungsverkehr erheblich. Einmal im Monat werden alle aufgelaufenen Rechnungen per Lastschrift vom Girokonto des Karteninhabers abgebucht. Dies birgt jedoch die Gefahr, dass der Karteninhaber den Überblick über seine bisherigen Ausgaben verliert und diese u. U. sein Budget überschreiten. Um eine drohende Verschuldung zu vermeiden, ist daher bei der Kreditkarte auf eine Übersicht aller Ausgaben zu achten. Kreditkarten werden meist mit Zusatzleistungen wie Versicherungen und Serviceleistungen herausgegeben. Je nach Umfang des Pakets an Zusatzleistungen variieren die Gebühren für den Kunden. Allerdings häufen sich auch hier die Betrugsfälle.

Entscheidungskriterien der Geldanlage

Der Führerschein, ein neuer Laptop, das erste Auto oder die Sorge im Alter arm zu sein; es gibt viele Gründe, warum Menschen sparen. Dabei stehen ihnen verschiedene Anlagemöglichkeiten zur Verfügung. Während die einen vergleichsweise sicher sind, dafür aber kaum rentabel, versprechen andere hohe Erträge bei großem Risiko. Der Anleger muss meist zwischen folgenden Kriterien entscheiden: **Sicherheit**, **Rentabilität** und **Liquidität**. Diese Kriterien werden als das **magische Dreieck der Geldanlage** bezeichnet, stehen allerdings in einem Spannungsverhältnis zueinander:

Das Sparbuch, Aktien und festverzinsliche Wertpapiere sind dafür ein Beispiel: Wer zu Gunsten der Sicherheit auf eine hohe Rendite zu verzichten bereit ist, kann sein Geld auf einem **Sparbuch** anlegen. Dabei liegen die von der Bank bezahlten Zinsen häufig unterhalb der Inflationsrate, sodass die Rendite den Wertverlust des Geldes nicht ausgleichen kann. Auch die Liquidität ist beim Sparbuch gering: Lediglich 2.000 Euro können pro Kalendermonat vorschusszinsfrei abgehoben werden. Benötigt man einen höheren Betrag, ist die Kündigungsfrist von mindestens drei Monaten einzuhalten. Ansonsten werden von der Bank „Strafzinsen" in Rechnung gestellt. Eine etwas höhere Rendite verspricht der **Sparbrief**. Die höhere Rendite geht jedoch zu Lasten der Liquidität.

Anders als bei einem Sparbuch hat der Besitzer einer **Aktie** (Aktionär) keinen Anspruch auf eine feste Verzinsung. Aktien stellen einen Anteil an einem Unternehmen dar. Der Aktionär ist damit Miteigentümer der Aktiengesellschaft. Als solcher wird er am Gewinn des Unternehmens beteiligt, er erhält eine sogenannte Dividende. Interessanter als die Dividende ist jedoch die Kursentwicklung einer Aktie. Anleger können ihre Aktien zwar jederzeit an der Börse verkaufen, ob sie dabei aber Gewinne oder Verluste machen, hängt vom Kurs zum Kauf- und Verkaufszeitpunkt ab. Sollte eine Aktiengesellschaft insolvent werden, kann der Aktionär sein eingesetztes Kapital verlieren, da er als Miteigentümer das unternehmerische Risiko trägt.

Eine weitere Möglichkeit der Geldanlage sind **festverzinsliche Wertpapiere**. Bei diesen leiht der Anleger Banken, Unternehmen oder Staaten Geld und erhält dafür ein Wertpapier. Bei der Ausgabe der Papiere werden die Laufzeit und der Zinssatz festgelegt. Entscheidend für die Sicherheit ist die Kreditwürdigkeit der herausgebenden Banken, Unternehmen bzw. Staaten. In der Regel bieten vor allem risikoreiche Wertpapiere eine hohe Verzinsung. Manche Papiere können an der Börse gehandelt werden. Steigt deren Kurs während der Laufzeit, kann man sie gewinnbringend verkaufen. Behält man die Papiere bis zum Ende der Laufzeit, so erhält man das eingesetzte Kapital plus Zinsen zurück.

Etwa jeder zehnte Deutsche ist von **Überschuldung** bedroht. Dies bedeutet, dass die Ausgaben der Schuldner dauerhaft deren Einnahmen übersteigen, sie ihre Zahlungsverpflichtungen nicht pünktlich erfüllen können und damit eine Zunahme der Schulden unumgänglich ist. Hat hingegen eine Person Schulden, ohne ihre Zahlungsverpflichtungen zu verletzen, spricht man von **Verschuldung**. Die **Ursachen** der Überschuldung sind je nach Lebensform und Alter unterschiedlich.

Ursachen und Risiken der Verschuldung privater Haushalte

Während bei Erwachsenen Arbeitslosigkeit gefolgt von Schicksalsschlägen wie Scheidung, Tod des Partners, eine Erkrankung oder Sucht die häufigsten Auslöser für Überschuldung darstellen, geraten jüngere Menschen vor allem aufgrund zu hoher Konsumausgaben in eine finanzielle Notlage. Auch das schlechte Vorbild des Elternhauses und mangelnde Eigenverantwortlichkeit tragen zur Verschuldung bei. Hauptgläubiger der jungen Schuldner sind Telekommunikationsanbieter. Neben der Handyrechnung zählen vor allem der Kauf technischer Geräte sowie Ausgaben für die Wohnung, das Auto und Kleidung zu den hohen Konsumausgaben.

Der soziale Druck zu konsumieren, aggressive Werbung, Ratenkäufe und damit die Möglichkeit, Produkte sofort zu kaufen und erst später zu bezahlen oder mittels eines Kredits sich Wünsche zu erfüllen, laden zum Schuldenmachen ein. Dabei dienen Konsumschulden lediglich der kurzfristigen Befriedigung von Bedürfnissen, können allerdings die wirtschaftliche Existenz eines Menschen nachhaltig gefährden.

Neben die finanzielle und wirtschaftliche Not tritt dann häufig eine massive psychische Belastung. Aufgrund derer sind viele Schuldner mit ihrer Situation überfordert und verlieren den Überblick über ihre Verbindlichkeiten. Hilfe bieten öffentliche Schuldnerberatungsstellen an. Um sich über die finanzielle Lage einen Überblick verschaffen zu können, muss zunächst ein Haushalts- sowie Sanierungsplan erstellt werden. Gelingt es im Anschluss nicht, dass sich Schuldner und Gläubiger auf einen Plan zur Schuldenbereinigung einigen, bleibt dem Schuldner nur das Verbraucherinsolvenzverfahren. Schuldner, die dieses Verfahren durchlaufen, können nach einer sechsjährigen **Wohlverhaltenszeit** von ihren Restschulden befreit werden. Während der Wohlverhaltenszeit verwaltet eine vom Gericht bestimmte Person das Vermögen des Schuldners. Auch das Arbeitseinkommen muss der Schuldner zum Teil an diese Person abführen. Einmal im Jahr werden die so eingenommenen Beträge an die Gläubiger verteilt. Der Schuldner hat darüber hinaus während der Wohlverhaltenszeit verschiedene Pflichten zu erfüllen, wie z. B. eine Erwerbstätigkeit auszuüben oder aber sich um eine Arbeitsstelle zu bemühen. Wird dem Schuldner eine zumutbare Tätigkeit angeboten, darf er diese nicht ablehnen. Erfüllt der Schuldner alle Auflagen und beweist er äußerste Haushaltsdisziplin, werden ihm nach sechs Jahren die restlichen Schulden erlassen.

Anwendung und Transfer

M 1 — Krieg der Scheine

Ab 1943 wurden im Auftrag der nationalsozialistischen Regierung Deutschlands 134 Millionen britische Pfund gefälscht. Das entspricht einem Anteil von 13 Prozent der damaligen Gesamtmenge an Pfund. Die Nationalsozialisten planten, die Scheine mit Flugzeugen über England abzuwerfen.

Nach: Georg Bönisch, www.einestages.spiegel.de, 6.6.2013

M 2 — Eine Reise sollte gut vorbereitet sein

Lukas und Lisa planen eine gemeinsame Reise nach Lateinamerika. Die Flugtickets kaufen sie nach längerer Recherche bei einem Reiseanbieter im Internet. Zur Bezahlung der Tickets greift Lisa auf das Guthaben ihres Sparbuchs zurück. Ihre Großmutter hatte die letzten Jahre monatlich 50 Euro auf das Sparbuch überwiesen. Lukas und Lisa benötigen für die Reise unter anderem zwei Rucksäcke sowie einen Reiseführer. Den Reiseführer bestellt Lisa im Internet, da dieser in der Buchhandlung etwas teurer gewesen wäre. Für den Kauf des Rucksacks fährt Lukas in ein Sportgeschäft. Dort kauft er den günstigsten Reiserucksack für 179 Euro. Um den Überblick über ihre Finanzen nicht zu verlieren, gehen Lukas und Lisa ihre regelmäßig anstehenden und auch während der Reise weiter zu bezahlenden Rechnungen durch. Neben den Handyrechnungen, welche vermutlich während ihrer Reise höher ausfallen werden, wird Lukas die Mitgliedsgebühr für seinen Fußballverein von 30 Euro weiter monatlich zu entrichten haben.

Aufgaben

1. Erläutere zunächst, warum die nationalsozialistische Regierung Deutschlands ab September 1939 plante, gefälschte englische Pfund in England in den Umlauf zu bringen. Diskutiert anschließend, welche Auswirkungen das Falschgeld konkret auf die Funktionen des Geldes gehabt hätte. (M1)

2. Geldscheine an sich haben einen geringen Wert. Dennoch hätten diejenigen Personen, welche das Geld in England gefunden und ausgegeben hätten, von der Fälschung profitiert. Erkläre, wer die Leidtragenden dieser Entwicklung gewesen wären. (M1)

3. Erläutere, welche Folgen die Geldfälschung zum einen für die Rendite englischer Sparbücher und zum anderen für englische Schuldner gehabt hätte. (M1)

4. Begründe, welche Geldanlage du in der dargestellten Situation wählen würdest. (M1)

5. Recherchiere über den Internetauftritt des Statistischen Bundesamtes die aktuelle Inflationsrate in Deutschland.

6. Begründe, welche Zahlungsarten sich am besten zur Bezahlung der anfallenden Rechnungsbeträge aus M2 eignen.

7. Erkläre, welche Funktionen das Geld in den dargestellten Situationen jeweils übernimmt. (M2)

Entscheidungen im Zusammenhang mit Ausbildung und Beruf

Dass die Berufswahl zu den wohl wichtigsten und zugleich auch schwierigsten Entscheidungen im Leben gehört, ist unbestritten. Fehlentscheidungen kosten viel Zeit, führen zu Unzufriedenheit und können auch teuer werden. Aber wie soll man eine richtige Entscheidung treffen, wenn man heute nicht weiß, welche Anforderungen in der Zukunft verlangt werden? Das folgende Kapitel soll aufzeigen, dass die Berufswahl, als eine auf die Zukunft gerichtete Entscheidung erleichtert wird, wenn man etwas über den wirtschaftlichen Wandel und die damit einhergehenden gegenwärtigen und zukünftigen Veränderungen der Arbeitswelt weiß. Es soll helfen, die Anforderungen der modernen Arbeitswelt mit den eigenen Vorstellungen, Neigungen und Interessen abzugleichen. Es gibt darüber hinaus einen Einblick in das schulische und berufliche Bildungssystem in Bayern und zeigt die notwendige Vorgehensweise für ein erfolgreiches Bewerbungsverfahren.

Chemielaborant

Richterin

Ärztin

3

Köchin

Börsenmakler

Bauingenieurin

Kompetenzen

Am Ende dieses Kapitels solltest du Folgendes können:

- die Bedeutung des wirtschaftlichen Wandels für die Studien- und Berufswahl beurteilen
- Kriterien der Berufswahl benennen und Phasen der Entscheidungsfindung voneinander unterscheiden
- die Vorgehensweise bei einem Bewerbungsverfahren darstellen und sich korrekt bewerben
- die Grundstruktur des schulischen und beruflichen Bildungssystems erläutern sowie zielgerichtet unterschiedliche Bildungswege beschreiben

Was weißt du schon?

1. Wähle unter den dargestellten Berufen einen aus, für den du dich entscheiden könntest. Begründe deine Festlegung.

2. Erkläre, warum du dich gegen die anderen Berufe entschieden hast.

Welche Anforderungen verlangt die moderne Arbeitswelt?

M 1 Anforderungen früher und heute

Die **STUTTGARTER NEUIGKEITEN**, die größte Zeitung Baden-Württembergs, die besonderen Wert auf Ihren Wirtschaftsteil legt, sucht einen arbeitsamen und zuverlässigen jüngeren

Wirtschafts-Redakteur

Er soll nach entsprechender Einarbeitung ein selbständiges Arbeitsgebiet erhalten, das von der Verbraucherpolitik über die sorgfältige Beobachtung von Verbrauchsgüterindustrie und Handel bis zum Besuch großer Messen reicht. Er sollte in der Lage sein, wirtschaftspolitische Vorgänge objektiv und rasch zu kommentieren, komplizierte Vorgänge verständlich darzulegen und eine Bilanz sorgfältig zu analysieren.

Es wird kein Überspezialist oder Übertheoretiker erwartet, aber eine solide Kenntnis der Volks- und Betriebswirtschaft. Einige Jahre Zeitungserfahrung wären nützlich, jede Erstarrung in der Routine schädlich. Begabung zum Umgang mit fremden Menschen ist eine unerlässliche Voraussetzung. Angebote mit den üblichen Unterlagen, Angabe der frühesten Eintrittsmöglichkeit und des Gehaltsanspruchs an die

STUTTGARTER NEUIGKEITEN – Verlagsleitung
Stuttgart, Turmhaus

Stellenanzeige aus dem Jahr 1960

Wir sind einer der weltweit führenden Spezialisten für die Entwicklung und Herstellung von modernen Phytopharmaca – einer neuen Generation von Naturarzneimitteln mit wissenschaftlich dokumentierter Wirkung. International ergänzen auch chemische Wirksubstanzen das Unternehmensprofil.

Wir suchen ab sofort einen (m/w)

Kommunikationsmanager

Ihre Aufgaben
- Selbständige Planung, Organisation und Erledigung aller Kommunikationsaufgaben der Produkt-PR für die verantworteten Produkte
- Entwicklung und Umsetzung von Produkt-PR-Kommunikationskonzepten sowie Produktbotschaften und Kommunikationsinhalten
- Erstellen von Pressetexten
- Aufbereitung der Medieninformation nach dem jeweiligen Zielmedium
- Aufbau und Pflege von Journalistenkontakten sowie Briefing von Referenzen und Meinungsbildnerpflege
- Durchführung von Presseveranstaltungen als Produktpressesprecher
- Analyse des PR-Erfolgs (Medienresonanz)
- Vertretung des PR-Bereiches in den nationalen und internationalen Businessteams
- Interne und externe Produkt-PR z.B. Informationsveranstaltungen und Präsentationen

Ihr Profil
- Naturwissenschaftliches, medizinisches oder betriebswirtschaftliches Studium
- Erfahrung im Bereich der pharmazeutischen Industrie
- Berufspraxis in der PR-Agentur oder journalistische Kenntnisse
- Stil- und Textsicherheit
- Sicherheit und Erfahrung im Umgang mit Medien (Kamera)
- Gute Englischkenntnisse, PC-Anwenderkenntnisse (MS-Office) und Internetnutzung
- Ausgeprägte Kommunikationsfähigkeit, Selbstständigkeit, Flexibilität, Organisationstalent und Teamgeist

Wenn Sie eine Tätigkeit mit hervorragender Zukunftsperspektive in einem innovativen Umfeld reizt, senden Sie Ihre vollständigen Bewerbungsunterlagen unter Angabe des frühestmöglichen Eintrittstermins sowie Ihrer Gehaltsvorstellung an:

PHARMA AG, Rekrutierung und Personalmanagement · Ursula Müller · Parkallee 15 · 51067 Köln
Tel. 02 21/1 23 45 · Fax 02 21/1 23 46 · E-Mail: bewerbung@pharma.de

Stellenanzeige heute

M 2 Hard Skills – Soft Skills

Heutzutage zählen nicht nur Fachkenntnisse und gute Noten. Personalchefs achten auch auf sogenannte Schlüsselqualifikationen, die im Englischen „Soft Skills" genannt werden. Dazu gehören beispielsweise Ausdauer und Belastung oder auch die Einstellung zur Arbeit. Sie gehören in den Bereich der persönlichen Kompetenz. Kontakt- und Kommunikationsfähigkeit, Teamfähigkeit oder auch Führungsverhalten sind Ausdruck der sozialen Kompetenz. Lernverhalten, logisches Denken und Problemlösungsverhalten können der Rubrik methodische Kompetenz zugewiesen werden. Als „Hard Skills" wird die eigentliche Fachkompetenz bezeichnet. Sie ist die Grundlage jeglicher beruflichen Betätigung. Dieses Wissen wird durch eine Ausbildung, ein Studium oder später durch die Berufserfahrung erworben.

Nach: abi Berufswahlmagazin, Heft 3/2003, S. 14

M 3 Heute hier – morgen dort

Egal, wen man fragt: Alle sind sich einig, dass die Arbeitswelt vor einem radikalen Wandel steht. Und ein Wort dominiert die Diskussionen: Flexibilität. Das klingt abgedroschen, doch dahinter verbirgt sich weit mehr als Anpassungsfähigkeit im Denken und Handeln.

Der Arbeitnehmer von morgen wird mehr als nur einen Arbeitgeber haben, er wird häufiger zwischen Selbstständigkeit und Festanstellung wechseln und mehr Teilzeit- und Zeitarbeit leisten. Er wird in ständig wechselnden Projekten mit unterschiedlichen Teams aus unterschiedlichen Nationen zusammenarbeiten, viele seiner Kollegen nur auf dem Videobeamer oder per E-Mail, Chat oder Wiki kennenlernen.

Mehr noch: Diese Jobs werden zeitlich befristet sein und – auch hier ist die Technik ein wesentlicher Motor – größtenteils über das Internet vermittelt. Beispiele: Aktuell sucht ein Unternehmen jemanden, der 300 Beschreibungen von Instrumenten ins Englische übersetzt; ein Automobilkonzern benötigt für ein halbes Jahr einen Software-Ingenieur für seine Entwicklungsabteilung. Dies zeigt schon jetzt, wo die Reise hingeht. Angebote für einfache Tätigkeiten und für gering Qualifizierte werden immer seltener.

Daniel Rettig, Wirtschaftswoche online, 28.8.2008

M 4 Moderne Arbeitnehmer in der Karikatur

Karikatur: Thomas Plassmann/Baaske Cartoons

Karikatur: Reiner Schwalme

Aufgaben

1. Vergleiche die Stellenanzeigen und unterscheide nach den dort geforderten Soft und Hard Skills. Beschreibe, wie sich die Anforderungsprofile im Laufe der Zeit verändert haben. (M1, M2)

2. Stelle die Erwartungen zusammen, die an den Arbeitnehmer von heute gestellt werden. (M3) Zeige, welche positiven und negativen Auswirkungen sich daraus für die Arbeitnehmer ergeben.

3. In den Karikaturen M4 wird die Berufs- und Arbeitswelt kritisch dargestellt. Erläutere die Sichtweisen der Karikaturisten.

4. In vielen Branchen bevorzugen Arbeitgeber zunehmend flexible Beschäftigungsformen.
   a) Nenne mögliche Beweggründe der Arbeitgeber und erkläre, welche Vorteile sie sich davon versprechen.
   b) Stelle Motive der Arbeitnehmer dar, solche Arbeitsverhältnisse einzugehen.

Welcher Beruf ist der richtige?

M 1 — Bildung ist der beste Schutz vor Arbeitslosigkeit

atypische Beschäftigung
Zu den atypischen Beschäftigungsformen werden Teilzeitbeschäftigungen mit 20 oder weniger Arbeitsstunden pro Woche, geringfügige oder befristete Beschäftigungen sowie Zeitarbeitsverhältnisse gezählt.

Nicht nur Fachkräfte für Produktion oder Handwerk sind stark gesucht. Auch die Jobchancen von Akademikern haben sich nach Erkenntnissen von Arbeitsmarktforschern in 2012/2013 nochmals verbessert. Mit einer Arbeitslosenquote von 2,2 Prozent habe bei Universitätsabsolventen schon im Jahr 2011 nahezu Vollbeschäftigung geherrscht, geht aus einer veröffentlichten Studie des Instituts für Arbeitsmarkt- und Berufsforschung (IAB) bei der Agentur für Arbeit hervor. Noch 2006 seien 3,6 Prozent aller Universitätsabsolventen arbeitslos gewesen, im Jahr 1997 seien es sogar 4,5 Prozent gewesen, berichteten die Arbeitsmarktforscher.

Ähnlich gut wie für Universitätsabsolventen seien auch die Arbeitsmarktchancen für Fachhochschulabsolventen: Hatte in dieser Gruppe die Arbeitslosenquote im Jahr 2006 noch bei 3,3 Prozent gelegen, sei sie bis zum Jahr 2011 auf 2,5 Prozent gesunken.

Allerdings fänden keineswegs alle Akademiker eine zu ihrer Ausbildung passende Stelle, räumt das IAB ein. „Im Jahr 2009 war fast jeder dritte Hochschulabsolvent atypisch beschäftigt", berichten die Autoren der Studie, Brigitte Weber und Enzo Weber. Auch würden Akademiker häufiger als etwa Beschäftigte mit einer klassischen Berufsausbildung nur befristet eingestellt. Im Laufe ihres Berufslebens erhielten aber die meisten Akademiker einen festen Job.

Vergleichsweise gering sei auch das Arbeitslosigkeitsrisiko für Männer und Frauen mit abgeschlossener Lehre oder einem Berufsfachschulabschluss. Waren von ihnen im Jahr 2006 noch 8,5 Prozent arbeitslos gemeldet, so seien es fünf Jahre später nur noch 5,1 Prozent gewesen, berichtet das IAB, das eine Art Denkfabrik der Bundesagentur für Arbeit ist.

Dagegen unterliegen Männer und Frauen ohne berufliche Ausbildung mit einer Quote von 19,6 Prozent einem fast viermal so hohen Risiko, arbeitslos zu werden, wie Beschäftigte mit einer Lehre oder einem Fachschulabschluss. Diese Gruppe leide darunter, dass es für gering Qualifizierte immer weniger geeignete Jobs gebe. So sei die Zahl der gering qualifizierten Beschäftigten von 2006 bis 2010 von 5,7 auf 5,1 Millionen gesunken.

„Bildung ist der beste Schutz vor Arbeitslosigkeit", lautet daher das IAB-Resümee.

Brigitte Weber/Enzo Weber, Nordwest-Zeitung, 16.3.2013

M 2 — Was ist mir wichtig? – Kriterien der Berufswahl

- Spaß an der Arbeit
- viel Freizeit
- mit anderen zusammen arbeiten
- eigene Fähigkeiten/Neigungen
- Umgang mit Menschen
- gute Verdienstmöglichkeit
- Selbstständigkeit
- Ansehen des Berufs
- Aufstiegschancen
- sicherer Arbeitsplatz
- Nähe des Arbeitsplatzes
- kurze Ausbildungsdauer
- eigene Erfahrungen (z. B. im Praktikum)
- saubere Arbeit
- Tradition (weil Mutter oder Vater den Beruf hatten)
- Möglichkeit, im Ausland zu arbeiten

M 3 — Was will ich? – Interessen herausfinden

Welche Tätigkeiten interessieren mich?	■ 1. anbauen/hegen/ernten/züchten ■ 2. bauen ■ 3. herstellen/zubereiten/Material bearbeiten	■ 4. kaufen/verkaufen/bedienen/beraten ■ 5. behandeln/pflegen/erziehen/unterrichten ■ 6. gestalten/malen/entwerfen/zeichnen	■ 7. montieren/installieren/reparieren ■ 8. prüfen/untersuchen ■ 9. schreiben/verwalten/berichten ■ 10. Maschinen steuern und bedienen
Wo möchte ich arbeiten?	■ 1. Werkstatt/Halle ■ 2. Verkaufsraum ■ 3. im Freien/Natur	■ 4. soziale/medizinische Bildungseinrichtung ■ 5. Labor/Prüfstation ■ 6. Hotel/Gaststätte	■ 7. Fahrzeug/Transportmittel ■ 8. beim Kunden ■ 9. Büro ■ 10. Ausland/ferne Länder
Womit möchte ich arbeiten?	■ 1. Baustoffe ■ 2. chemische Stoffe ■ 3. Elektronik ■ 4. Fahrzeuge/Transportmittel ■ 5. Glas/Keramik/Edelstein ■ 6. Holz/Papier	■ 7. Lebensmittel ■ 8. Mess- und Prüfgeräte ■ 9. Menschen ■ 10. Metalle ■ 11. Pläne/Entwürfe ■ 12. Regelungen/Gesetze ■ 13. technische Anlagen	■ 14. Textilien/Leder ■ 15. Tiere/Pflanzen ■ 16. Zeichen-/Schreibgeräte ■ 17. Büromaschinen/Büromaterial ■ 18. Maschinen/Werkzeuge ■ 19. Informationen/Medien/Fremdsprachen

M 4 — Was kann ich? – Fähigkeiten überprüfen

Geistige Fähigkeiten?	■ 1. Sprachbeherrschung/sprachliche Gewandtheit ■ 2. logisches Denken ■ 3. räumliches Vorstellungsvermögen	■ 4. Beobachtungsvermögen ■ 5. rechnerisches Denken ■ 6. Rechtschreibsicherheit ■ 7. guter schriftsprachlicher Ausdruck	■ 8. Konzentrationsfähigkeit ■ 9. Merkfähigkeit ■ 10. Kreativität ■ 11. Sinn für Formen und Farben
Soziale Fähigkeiten?	■ 1. Kontaktfreudigkeit ■ 2. sicheres Auftreten ■ 3. Rücksichtnahme ■ 4. Selbstständigkeit	■ 5. Belastbarkeit ■ 6. gute Umgangsformen ■ 7. Teamfähigkeit ■ 8. zuhören können	■ 9. andere überzeugen können ■ 10. Verantwortungsbereitschaft ■ 11. Interesse für andere Menschen ■ 12. Hilfsbereitschaft
Körperliche Fähigkeiten?	■ 1. körperliche Belastbarkeit (Stehen, Bücken, Sitzen)	■ 2. gutes Hören ■ 3. Farbsehen	■ 4. robuste Gesundheit (Widerstandsfähigkeit) ■ 5. handwerkliches Geschick

Aufgaben

1. Belege anhand von M1, wieso „Bildung als der beste Schutz vor Arbeitslosigkeit" angesehen werden kann, und zeige zusätzlich auf, welche Risiken dennoch z. B. auf Akademiker auf dem Arbeitsmarkt zukommen können.

2. Beschreibe ausgehend von M1, welche möglichen Folgen eine fehlende Studien- oder Berufsausbildung für den Betroffenen und die Gesellschaft haben könnte.

3. Ordne die in M2 genannten Kriterien der Berufswahl in Form einer Pyramide nach steigender Wichtigkeit an. Begründe deine Entscheidung.

4. Erstelle mit Hilfe von M3 und M4 ein Profil deiner Interessen und Fähigkeiten. Benenne daraufhin Berufe, für die du dich zu eignen glaubst.

Methode: der didaktische Bleistift – Kriterien entwickeln und gewichten

a) Ansehen
b) Sicherheit vor Arbeitslosigkeit
c) Karrierechancen
d) eigene Eignung
e) interessanter Beruf
f) Wünsche der Eltern
g) leichte Ausbildung
h) Verdienst
i) anderen helfen können

Der **„didaktische Bleistift"** oder die **„Entscheidungsmatrix"** können als Hilfestellung die Berufswahl erleichtern. Dazu musst du in einem **ersten Schritt** eine Liste mit für dich **entscheidungsrelevanten Kriterien** erstellen. Danach vergleichst du jedes Kriterium mit jedem anderen. Das jeweils wichtigere Kriterium wird in das entsprechende Kästchen übertragen.

Im **zweiten Schritt** werden die Nennungen der einzelnen Kriterien gezählt. Die gefundenen Zahlenwerte geben dabei die **Häufigkeit** (relative Bedeutung) des Entscheidungskriteriums für dich persönlich wieder.

Kriterium	a)	b)	c)	d)	e)	f)	g)	h)	i)
Häufigkeit	2	6	3	5	4	0	1	7	8

Mit den gewonnenen Ergebnissen kann dann für unterschiedliche Berufe eine Entscheidungsmatrix erstellt werden. Für die Berufe Arzt (Beruf 1), Goldschmied (Beruf 2) und Lehrer (Beruf 3) soll dies exemplarisch durchgeführt werden. Dazu werden bei den einzelnen Berufen Punkte vergeben (für 1 = *trifft nicht zu* bis 5 = *trifft absolut zu*). Die Punkte bewerten, inwieweit das Kriterium (vgl. oben) bei dem jeweiligen Beruf erfüllt ist. Schließlich gewichtet man die Punkte mit der Häufigkeit der Nennungen. Der Beruf mit dem höchsten Zahlenwert schneidet am besten ab.

Kriterium	Häufigkeit	Beruf 1 Punkte	Beruf 1 gewichtet*	Beruf 2 Punkte	Beruf 2 gewichtet*	Beruf 3 Punkte	Beruf 3 gewichtet*
a)	2	5	10	3	6	2	4
b)	6	3	18	2	12	5	30
c)	3	4	12	3	9	2	6
d)	5	5	25	5	25	3	15
e)	4	4	16	4	16	5	20
f)	0	4	0	1	0	3	0
g)	1	1	1	3	3	2	2
h)	7	4	28	2	14	3	21
i)	8	5	40	1	8	3	24
Summe			150		93		112

*(Häufigkeit x Punkte)

Aufgaben

1. Erstelle nach obigem Muster eine Entscheidungsmatrix und vergleiche mit ihrer Hilfe drei für dich in Frage kommende Berufe. Die im „didaktischen Bleistift" genannten entscheidungsrelevanten Kriterien kannst du nach deinen Vorstellungen verändern, ggf. erweitern und gewichten.

2. Erkläre, welche Schwierigkeiten bei der Entscheidungsfindung mit dem „didaktischem Bleistift" auftreten können.

Wovon hängt eine erfolgreiche Bewerbung ab?

M1 Bestandteile einer Bewerbungsmappe

Die Bewerbungsmappe (oder auch eine Online-Bewerbung) besteht aus:
1. Anschreiben
2. Lebenslauf mit Foto
3. Kopie des letzten Schulzeugnisses
4. Evtl. Bescheinigungen von Praktika oder AG´s.

In dieser Reihenfolge werden die Unterlagen auch in der Mappe geordnet.

M2 Checkliste für die schriftliche Bewerbung

- Für Anschreiben und Lebenslauf sollte man weißes, unliniertes Papier in DIN A4-Format verwenden.
- Das Bewerbungsfoto (kein Automatenfoto) kann schwarzweiß oder farbig sein und z. B. mit Doppelklebeband – nie mit Fotoecken oder Büroklammern! – oben rechts auf dem Lebenslauf befestigt oder auch digital eingefügt werden.
- Nur Kopien der Zeugnisse verschicken! Lebenslauf und Bewerbungsschreiben sollte man dagegen für jede Bewerbung neu schreiben.
- Pluspunkte gibt es, wenn man im Anschreiben auf Besonderheiten des Unternehmens eingeht.
- Datum und persönliche Angaben in Anschreiben und Lebenslauf müssen übereinstimmen.
- Die kompletten Bewerbungsunterlagen werden am besten in eine spezielle DIN A4-Bewerbungsmappe geheftet.
- Wichtig: Am besten macht man von jeder schriftlichen Bewerbung eine Kopie, damit man noch weiß, was man geschrieben hat, wenn man zu einem Vorstellungsgespräch eingeladen wird.

M3 Auf das Bewerbungsschreiben kommt es an

In Bewerbungs-Ratgebern finden sich häufig die immer gleichen Redewendungen wie „… hiermit bewerbe ich mich um …", „finde ich reizvoll …". Wenn möglich, sollte man sich von solchen Standardformulierungen lösen und eigene Worte finden. Sich etwas anders auszudrücken ist allerdings immer Chance und Risiko zugleich; flapsige Worte können missverstanden werden. Ein Anschreiben ist folgendermaßen aufgebaut:

- Absender
- Datum
- Anschrift des Unternehmens
- Betreffzeile: Hier nennt man die Berufs- oder Ausbildungsbezeichnung, auch die Quelle einer Stellenanzeige. „Betreff" schreibt man aber nicht mehr davor.
- Anrede des Ansprechpartners, am besten persönlich; ansonsten gilt „Sehr geehrte Damen und Herren".
- Begründung für den Einstellungswunsch: Was motiviert einen für diese Stelle, warum ist man dafür geeignet?
- Das Anschreiben sollte nicht länger als eine Seite sein.
- Für die Gestaltung gilt: Keine Krakel, keine Verzierungen oder Unterstreichungen!

Miriam Weber
Berg-am-Laim-Str. 71
88556 Unterstadt

Tel. 0896/1239876
E-Mail: weber.miriam@mail.de

Kommunikation GmbH
Kupfergasse 23
88555 Mittelstadt

14.10.2013

Bewerbung für eine Ausbildung als Kauffrau für Marketingkommunikation/ Ihre Anzeige im Mittelstädter Tagblatt vom 11.10.2013

Sehr geehrte Frau Maier,

mit großem Interesse habe ich Ihre Anzeige im Mittelstädter Tagblatt gelesen. Sie bieten darin einen Ausbildungsplatz zur Kauffrau für Marketingkommunikation an. Für diese Stelle bewerbe ich mich hiermit.

Zurzeit besuche ich die 10. Klasse des Gymnasiums Mittelstadt, die ich im Sommer 2014 mit dem mittleren Schulabschluss erfolgreich beenden werde. Meine Lieblingsfächer sind Mathematik, Kunst sowie Informatik. Im Umgang mit dem PC bin ich versiert, mit den einschlägigen Office-Programmen habe ich mich zudem in der Computer-AG vertraut gemacht. Für die Schülerzeitung war ich für das Layout verantwortlich.

Im Rahmen eines Praktikums in der Marketingabteilung eines Lebensmittelgroßhandels war ich in der Werbe- und Vertriebsabteilung eingesetzt. Dort konnte ich erste Einblicke in betriebliche Abläufe gewinnen. Besonders hat mir in diesem Zusammenhang der Kontakt zu Kunden und Lieferanten gefallen.

Über Ihren Internetauftritt konnte ich mich bereits intensiv über Ihr Unternehmen informieren. Insbesondere die internationale Ausrichtung Ihres Unternehmens entspricht meinen beruflichen Vorstellungen. Mithilfe der Schriften des Berufsinformationszentrums der Bundesagentur für Arbeit habe ich mich zusätzlich über das Berufsfeld der Kauffrau für Marketingkommunikation kundig gemacht.

Wenn ich Ihr Interesse geweckt haben sollte, freue ich mich sehr auf das persönliche Gespräch mit Ihnen in Mittelstadt.

Mit freundlichen Grüßen

Miriam Weber
Miriam Weber

M 4 Der Lebenslauf – die Visitenkarte des Bewerbers

Der Lebenslauf sollte tabellarische Form haben und am PC verfasst werden. Er kann sowohl herkömmlich (chronologisch aufsteigend von der frühesten Station aus) als auch in der „amerikanischen Form" (absteigend chronologisch vom aktuellsten Stand ausgehend) aufgebaut werden. So sollte ein tabellarischer Lebenslauf aufgebaut sein:

1. Überschrift „Lebenslauf"
2. Bewerbungsfoto (meist oben rechts)
3. Vor- und Zuname
4. Anschrift, Telefon, E-Mail-Adresse
5. Geburtsdatum und Geburtsort
6. Besuchte Schulen
7. Angestrebter Schulabschluss
8. Evtl. Lieblingsfächer in der Schule (vor allem mit Bezug zur Ausbildung)

9. Besondere Kenntnisse, z. B. Sprachen, Computer
10. Evtl. Ferienjob, Praktikum (Bescheinigung über Praktika beilegen)
11. Evtl. Hobbys
12. Ort und Datum
13. Unterschrift

Wichtig ist ein gutes Bewerbungsfoto. Eine gepflegte Erscheinung und ein freundlicher Gesichtsausdruck erwecken auch beim Betrachter einen positiven Eindruck. Man sollte auf keinen Fall Automatenfotos verwenden und beim Fotografen nicht nur eines, sondern gleich mehrere Bilder machen lassen – das Beste für die Bewerbung auswählen!

LEBENSLAUF

Persönliche Daten

Name:	Miriam Weber
Anschrift:	Berg-am-Laim-Str. 71
	88556 Unterstadt
	Tel. 0896/1239876
	E-Mail: weber.miriam@mail.de
Geburtsdatum:	30.10.1996
Geburtsort:	Fürstenfeldbruck

FOTO

Schulbildung

Schulbildung:	2003 – 2007 Grundschule Lerchenbach, Mittelstadt
	2007 – heute Gymnasium Mittelstadt
	Mittlerer Schulabschluss (voraussichtlich 2014)
Lieblingsfächer:	Mathematik, Kunst, Informatik

Interessen, Kenntnisse

Sprachkenntnisse:	Englisch (Niveau B1+), Französisch (Niveau B1+)
Hobbys:	Fotografieren, Lesen, Skifahren

Praktische Erfahrungen

Praktikum:	Marketingabteilung Lebensmittelgroßhandel (Sommer 2013)
	Erstellen von Kundenstatistiken, Mitarbeit bei der Gestaltung von Werbeanzeigen

Miriam Weber
Unterstadt, 14.10.2013

Aufgaben

1. Gliedere das Musteranschreiben in M3 in Einleitung, Hauptteil und Schluss. Benenne und erläutere den jeweiligen Inhalt.
2. Verfasse ein Anschreiben für eine Ausbildungsstelle deiner Wahl.
3. Begründe, warum ein Lebenslauf mit Lücken von Nachteil sein kann.
4. Erläutere die Bedeutung von Angaben zu Lieblingsfächern und Hobbys.

Was erwartet mich beim Einstellungstest?

M1 Konzentrieren – kombinieren – kühlen Kopf bewahren

Tipps zum Einstellungstest:
- Testunterlagen zu Übungszwecken besorgen (Bücherei, Internet)
- Tageszeitung lesen, über aktuelle Themen informieren
- Anfahrtsweg in Erfahrung bringen
- ausgeruht antreten
- pünktlich zum Test erscheinen (etwa 15 Minuten vor Beginn)
- Handy ausschalten
- Mitbewerbern freundlich begegnen
- Genau zuhören, wenn der Testleiter die Aufgaben erklärt und an Beispielen übt.
- Die allgemeinen Anweisungen beachten, z. B. über die Dauer der Testzeit oder, wie die Lösungen einzutragen sind.
- Vor Testbeginn nachfragen, wenn man etwas nicht verstanden hat.
- Man muss sich nicht sorgen, wenn man in der knappen Zeit nur einen Teil der Aufgaben bearbeiten kann. Es wird bei solchen Tests nicht erwartet, dass man in der kurzen Zeit alle Aufgaben löst.
- Die besten Ergebnisse erzielt man in der Regel, wenn man in der gewohnten Arbeitsweise vorgeht, also weder zu schnell noch zu zaghaft.
- Wildes Herumraten führt kaum zum Erfolg. Der Zeitdruck sollte also nicht zu flüchtigem Arbeiten verführen. Mit den ersten Aufgaben beginnen. Diese sind in der Regel leichter, und man lernt daran für die schwierigen Aufgaben. Man sollte sich aber nicht an einer Aufgabe festbeißen.
- Wenn man nach genauem Nachdenken nicht auf die Lösung der Aufgabe kommt, sollte man diese Aufgabe zunächst übergehen.
- Ist man unsicher, ob man auch wirklich die richtige Lösung gefunden hat, ist es besser, eine Lösung einzutragen, als die Frage unbeantwortet zu lassen. Das Gleiche gilt bei Unsicherheit zwischen zwei Lösungen.
- Wenn am Ende noch Zeit bleibt, sollte man sich die Aufgaben noch einmal vornehmen, die man ausgelassen hat oder bei denen man hinsichtlich der Lösung unsicher war.
- Zügig arbeiten, das heißt nicht übervorsichtig, aber auf keinen Fall flüchtig!
- Nicht aufgeben, wenn eine Aufgabenart schwer fällt, sondern auch dann versuchen, das Beste zu geben.
- Daran denken: Auch während des Tests wird man ständig beobachtet.

M2 Testaufgaben

1. Ein Lichtstrahl trifft in einem Winkel von 30° auf einen Spiegel. Wie groß ist der Austrittswinkel?

   ■ A) 60°   ■ B) 20°   ■ C) 30°   ■ D) 90°

2. Die Mutter ist 50 Jahre alt. Ihre beiden Kinder sind 10 und 12 Jahre. Wie viele Jahre dauert es, bis die Mutter doppelt so alt ist wie ihre Kinder zusammen?

   ■ A) 4   ■ B) 2   ■ C) 6   ■ D) 8

3. Ergänze die letzte Zahl der Reihe, indem du herausfindest, nach welchen Regeln die Zahlen aufeinanderfolgen:

   ■ A) 5 6 8 11 15 20 ?   ■ B) 4 5 6 8 10 13 16 ?

4. Dach verhält sich zu Keller wie Decke zu …?

   ■ A) Teppich   ■ B) Leuchter   ■ C) Wand   ■ D) Boden

5. Welches Auto ist am schnellsten?

   Auto A ist langsamer als Auto C. Auto D ist langsamer als Auto B, aber schneller als Auto C.

   ■ Auto A   ■ Auto B   ■ Auto C   ■ Auto D

6. Wer wählt in Deutschland den Bundespräsidenten?

   ■ A) die wahlberechtigte Bevölkerung   ■ B) der Bundestag   ■ C) der Bundesrat
   ■ D) die Bundesversammlung

7. In welchem Jahr wurde die Bundesrepublik Deutschland gegründet?

   ■ A) 1945   ■ B) 1949   ■ C) 1990   ■ D) 1911

8. Ein PC kostet laut Prospekt 12 % weniger als die unverbindliche Preisempfehlung. Der Preis beträgt 699 €. Wie hoch war die unverbindliche Preisempfehlung?

   ■ A) 615,12 €   ■ B) 794,32 €   ■ C) 1.118,40 €   ■ D) 787,88 €

9. Alles richtig? Markiere den Fehler, wenn es einen gibt.

   ■ A) Apfelsiene   ■ B) Bleistiftmine   ■ C) diktieren   ■ D) servieren   ■ E) kein Fehler

10. Wie sieht die Abwicklung des links abgebildeten Körpers aus?

    ■ A)   ■ B)   ■ C)   ■ D)

Aufgaben

1. Erkläre, warum Tests häufig so angelegt sind, dass sie in der vorgegebenen Zeit nicht zu schaffen sind. (M1)
2. Bearbeite die Testfragen. (M2)
3. Untersuche, welche Fähigkeiten mit den einzelnen Testfragen geprüft werden. (M2)
4. Recherchiere im Internet nach Einstellungstests und versuche, diese zu lösen.

Worauf kommt es beim Vorstellungsgespräch an?

M 1 Das richtige Auftreten entscheidet

Karikaturen: Heimo Brandt

M 2 Leon Schraders Vorstellungsgespräch

Personalchef: Guten Tag Herr Schrader. Willkommen bei der Automobil GmbH. Mein Name ist Lind. Ich führe mit Ihnen das Gespräch heute. Vielleicht stellen Sie sich kurz vor.

Leon: Ich heiße Leon Schrader, bin 16 Jahre alt und mache dieses Jahr meinen mittleren Abschluss. Ich hab' auch Hobbys. Weggehen, feiern und Fußball. Ich bin übrigens im Fußballverein.

Personalchef: Haben Sie schon einmal ein Praktikum gemacht?

Leon: Nee, dafür hatte ich bisher keine Zeit. Ich will ja die Ausbildung machen, um was zu lernen. Da muss ich doch vorher nicht schon alles können.

Personalchef: Warum haben Sie sich gerade für den Beruf des Industriekaufmanns entschieden?

Leon: Ich glaube, dass ich als Industriekaufmann eine solide Ausbildung bekomme, auf die ich aufbauen kann. Ja, es hört sich auch interessant und abwechslungsreich an.

Personalchef: Was denken Sie gehört denn zu den Aufgaben eines Industriekaufmanns?

Leon: Ich glaube, dass Industriekaufleute in vielen Bereichen tätig sind. Verkauf, Materialbeschaffung und Rechnungswesen auch noch.

Personalchef: Was wissen Sie über unser Unternehmen?

Leon: Nicht viel. Ich weiß, dass Sie Automobilzubehör und Ersatzteile herstellen. Mein Internet war die Woche defekt. Ich konnte mich nicht weiter informieren.

Personalchef: Warum haben Sie sich für unser Unternehmen entschieden?

Leon: Ich hab mich bei ganz vielen beworben.

Personalchef: Herr Schrader, überzeugen Sie mich davon, dass ich Sie einstellen sollte.

Leon: Ich bin halt' ein ziemlich guter Teamplayer. Ich weiß genau, was ich will. Das ist auch der Grund, warum ich Kapitän meiner Fußball-Mannschaft bin. Ich kann gut Streit schlichten und auch ganz gut motivieren.

Personalchef: Was erwarten Sie von uns als Arbeitgeber?

Leon: Eine vernünftige Ausbildung, gute, faire Betreuung während der ganzen drei Jahre. Ich hoffe auch, dass ich in verschiedene Abteilungen reinschnuppern kann.

Personalchef: Herr Schrader, was sind Ihre Stärken und Schwächen?

Leon: Meine Stärke ist Pünktlichkeit, ich kann super gut mit Menschen umgehen, ich hab' immer was zu erzählen, kann kaum ruhig sitzen und still sein. Und Schwächen? Schwächen hab' ich eigentlich nicht. Naja, meine größte Schwäche ist, dass ich ungeduldig bin. Bei mir muss immer alles gleich und sofort gehen. Ich bin ein bisschen unordentlich und arbeite nicht so gerne unter Zeitdruck.

Personalchef: Wie sieht es denn in der Schule aus? Sind Sie mit Ihren Noten zufrieden? Gehen Sie gerne zur Schule?

Leon: Nee, ich geh' überhaupt nicht gerne in die Schule, das Lernen geht mir auf den Keks und die Lehrer sind auch alle total streng.

Personalchef: So, wir kommen langsam zum Ende des Gesprächs. Haben Sie noch Fragen?

Leon: Wie siehts denn aus? Können Sie schon abschätzen, ob Sie mich einstellen?

Personalchef: Wir müssen noch einige Gespräche führen. Ich denke, wir werden uns in zwei Wochen bei Ihnen melden.

Leon: Ja, ok, ich denke, das wars von meiner Seite. Mehr muss ich nicht wissen. Sind wir jetzt fertig?

Personalchef: Ja, ich denke ich konnte mir ein Bild machen. Vielen Dank für Ihren Besuch.

Leon: Auf Wiedersehen Herr (...?...).

Nach: www.planet.beruf.de (29.5.2013)

M 3 Vorsicht soziale Netzwerke!

Karikatur: Andreas Prüstel

Aufgaben

1. a) Interpretiere die Karikaturen in M1.
   b) Stelle davon ausgehend dar, welche Folgerungen sich im Hinblick auf ein „richtiges" Auftreten bei einem Bewerbungsgespräch ergeben.

2. Fasse die Fragen in M2, die an den Bewerber gerichtet wurden, zu drei Fragenbereichen zusammen.

3. a) Analysiere die Antworten Leons in M2 hinsichtlich ihrer Wirkung auf den Personalchef.
   b) Formuliert in Partnerarbeit überzeugende eigene Antworten, die zu einer Einstellung führen könnten.

4. Diskutiert die Grundaussage der Karikatur in M3 vor dem Hintergrund des eigenen Umgangs mit sozialen Netzwerken.

Welche Wege schulischer und beruflicher Bildung gibt es?

M1 Auf unterschiedlichen Wegen zum Traumberuf

Der 16-jährige **Peter** schafft mit Mühe die 10. Klasse des Gymnasiums. Seine Vorliebe gilt den Naturwissenschaften, erhebliche Schwächen hat er in den Sprachen. Er entschließt sich, zunächst eine Ausbildung zum Mechatroniker zu machen. Später möchte er Ingenieurwissenschaften an einer Fachhochschule studieren.

Lea beendet die 10. Klasse des Gymnasiums mit einem Notendurchschnitt von 2,0. Seit sie sich in der Schulsanitätsgruppe engagiert, reift in ihr der Wunsch, Medizin an einer Universität zu studieren. Deshalb entschließt sie sich, weiter am Gymnasium zu bleiben.

Sabine schließt die 10. Klasse an ihrer Realschule mit dem mittleren Schulabschluss erfolgreich ab. Erfreut und motiviert wechselt sie im Anschluss in die Einführungsklasse eines Gymnasiums. Diese beendet Sabine ebenfalls erfolgreich und erlangt dadurch die Befähigung zum Eintritt in die Qualifikationsphase. Ihr Ziel ist es, Landschaftsarchitektur an einer Hochschule zu studieren.

M2 Die weiterführenden Schulen in Bayern

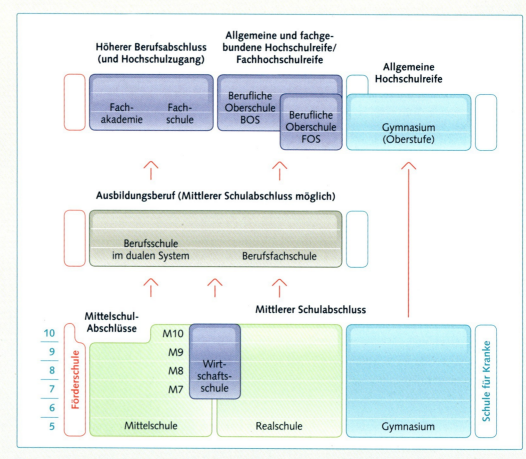

Nach: Bayerisches Staatsministerium für Unterricht und Kultus, www.mein-bildungsweg.de (5.6.2013)

M 3 — Mit mittlerem Schulabschluss direkt auf das Gymnasium

§ 31 Schulordnung für die Gymnasien

(1) Schülerinnen und Schüler mit dem Abschluss der Realschule, der Wirtschaftsschule oder der Mittleren-Reife-Klasse Jahrgangsstufe 10 der Mittelschule können in die Einführungsphase der Oberstufe […] eintreten. Hierzu haben sie sich grundsätzlich einer Aufnahmeprüfung und einer Probezeit […] zu unterziehen.

(2) Das Staatsministerium kann für geeignete Absolventinnen und Absolventen der Realschule, der Wirtschaftsschule oder der Mittlere-Reife-Klasse Jahrgangsstufe 10 der Mittelschule Einführungsklassen einrichten. Der erfolgreiche Besuch einer Einführungsklasse berechtigt zum Eintritt in die Jahrgangsstufe 11 des Gymnasiums […].

(4) Besonders begabte Schülerinnen und Schüler können direkt in die Jahrgangsstufe 11 des Gymnasiums eintreten, wenn sie im Abschlusszeugnis in den Fächern Deutsch, Mathematik und in einer fortgeführten Fremdsprache einen Notendurchschnitt von 1,5 oder besser haben […]. In diesem Fall entfallen die Aufnahmeprüfung und die Probezeit.

M 4 — Das „duale System": Berufsausbildung in Deutschland

- Die Ausbildung erfolgt überwiegend im Betrieb – begleitet durch Unterricht in der Berufsschule.
- Für beide Lernorte gibt es eigenständige – jedoch aufeinander abgestimmte – Regelungen.

Lernort Betrieb

- 3–4 Tage pro Woche
- auf der Grundlage einer Ausbildungsordnung
- im Rahmen eines Ausbildungsvertrages
- überwiegend am Arbeitsplatz

Lernort Schule

- im Durchschnitt 1–2 Tage pro Woche
- auf der Grundlage eines Rahmenlehrplans
- vermittelt im Rahmen gesetzlicher Schulpflicht fachliche und allgemein bildende Kompetenzen

Aufgaben

1. Zeige auf, wie Peter, Lea und Sabine ihr jeweiliges Berufsziel realisieren können. (M1–M3)

2. Im Gegensatz zu Peter entschließt sich sein Freund Florian, das Abitur an seinem Gymnasium abzulegen, um dann später ebenfalls Ingenieurwissenschaften an einer Hochschule zu studieren. Vergleiche beide Schullaufbahnen hinsichtlich ihrer Vor- und Nachteile. (M1, M2)

3. a) Erkläre das Prinzip der dualen Berufsausbildung in Deutschland. (M4)
   b) Erläutere dessen Vorzüge für Unternehmen und Auszubildenden.

Fachwissen im Zusammenhang

Die Entstehung von Berufen

Vor Jahrhunderten erzeugte die Familie oder die Stammesgemeinschaft alle lebensnotwendigen Waren selbst. Aufgrund der Überschaubarkeit der Aufgaben z. B. Jagen, Felder bestellen, einfache Kleidung herstellen, Behausungen bauen, gab es kaum Spezialisierungen. Die in der sogenannten **Selbstversorgungs- oder Subsistenzwirtschaft** hergestellten Güter wurden auch von der Gruppe selbst verbraucht.

Im Laufe der Geschichte erkannten die Menschen, dass sie unterschiedliche Begabungen haben und es vorteilhaft war, sich auf bestimmte Tätigkeiten zu konzentrieren. Durch diesen Vorgang der Spezialisierung, auch Arbeitsteilung genannt, ließen sich Güter schneller, in höherer Stückzahl, preiswerter und in besserer Qualität herstellen. Die Überschussproduktion wurde gegen andere Güter eingetauscht, die man selbst nicht herstellte. So entstanden erste Berufe: Schmied, Metzger, Schneider, Schuster, Landwirt. Durch Erfindungen, den technischen Fortschritt, entwickelten sich weitere Spezialisierungen, die zu neuen Berufen führten und gleichzeitig alte Berufe verschwinden ließen.

Anforderungen der modernen Arbeitswelt

Die Veränderungen in der Arbeits- und Berufswelt werden heute maßgeblich durch die **Informationstechnologie** bestimmt, die den Wandel beschleunigt, der sich so schnell vollzieht, dass verlässliche Prognosen über die Entwicklung auf dem Arbeitsmarkt kaum mehr möglich sind. Sicher ist aber, dass wir uns immer mehr auf dem Weg in die Informations- und Wissensgesellschaft befinden, in der auch in Zukunft nur noch sehr gut ausgebildete Fachkräfte benötigt werden. Aufgrund der zunehmenden Bedeutung von Information und Kommunikation für unser Arbeitsleben spricht man neben dem klassischen Drei-Sektoren-Modell (Landwirtschaft, Industrie und Handwerk, Dienstleistungen) inzwischen auch vom **vierten Sektor** (Informationssektor). Da sich die Berufsbilder ständig ändern, gibt es heute schon kaum jemanden mehr, der seinen Beruf ein ganzes Berufsleben lang ausübt. Lebenslanges Lernen durch fortwährende Weiterbildung sind daher für ein dauerhaftes und erfolgreiches Berufsleben unumgänglich. Aber zweifellos bleibt der erlernte Beruf nach wie vor die Eintrittskarte in das Arbeitsleben.

Der Wandel der Arbeitswelt führt zu veränderten Anforderungen an die Auszubildenden und Arbeitnehmer. Während Arbeitgeber früher Fachkenntnisse und technische Kompetenzen, die sogenannten „**Hard Skills**", die durch eine Ausbildung, ein Studium oder durch Berufserfahrung erworben werden, als maßgebliche Berufsqualifikation betrachteten, gewinnen heute zunehmend Schlüsselqualifikationen, „**Soft Skills**", an Bedeutung. Dabei handelt es sich um berufsübergreifende Qualifikationen, wie Kommunikations- oder Teamfähigkeit, über die ein Bewerber unabhängig von seinem ausgeübten Beruf verfügen muss, wenn er den Herausforderungen der Arbeitswelt genügen will.

Vom Beschäftigten wird erwartet, dass er sich flexibel auf neue Gegebenheiten einstellt, dass er zwischen Festanstellung und Selbstständigkeit wechselt und zeitlich befristet oder dauerhaft an verschiedenen Orten arbeitet. Wenn auch das

Normalarbeitsverhältnis nach wie vor das am meisten verbreitete ist, werden zunehmend neue Beschäftigungsverhältnisse den traditionellen Vollzeitarbeitsplatz im Betrieb ersetzen. Neben den neuen Selbstständigen, Minijobbern, befristet Beschäftigten, Leih- oder Telearbeitern sind es vor allem die Beschäftigten in Teilzeit und mit **flexiblen Arbeitszeitmodellen**, die die Beschäftigungslandschaft in Deutschland zunehmend prägen werden.

Die Berufswahl erfordert zunächst, sich über seine eigenen Vorstellungen und Wünsche, Neigungen und Interessen, Fähigkeiten und Fertigkeiten ein Bild zu machen, um sie dann mit den Anforderungen, die ein ganz bestimmter Beruf an die eigene Persönlichkeit stellt, abzugleichen. Hilfen erfährt man etwa durch den Besuch eines **Berufsinformationszentrums** (BIZ), durch die regionalen Arbeitsagenturen, die staatliche Schulberatung oder durch Recherchen im Internet. Hilfsinstrumente zur Selbstreflexion können aber auch der „didaktische Bleistift" und die „Entscheidungsmatrix" sein.

Der Prozess der Berufswahl

Informationsphase	Entscheidungsphase	Verwirklichungsphase
○ Kriterien der Berufswahl finden ○ Berufseignungstest durchführen ○ Informationen beschaffen ○ Bewertung der gewonnenen Informationen	○ Entscheidungshilfen (z. B. didaktischer Bleistift, Entscheidungsmatrix) auf verschiedene Berufe der engeren Wahl anwenden ○ Entscheidung treffen	○ Suche nach geeigneten Ausbildungsplätzen ○ Zusammenstellung von Bewerbungsunterlagen ○ Teilnahme an Eignungstests und Vorstellungsgesprächen

Phasen der Berufsfindung

Welche Schritte sind zu gehen?

Die Auswahl des geeigneten Bewerbers

Das Bewerbungsverfahren beginnt mit der Zusammenstellung einer **Bewerbungsmappe**. Dabei gilt der Grundsatz: Bewerbung ist Eigenwerbung. In die Bewerbungsmappe gehören das Bewerbungsschreiben, der Lebenslauf mit Bewerbungsfoto, Zeugniskopien, Praktikumsnachweise, Bestätigungen der Schule über besondere Aktivitäten, etwa bei der Schülerzeitung, dem Sanitätsdienst oder der Schülermitverantwortung. Die Bewerbungsmappe muss vollständig sein, formalen Kriterien entsprechen, d. h. etwa ein hinsichtlich Rechtschreibung und Interpunktion fehlerfreies Anschreiben, das mit klarer Sprache formuliert ist. Der Bewerber muss dem Unternehmen mit seiner Bewerbungsmappe überzeugend

Bewerbungsschreiben und Lebenslauf

vermitteln, dass er sich ernsthaft um den Ausbildungsplatz bemüht, sich ausführlich mit dem Ausbildungsberuf sowie dem Ausbildungsbetrieb beschäftigt und sich dazu sorgfältig vorbereitet hat.

Einstellungstest und Vorstellungsgespräch

Einstellungstests und Vorstellungsgespräch sind lern- und trainierbare Prüfungssituationen, auf die man sich, etwa durch Recherchen im Internet, im Voraus gut vorbereiten kann. Diese Tests haben nicht nur die Aufgabe sprachliche und mathematische Fähigkeiten, räumliches Vorstellungsvermögen, logisches Denken, Gedächtnisleistung oder Kreativität zu prüfen. Sie sind auch Verhaltenstests, um zu erkennen, wie sich der Bewerber in Stresssituationen verhält und wie ausdauernd er sich konzentrieren kann. Dazu werden die Tests häufig so angelegt, dass sie in der vorgegebenen Zeit kaum zu schaffen sind. Im Vorstellungsgespräch wird in erster Linie die Persönlichkeit des Bewerbers in den Blick genommen. Beurteilungskriterien sind dabei u. a. Auftreten, äußere Erscheinung, Ausdrucksvermögen, Auffassungsgabe und Körpersprache.

In größeren Unternehmen ist es üblich, Bewerber einem komplexen Testverfahren, dem sog. **Assessment Center** (engl. to assess = bewerten), zu unterziehen. Hier werden sie mit Aufgabenstellungen konfrontiert, die auf die zu besetzende Stelle zugeschnitten sind.

Wege schulischer und beruflicher Bildung

In Bayern besteht ein **gegliedertes Schulsystem**, das Entscheidungen an den Stellen verlangt, die mehrere Schullaufbahnen und Wege eröffnen. Dem Recht und Wunsch der Eltern, den Bildungsweg ihrer Kinder selbst zu wählen, steht die Eignung des Schülers und der Schülerin für eine bestimmte Schulart gegenüber.

Vielfältig sind die schulischen Wege mit einem mittleren Schulabschluss. Dabei stehen dem Gymnasiasten alle Wege offen, vorrangig der direkte Weg in die Oberstufe, die mit dem **Abitur**, der **allgemeinen Hochschulreife** abgeschlossen wird und grundsätzlich zum Studium an allen Hochschulen berechtigt. Gemäß dem Grundsatz „Kein Abschluss ohne Anschluss" können aber auch Absolventen von Mittelschule (M-Zweig), Wirtschaftsschule und Realschule zum Abitur gelangen, entweder zum **Fachabitur** über die **Fachoberschule (FOS)** oder mit einer abgeschlossenen Berufsausbildung über die **Berufsoberschule (BOS)**. Unter bestimmten Voraussetzungen kann mit einem 13. Schuljahr aber auch die allgemeine Hochschulreife erlangt werden.

Eine Besonderheit stellt die **Einführungsklasse** dar. Sie ist eine andere Form der 10. Klasse des Gymnasiums und soll geeignete Schülerinnen und Schüler mit mittlerem Schulabschluss zum Eintritt in die Oberstufe des Gymnasiums befähigen.

Wer sich nach dem Schulabschluss für eine Berufsausbildung entscheidet, lernt als Auszubildender fachpraktisch in einem Unternehmen und fachtheoretisch an der Berufschule. Die Berufsausbildung wird daher auch als **duales System** bezeichnet, das weltweit als vorbildlich gilt.

Anwendung und Transfer

M1 Werden 3-D-Drucker die Arbeitswelt umkrempeln?

Die Maschine heißt M 280, sie ist etwa so groß wie ein Kleiderschrank und summt leise. In ihrem Innern flitzt ein Laserstrahl über Metallpulver und schmilzt es an zuvor genau festgelegten Stellen. Schicht um Schicht, jede einzelne bloß einige Hundertstel Millimeter dünn, baut die M 280 so einen Gegenstand auf. Wollten Industrieunternehmen bislang etwas fertigen, brauchten sie eine Menge Maschinen – zum Fräsen, Bohren oder Schleifen. Oft rechnet sich ein herkömmlicher Gerätepark erst dann, wenn damit große Mengen von Schrauben, Blechen oder Rahmen produziert werden. Bei der M 280 ist das anders: Die Maschine fertigt auch Einzelstücke. Dazu benötigt sie weder teure Gussformen noch Spezialwerkzeuge. Ihrem Laser genügt eine Computerdatei, um zu wissen, an welchen Stellen sie das Metallpulver schmelzen soll. Was man bisher nur von Texten, Grafiken und Fotos kannte, funktioniert auch mit dreidimensionalen Gegenständen: Man druckt sie einfach aus. Mit Geräten wie dem M 280. Das britische Wirtschaftsmagazin Economist prophezeit: „3-D-Druck wird die Welt verändern." Das klingt weit hergeholt. Doch Produkte aus 3-D-Druckern gehören bereits heute zum Alltag.

Jeden Tag um 17 Uhr setzt sich Jan Reisenberg an seinen Computer. Der Dreißigjährige ist Zahntechniker. Seit dem frühen Morgen haben ihm Zahnärzte aus ganz Deutschland über das Internet neue Daten geschickt: die 3-D-Modelle von Zähnen ihrer Patienten. Jetzt speichert Reisenberg die Daten auf einen USB-Stick und läuft in das Nachbarzimmer. Dort überträgt er die Daten auf eine EOS-M-270-Maschine. Die verteilt mit einem Schieber Kobaltchrom-Pulver auf der Arbeitsfläche, dann flitzt der Laser los, und Reisenberg geht nach Hause. Wenn er am nächsten Vormittag wiederkommt, sind 65 Kronen und 12 Brücken fertig. Würde Reisenberg noch so arbeiten, wie er es in der Berufsschule gelernt hat, bräuchte er für dieselbe Arbeit fast eine Woche.

Was manche begeistert, bringt andere zum Nachdenken. Denn die neue Technik erzeugt auch neue Probleme. Dass manche Arbeitsplätze verschwinden, war vor rund hundert Jahren nicht anders gewesen, als Henry Ford die Massenfertigung am Fließband erfand. Große Markenkonzerne müssen ihre Rolle in einer 3-D-Drucker-Wirtschaft neu definieren. Große Sportartikelhersteller experimentieren bereits heute damit. Bei ihnen können Kunden im Internet ihre eigenen Turnschuhe designen. Solche personalisierten Produkte herzustellen ist teuer: Entweder muss man für Handarbeit bezahlen oder die Fabrik ständig umrüsten. Dieses Problem könnten die 3-D-Drucker lösen. Wenn aber bald ein 3-D-Drucker genügt, um einen individuellen Turnschuh herzustellen – warum braucht der Kunde dann noch Sportartikelhersteller?

Nach: Pierre-Christian Fink, Die Zeit, 4.10.2012

Aufgaben

1. Beurteile die Auswirkungen der 3-D-Technologie, wie sie aus M1 deutlich wird:
   a) für die Verbraucher,   b) für Unternehmen bzw. einzelne Unternehmensbranchen,
   c) für die Gesellschaft,   d) für verschiedene Berufsgruppen.

2. Erläutere die Bedeutung des technologischen Fortschritts für die eigene Berufswahlentscheidung.

3. Bildet ein Team aus Zukunftsforschern. Formuliert Voraussagen hinsichtlich der Arbeitswelt für das Jahr 2050. Ordnet die Voraussagen nach positiven und negativen Prognosen.

Bedeutung und Abschluss von Verträgen am Beispiel der Kaufhandlung

Muss man überhaupt was vom Recht wissen? Das Recht brauchen doch nur die Juristen. Und die Streithanseln. Das meinen viele Leute und denken, dass sie das Recht nichts angeht. Dabei ist das tägliche Leben voller Rechtsbeziehungen. Das Recht begleitet uns ständig, auf Schritt und Tritt, ein Leben lang. Wir stehen in vielfältigen Rechtsbeziehungen zur staatlichen Ordnung und zu unseren Mitmenschen. Als Teilnehmer am Straßenverkehr, im Berufsleben und im Privaten. Das Recht ist stets da, auch wenn wir es nicht merken.

Nach: Feldmann, Joachim, Alles was Recht ist, Recht, Rechtsentwicklung, Rechtsordnung, 1. Aufl., München 1989, S. 9

4

Kompetenzen

Am Ende dieses Kapitels solltest du Folgendes können:

- erläutern, welchen Zweck rechtliche Regelungen für das Zusammenleben in einer Gemeinschaft haben
- erklären, wie Verträge zustande kommen und warum sie ein entscheidendes rechtliches Gestaltungsmittel in einer Marktwirtschaft darstellen
- eine Kaufhandlung in ihre rechtlichen Bestandteile zerlegen und daraus rechtliche Folgen ableiten
- Rechtsnormen analysieren und auf Alltagsfälle anwenden

Was weißt du schon?

1. Erkläre, warum in den dargestellten Situationen offensichtlich rechtliche Regelungen nötig sind.

2. Diskutiert in der Klasse über das Handyverbot an Schulen.

Warum sind rechtliche Regelungen sinnvoll?

M1 Widersprüchliche Interessen

Der Berliner Piano-Streit wurde am Donnerstag vor dem Bundesverfassungsgericht entschieden: Ulrike H. aus dem Reihenhaus in Staaken darf weiter auf ihrem Klavier spielen. Ihr Vater Gernot muss die 100 Euro Bußgeld nicht bezahlen, zu denen er vom Amtsgericht Tiergarten verdonnert worden war.
Erinnern Sie sich noch? Am 6. Oktober berichtete unsere Gerichtsreporterin von dem Streit aus Staaken. Zwischen der musikbegeisterten Familie H. und dem Postbeamten im Nachbar-Reihenhaus, der die Polizei holte. Weil Ulrike H. jeden Nachmittag eine Stunde Klavier übte, auch am Sonntag. Der Nachbar beschwerte sich über „Tonleitern". Klaviervater Gernot behauptete dagegen: „Meine Tochter spielt Bach!"
Familie H. wurde vom Amtsgericht Tiergarten nach § 4 des Berliner Immissionsschutzgesetzes verurteilt. Dieses Gesetz soll Umweltverschmutzung und Lärm verhindern. Es unterscheidet nicht zwischen Autolärm, Fluglärm und Klaviermusik.
Die Verfassungsrichter bemängelten, dass dieses Gesetz nicht genau beschreibt, wann das Musizieren in der Wohnung eine „erhebliche Ruhestörung" ist, wie sie vom Amtsgericht festgestellt worden war.
Dieses Argument leuchtet mir ein. Das Klavierspielen ist kein Krach, sondern Musik. Musik ist Kunst, Bildung, Schönheit. Wir leben in Berlin auf engem Raum in Wohnungen und Reihenhäusern zusammen. Wir müssen uns selbst und unseren Kindern erlauben, Musik zu spielen, auch wenn es mal nervt. Meine vier Kinder musizieren alle. Ich finde es wunderschön oder unerträglich, je nachdem, in welcher Stimmung ich bin. Natürlich muss es auch Ruhezeiten geben, aber es ist kleinlich, sich über jeden Ton Musik aufzuregen, zumal, wenn er nicht aus der 500-Watt-Box kommt, sondern von einem Mädchen wie Ulrike aus Staaken, das einfach gerne Klavier spielt. Es ist mir unangenehm zu wissen, dass in Berlin Klavierspielen wie Umweltverschmutzung bestraft wird. Da stimmt etwas nicht. Ein solches Gesetz muss geändert werden.

Nach: Gunnar Schupelius, Berliner Zeitung, 10.12.2009

M2 Regelungen haben unterschiedliche Aufgaben

Durchfahrt verboten – Für den südlichen Teil der Dahlhauser Straße gilt jetzt eine einheitliche Beschilderung. Stadt und Bürgergemeinschaft verständigten sich auf ein abgestimmtes Vorgehen im Kampf gegen den Durchgangsverkehr.

Verkehrsberuhigter Bereich, Durchfahrt verboten, Radfahrer und Anlieger frei: Mit einer einheitlichen Beschilderung, die sowohl von der Magdeburger- wie von der Hordeler Straße aus gilt, hat die Stadt den ersten Schritt eines Stufenplanes zur Entschärfung der südli-

Beschilderung der südlichen Dahlhauser Straße

chen Dahlhauser Straße unternommen. Nach knapp dreiwöchiger Beobachtung stellt Jürgen Stach von der Bürgergemeinschaft in einem ersten Fazit fest: „Der eine oder andere Autofahrer hält sich sogar daran."

Bis Mitte März galt für den unteren Teil der Dahlhauser Straße, die als willkommene Abkürzung auf dem Weg von und nach Bochum genutzt wurde, eine widersprüchliche Beschilderung: Wer von Süd nach Nord unterwegs war, durfte die schmale Dahlhauser Straße uneingeschränkt nutzen, in Nord-Süd-Richtung war das nur Anliegern erlaubt. Der starke Verkehr auf der Straße mit nur schmalen, teilweise nicht vorhandenen Bürgersteigen hatte jüngst sogar zu der Forderung geführt, die Dahlhauser Straße komplett sperren zu lassen.

Nach einer intensiven Diskussion in der Bezirksvertretung Eickel und aktuellen Gesprächen zwischen der Stadtverwaltung und der Bürgergemeinschaft hat man sich jetzt zu einem stufenweisen Vorgehen entschlossen, um die Situation dauerhaft zu entschärfen. Dazu gehört auch die deutliche Präsenz der Polizei, die die Geschwindigkeit des Verkehrs regelmäßig messen soll.

Nach: Wolfgang Laufs, DER WESTEN, 31.3.2008

M 3   Justitia – Göttin der Gerechtigkeit

Justitia auf einer Münze des römischen Kaisers Nero

Justitia mit Augenbinde, Waage und Schwert

Aufgaben

1. Stelle die jeweiligen Interessen der beteiligten Parteien gegenüber, die im Artikel M1 deutlich werden.

2. Stellt die jeweiligen Standpunkte (M1) in einem Rollenspiel dar.

3. Erkläre, welche Aufgabe dem Berliner Immissionsschutzgesetz (M1, Z. 18f.) zukommt, und zeige an diesem Beispiel auf, welche Eigenschaften eine „gute" gesetzliche Regelung haben sollte.

4. Erläutere die Aufgaben, die die Rechtsordnung durch die im Artikel M2 beschriebenen Verkehrsregelungen übernimmt.

5. Justitia, die Göttin der Gerechtigkeit, wird häufig mit Augenbinde, Waage und Schwert dargestellt (M3). Erkläre diese Symbole.

Was sind Verträge und wofür brauchen wir diese?

M 1 Vertrag kommt von vertragen

Karikatur: Burkhard Mohr/Baaske Cartoons

M 2 Messi ist jetzt eine Viertelmilliarde wert

Lionel Messi (rechts) nach der Vertragsverlängerung

BARCELONA – Lionel Messi hat seinen Kontrakt mit dem FC Barcelona vorzeitig bis 2016 verlängert. Die Transfersumme beläuft sich auf 250 Millionen Euro!
Der Weltfussballer des Jahres bindet sich bis ins Jahr 2016 an die Katalanen. Die Transfersumme für den Argentinier ist auf gigantische 250 Millionen Euro festgelegt worden.

Laut Medienberichten wird auch Messis Lohn kräftig angehoben: Er soll künftig fast zehn Millionen Euro netto pro Jahr verdienen. Für Messi ist es bereits die sechste Gehaltserhöhung bei Barça innerhalb von fünf Jahren.
Im Sommer soll Manchester City versucht haben, den Dribbelkünstler mit einer Gehaltsofferte von zwölf Millionen Euro im Jahr abzuwerben. Messi hat jedoch wiederholt betont, dass er nicht daran denke, Barça zu verlassen. Seit er 13 Jahre alt ist, kickt er für die Katalanen.

BLICK online/Ringier AG, Zofingen, Schweiz, 18.9.2009

M 3 Die Ursprünge schriftlicher Verträge

Die Sumerer erfanden im 4. Jahrtausend vor Christus nicht nur die Stadt, sondern vermutlich auch die Schrift. Was mag die Sumerer vor über fünftausend Jahren dazu bewogen haben, ihre Gedanken in schriftlicher Form festzuhalten? Gründe dafür kann man sich viele vorstellen.
Nützlich war die Schrift aber vor allem auch für die Händler. Schon auf einer der ältesten bekannten Tontafeln aus der Sumerer-Zeit

findet man das Wort „Kaufmann". Zwischen Priestern ließ sich kompliziertes Wissen notfalls auch mündlich weitergeben. Kaufleute jedoch, die herumreisten und an fremden Orten
15 mit fremden Menschen über fremde Waren verhandelten, mussten ihre Abmachungen in irgendeiner Form festhalten können, sobald die Geschäfte ein wenig komplizierter wurden und über den bloßen Tausch von Fellen
20 gegen Krüge hinausgingen. Dank der Schrift konnte man nun Leistung und Gegenleistung in Verträgen festhalten. Wie wichtig dies für die Wirtschaftsgeschichte war, lässt sich kaum überschätzen.
25 Aus einem Vertrag ergibt sich die Pflicht zur Lieferung einer Ware, und zwar auch dann, wenn es dem Geschäftspartner unbequem erscheint. Wenn es ihn zum Beispiel viel mehr Anstrengung als erwartet gekostet hat, die
30 Pelztiere zu jagen, die er zu liefern hat. Nur mit solchen verlässlichen Vereinbarungen kann man auf Dauer die Arbeit mit Menschen teilen, die man nicht näher oder überhaupt nicht kennt. Nur dann ist sichergestellt, dass Leistung und Gegenleistung so wie vereinbart erbracht werden. 35

Je komplizierter die Verträge wurden, desto wichtiger war es, dass sie auch überwacht wurden. Der einfache Tausch Ware gegen Ware wickelte sich fast von selbst ab. Ging es aber um 40 umfangreiche Geschäfte, mussten sich beide Seiten darauf verlassen können, dass derjenige auch bestraft wurde, der seine Verpflichtungen aus dem Vertrag nicht einhielt. Für diese Überwachung war ein Staat notwendig. Inso- 45 fern brachte der politische Fortschritt den Sumerern auch wirtschaftliche Vorteile.

Nach: Nikolaus Piper, Geschichte der Wirtschaft, Weinheim/ Basel 2002, S. 30ff.

M4 Wenn zwei sich einig sind …

Aufgaben

1. Versuche mit Hilfe der Karikatur (M1) mit eigenen Worten zu erklären, was ein Vertrag ist.

2. Arbeite aus dem Artikel M2 über den Fußballstar Messi heraus, warum es für ihn wie für den FC Barcelona wichtig ist, einen Vertrag zu haben.

3. Erläutere, warum schriftliche Verträge für die Entwicklung der Wirtschaft von großer Bedeutung waren (M3).

4. Zeige am Beispiel M4 auf, welche Voraussetzungen gegeben sein müssen, damit ein Vertrag zustande kommt.

Wie kommt ein Kaufvertrag zustande und welche Bedeutung hat er?

M1 Fahrradkauf

Ich hätte hier ein günstiges Angebot: ein sehr gutes Markenrad, straßenfertig für 750 €.

Sieht super aus, das ist eigentlich genau das, was ich gesucht habe. Ist das auch in rot zu haben?

Gut, ich denke das Rad nehme ich.

Abgemacht, dann bis Mittwoch.

Genau das gleiche Modell gibt es auch in rot. Ich müsste es aber erst bestellen. Bis übermorgen kann ich es fertig machen. Dann können Sie es abholen.

M2 Wann hat man einen Vertrag geschlossen?

Habe ich wirklich einen Kaufvertrag abgeschlossen? – Ich hatte mich per E-Mail wegen eines Tresors bei einem Händler erkundigt und ein Angebot erhalten, welches preislich in Frage kam. Ich teilte dem Händler meine Lieferadresse mit und er wollte mir eine Rechnung schicken. Das Ganze sollte über Vorkasse abgewickelt werden.
Deshalb ging ich davon aus, dass ich erst mit Bezahlung der Rechnung die Bestellung auslöse. Ich habe formal keine Bestellung ausgeführt oder unterschrieben. Ich hatte mich dann aber entschieden, die Überweisung nicht zu tätigen, da ich den Betrag immer noch als zu hoch empfand. Ich habe mich beim Händler nicht zurückgemeldet (was sicher nicht richtig war). Nun kam zwei Monate später eine Zahlungserinnerung und der Hinweis, dass der Vorgang einem Anwalt übergeben werden wird, sollte ich nicht bis zu einem gewissen Termin bezahlen. Der Tresor sei extra für mich angefertigt worden.
Die Frage ist nun: Komme ich aus der Sache wieder heraus?

Nach: Jan B. Heidicker, www.frag-einen-anwalt.de, 12.10.2009

M3 Verschiedene Arten von Willenserklärungen

Aufgaben

1. Begründe, dass zwischen dem Fahrradhändler und dem jungen Mann (M1) ein Vertrag geschlossen wurde.
2. Erläutere, was der Vertragsschluss für die beiden Beteiligten (M1) jeweils bedeutet.
3. Beantworte die in M2 gestellten Fragen aus deinem Rechtsempfinden heraus.
4. Lies die §§ 145, 147 und 433 des Bürgerlichen Gesetzbuches (BGB) und überprüfe deine Antworten aus Aufgabe 3.
5. Stelle die Verpflichtungen des Verkäufers und des Käufers, die sich aus § 433 BGB ergeben, gegenüber.
6. Entscheide bei den Beispielen in M3 jeweils, wie die Beteiligten ihren Willen äußern, einen Vertrag einzugehen. Fasse ähnliche Formen zusammen und stelle die Möglichkeiten in einer Tabelle übersichtlich dar.

Was ist der Unterschied zwischen Eigentum und Besitz?

M1 Eigentum und Besitz – Rechtsirrtümer des Alltags

Häufig verwenden wir in unserem Alltag Rechtsbegriffe, ohne deren genaue Definition zu kennen. Das wird problematisch, sobald diese Begriffe in ihrer rechtlich vorgegebenen Bedeutung benutzt werden, z. B. in Verträgen. Sie sind stolzer Hausbesitzer? Herzlichen Glückwunsch. Noch besser dran wären Sie allerdings als Hauseigentümer! Was ist denn da der Unterschied? Entgegen unserem Sprachgebrauch sind Eigentum und Besitz sachenrechtlich keine bedeutungsgleichen Begriffe.

1. Eigentum

Manchmal ist ein Blick ins Gesetz ganz erhellend. § 903 Bürgerliches Gesetzbuch (BGB) regelt, dass der Eigentümer einer Sache mit dieser nach Belieben verfahren und andere von jeder Einwirkung ausschließen darf. Eigentum ist daher ein umfassendes Herrschaftsrecht über eine Sache. Der Eigentümer bestimmt über die Benutzung, er darf die Sache verbrauchen, veräußern oder belasten. Der Eigentümer eines Autos darf also Dritten verbieten, mit seinem Wagen zu fahren. Er bestimmt, wer am Steuer sitzt. Und wenn ihm die Farbe nicht mehr gefällt, darf er das Fahrzeug umlackieren.

2. Besitz

Der Besitzer muss nicht notwendigerweise auch Eigentümer einer Sache sein. Der Besitz wird gemäß § 854 Abs. 1 BGB bereits durch die Erlangung der tatsächlichen Sachherrschaft über eine Sache erworben. Der Besitzer darf aber im Gegensatz zum Eigentümer nicht mit der Sache nach Belieben verfahren. Als Besitzer dürfen Sie mit Ihrem Mietwagen herumfahren. Der Eigentümer bestimmt jedoch, an wen und wie lange er vermietet. Auch die Farbwahl obliegt ausschließlich dem Eigentümer: Ist der Besitzer mit der Lackfarbe seines Mietfahrzeugs unzufrieden, dann hilft nur, das Auto zurückzubringen, pink lackieren ist vom Besitzrecht nicht umfasst.

3. Fazit

Nicht jeder Eigentümer einer Sache ist automatisch (zu jeder Zeit) auch deren Besitzer. Und umgekehrt müssen sich die Sachen, die jemand besitzt, nicht gleichzeitig in seinem Eigentum befinden. Beispiele aus dem Alltag sind die Mietwohnung, das aus der Stadtbücherei entliehene Buch oder der zur Sicherheit an die finanzierende Bank übereignete Fernseher. Fragen Sie sich in Zukunft also: Eigentum oder Besitz?

© 2010, Stefanie Krätzschel – Rechtsanwältin, www.ra-kraetzschel.de, 7.11.2012

Nicht immer ist klar, ob der Besitzer auch Eigentümer des Hauses ist.

M2 Wer ist Eigentümer, wer Besitzer?

- Sabine leiht sich von Lea im Mathematikunterricht einen Zirkel.

- Sebastian bekommt von Sabine zum Geburtstag das Buch „Recht für Anfänger" geschenkt.

- Frau Müller borgt sich ein Pfund Mehl zum Kuchenbacken von ihrer Nachbarin.

- Familie Maier bewohnt eine Mietwohnung im Haus des Herrn Groß.

- Markus nimmt aus Sebastians Federmäppchen ohne dessen Wissen ein Geodreieck.

- Lea legt vor dem Wirtschaft und Recht-Unterricht ihr Buch und ihr Heft auf den Tisch.

M3 Aus dem Polizeibericht

In einer Woche sind der Polizei gleich vier Rollerdiebe ins Netz gegangen. Dies ist nicht zuletzt auf die Tatsache zurückzuführen, dass die Jugendlichen dem Ermittlungsbeamten persönlich bekannt waren und er wusste, dass sie keinesfalls im Besitz eines Motorrollers sein können. Genau zwei solche Jugendlichen fuhren in der Lotzbeckstraße mit frisch entwendeten Motorrollern ohne Helm an dem Beamten vorbei, sodass er nur noch bei ihnen zuhause vorbeischauen musste. Ebenfalls beim Aufsuchen eines weiteren Amtsbekannten beim Schulkomplex unweit des Schillingsweges in anderer Sache stand in dessen Garage ein Motorroller, der keinesfalls dessen Eigentum war. Die Diebe sind im jugendlichen Alter von sechzehn und siebzehn, einer ist auch dreizehn Jahre alt. Ein Neunzehnjähriger wurde von dem Beamten im Straßenverkehr auf dem Roller angehalten. Sein Roller war geklaut. Im Laufe der weiteren Ermittlungen stellte sich auch anhand von Spuren noch heraus, dass er an einem Einbruch beteiligt gewesen war.

Nach: Presseinformation Polizeidirektion Offenburg, Regio Trends, 25.6.2012

Aufgaben

1. Erkläre mit Hilfe der Quelle M1 den Unterschied zwischen Besitz und Eigentum.
2. Entscheide in den Fallbeispielen M2 jeweils, wer Besitzer und wer Eigentümer der Sache(n) ist.
3. Erläutere, warum es sinnvoll ist, rechtlich zwischen Besitz und Eigentum zu unterscheiden.
4. Stelle mit Hilfe der §§ 854 ff. und §§ 903 ff. BGB die Rechte des Besitzers und die Rechte des Eigentümers einer Sache gegenüber.
5. Begründe, dass in der Presseinformation des Polizeireviers Lahr (M3) ein Fehler steckt.

Warum besteht die Kaufhandlung aus verschiedenen Rechtsgeschäften?

M1 Die Erfüllung der Pflichten

… am folgenden Mittwoch im Fahrradgeschäft

Hier sind die vereinbarten 750 Euro.

Herzlichen Dank!

Viel Freude mit Ihrem neuen Rad!

Vielen Dank!

M2 Das Abstraktionsprinzip

Schokolade kaufen ist komplizierter als man glaubt – Frau Süß geht in einen Laden und verlangt Schokolade einer bestimmten Marke. Sie legt ihre Euro-Münze auf den Ladentisch, steckt die Schokolade ein und verlässt das Geschäft wieder. Was hat sich juristisch (rechtlich) ereignet?

Ein Kaufvertrag, sonst nichts? Das möchte man zwar zunächst glauben. Aber weit gefehlt! Es liegen drei Verträge vor, und zwar ein Kaufvertrag, ein Eigentumsübertragungs-(Übereignung-)Vertrag hinsichtlich der Schokolade und ein Eigentumsübertragungs-Vertrag hinsichtlich des Geldes. Lesen Sie jetzt bitte § 433 I 1 BGB, d. h. den 1. Satz des Abs. 1 des § 433, ferner § 433 II BGB. Sie sehen: der Gesetzgeber versteht unter Kaufvertrag nur die Verpflichtung für beide Seiten, das Eigentum an der Kaufsache und am Geld zu übertragen, also so etwas wie einen Vorvertrag. Die Übertragung des Eigentums ist als eigener völlig selbstständiger, abstrakter (losgelöster) Vertrag konstruiert.

Lesen Sie jetzt bitte § 929, 1 BGB. § 929 sagt: Zur Eigentumsübertragung sind nötig ein eigener Übereignungsvertrag und darüber hinaus die Übergabe der Sache. – Damit haben Sie bereits ein fundamentales Prinzip des BGB kennen gelernt, nämlich das sog. Abstraktionsprinzip. Nach diesem Prinzip trennt das BGB säuberlich zwischen dem sog. Grundgeschäft, durch das sich jemand zu etwas verpflichtet, und der Erfüllung dieser Verpflichtung, die davon rechtlich losgelöst, abstrahiert wird. Das Verpflichtungsgeschäft ist der Grund (lat.: causa), warum die abstrakte Eigentumsübertragung vorgenommen wird. Der Übereignung könnte statt eines Kaufvertrags z. B. auch ein Schenkungs- oder Tauschvertrag als Kausalgeschäft zu Grunde liegen.

Nach: Nawratil, H., BGB leicht gemacht, 27. Aufl., Berlin 2002, S. 10 f.

M 3 Pausenverkauf

Schülerinnen und Schüler kaufen sich beim Hausmeister eine Semmel.

M 4 Tatsächlich meins?

Aufgaben

1. Diskutiert darüber, ob der junge Mann im Beispiel des Fahrradkaufs (M1 S. 74) nach Abschluss des Kaufvertrags schon Eigentümer des Fahrrads geworden ist.

2. Lies § 929 BGB und nenne die Voraussetzungen, die nötig sind, damit jemand Eigentümer einer Sache wird.

3. Zeige mithilfe der §§ 929 und 854 BGB, dass im dargestellten Szenario (M1) der Fahrradhändler nun Eigentümer und Besitzer des Geldes und der junge Mann Eigentümer und Besitzer des Fahrrads werden.

4. Erkläre das Abstraktionsprinzip (vgl. M2) am Beispiel des Kaufs einer Semmel beim Hausmeister (M3).

5. Beurteile die Aussage des Bildes M4 aus rechtlicher Sicht.

6. Erkläre anhand von Beispielen, dass es durchaus Sinn macht, das Verpflichtungsgeschäft (Kaufvertrag) von den Erfüllungsgeschäften (Übereignung der Sache und Übereignung des Geldes) rechtlich zu trennen.

Wie sind Normen formuliert und warum ist das so?

M 1 Das Bürgerliche Gesetzbuch (BGB) – nicht immer leicht zu verstehen

Im Jahre 1900 ist unser BGB in Kraft getreten. Heute stellt das Bürgerliche Gesetzbuch das wichtigste Buch unseres Privatrechts dar. Weil der Text des BGB häufig schwer verständlich ist, bedarf die Anwendung des Bürgerlichen Gesetzbuches zunächst gewisser Kenntnisse. Die Sprache des BGB setzt die Kenntnis der Begriffsinhalte voraus, deshalb bezeichnet man sie auch als Kunst- oder Fachsprache. So gibt es manche Normen, die sehr abstrakt sind, sodass sie einem Nicht-Fachmann erst durch Beispiele verständlich gemacht werden können, andere Normen dagegen können weniger abstrakt und daher verständlicher sein. Etwa die Auslegung von Verträgen kann als ein abstraktes Beispiel gezeigt werden: „Verträge sind so auszulegen, wie Treu und Glauben mit Rücksicht auf die Verkehrssitte es erfordern." Denn wie man diese allgemeine Regel interpretiert, das hängt ab von der juristischen und sozialen Auffassung. Ein anderes Beispiel für eine wenig abstrakte Vorschrift wäre etwa: „Früchte, die von einem Baume oder einem Strauche auf ein Nachbargrundstück hinüber fallen, gelten als Früchte dieses Grundstücks." Hier kann man einfach dieser Vorschrift nachkommen, und eine Interpretation ist nicht erforderlich. Gäbe es solche konkreten Vorschriften jedoch für alle verschiedenen Vorgänge, dann hätten wir eine riesige Menge an Gesetzen.

Nach: © 2012 JuraMagazin, www.juramagazin.de, 7.11.2012

M 2 Der Aufbau von Rechtsnormen

Jede Rechtsnorm (z. B. ein Paragraf des BGB) lässt sich als Wenn-dann-Beziehung formulieren. Wenn bestimmte Bedingungen (in der Fachsprache die „**Tatbestandsmerkmale**") vorliegen, dann treten bestimmte Konsequenzen (in der Fachsprache die „**Rechtsfolge(n)**") ein. Ein Beispiel mag dies verdeutlichen: Im ersten Absatz des § 105 BGB heißt es: „Die Willenserklärung eines Geschäftsunfähigen ist nichtig." Man könnte auch formulieren: **Wenn** ein Geschäftsunfähiger eine Willenserklärung abgibt, **dann** ist diese nichtig (ungültig).

Bei manchen Normen, wie im obigen Beispiel, lassen sich die Tatbestandsmerkmale und die Rechtsfolgen sehr leicht finden, andere Normen sind wiederum sehr kompliziert formuliert und es gelingt nur nach viel Übung, diese herauszuarbeiten. Die Zerlegung einer Rechtsnorm in ihre Tatbestandsmerkmale und in ihre Rechtsfolgen nennt man in der Fachsprache **Normenanalyse**.
Wenn der tatsächliche **Sachverhalt** (Fall) den Tatbestandsmerkmalen entspricht, dann tritt die Rechtsfolge ein.

M 3 Normen begegnen uns überall

Schulordnung für die Gymnasien in Bayern

§ 37: Ist eine Schülerin oder ein Schüler aus zwingenden Gründen verhindert, am Unterricht oder an einer sonstigen verbindlichen Schulveranstaltung teilzunehmen, so ist die Schule unverzüglich unter Angabe des Grundes zu verständigen.

M 4 Rechtsnormen anwenden

Aufgaben

1. Erkläre, warum Rechtsnormen häufig sehr abstrakt formuliert sind (M1), und suche in der „Sammlung wichtiger Paragrafen" solche Normen, die eher abstrakt, und solche, die eher konkret verfasst sind. Begründe deine Meinung.
2. Formuliere die Aussagen der in M3 gezeigten Gegebenheiten in eine Wenn-dann-Beziehung (vgl. M2) um.
3. Zerlege die §§ 433, 854 und 929 BGB in ihre Tatbestandsmerkmale und ihre Rechtsfolgen.
4. Führe Normenanalysen der §§ 903, S. 1 und 985 BGB durch und belege, dass die Aufforderung in M4 durchaus auch im BGB verankert ist.

Fachwissen im Zusammenhang

Die Aufgaben des Rechts

Wo Menschen in einer Gemeinschaft zusammenleben, haben sie oft unterschiedliche Interessen und es kommt zu Konflikten. Um diese Konflikte friedlich und gerecht zu lösen, bedarf es neben ethischer und ggf. religiöser Verhaltensregeln (z. B. Zehn Gebote) auch des Rechts.

Dadurch, dass die rechtlichen Regelungen einen gerechten Ausgleich der unterschiedlichen Interessen gewährleisten sollen (**Ausgleichsfunktion**), werden zahlreiche Konflikte, z. B. zwischen Käufer und Verkäufer, bereits im Vorfeld verhindert (Konfliktverhütung). Dort wo dies nicht möglich ist, gewährleistet das Recht eine friedliche Beilegung in einem geregelten Verfahren vor Gericht (Konfliktlösung). Dem Recht kommt also die Aufgabe zu, den Frieden zu erhalten bzw. Frieden zu schaffen (**Friedensfunktion**).

Recht muss Ordnung schaffen, also verdeutlichen, was gilt, was erlaubt und was verboten ist (**Ordnungsfunktion**). Ein gutes Beispiel hierfür ist die Straßenverkehrsordnung. Nach dieser Regel wird in Deutschland grundsätzlich rechts gefahren. Man stelle sich das Chaos vor, das herrschen würde, wenn es diese einfache Regel nicht gäbe.

Des Weiteren übernimmt das Recht die Aufgabe, den Einzelnen gegenüber anderen Bürgern und gegenüber dem Staat zu schützen (**Schutzfunktion**). Dadurch, dass das Recht durch seine Regelungen die Freiheit des Einzelnen beschränkt, werden Willkür und das Recht des Stärkeren verhindert. Die Freiheit des einen hat als Grenze immer die Freiheit des anderen. So werden beispielsweise Minderjährige durch die Regelungen des Jugendschutzgesetzes z. B. vor den Gefahren des Rauchens oder die Gesellschaft durch das Strafrecht vor Verbrechern geschützt. Aber auch der Bürger wird durch Gesetze vor der Willkür des Staates geschützt.

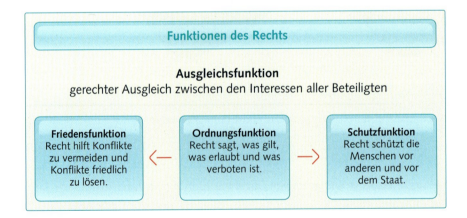

Die Bedeutung von Verträgen

Pacta sunt servanda. – lat. Verträge sind einzuhalten. – so lautet das Prinzip der Vertragstreue. **Verträge** regeln das Verhalten durch eine gegenseitige Selbstverpflichtung. Sie werden freiwillig zwischen zwei (oder auch mehr) Parteien durch übereinstimmende Willenserklärungen geschlossen.

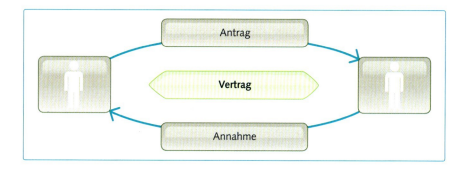

Im Vertrag verspricht jede Partei der anderen eine bestimmte Leistung zu erbringen. Dadurch wird die Zukunft für die Parteien berechenbar. Für das Funktionieren einer hoch arbeitsteiligen Marktwirtschaft sind Verträge deshalb eine unabdingbare Voraussetzung und der Staat muss durch die Ausgestaltung und Durchsetzung des Vertragsrechts dafür sorgen, dass das Vertrauen in einen Vertrag erhalten bleibt.

Der **Kaufvertrag** ist ein spezieller Vertrag. Wenn sich Verkäufer und Käufer über die Sache, über deren Eigenschaften und über den Preis einig sind, schließen sie einen Kaufvertrag und gehen dadurch Verpflichtungen ein (**Verpflichtungsgeschäft**). Der Verkäufer verpflichtet sich nach § 433 des Bürgerlichen Gesetzbuchs (BGB), dem Käufer die Sache zu übergeben und das Eigentum an der Sache zu verschaffen und dies frei von Mängeln, und der Käufer verpflichtet sich, dem Verkäufer den vereinbarten Kaufpreis zu zahlen und die gekaufte Sache abzunehmen.

Der Kaufvertrag – das Verpflichtungsgeschäft

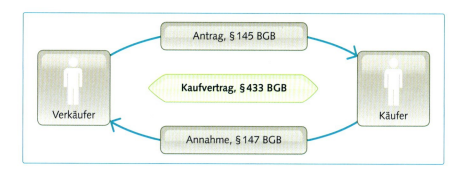

Der Kaufvertrag kommt, wie alle anderen Verträge auch, durch übereinstimmende **Willenserklärungen**, durch **Antrag** und **Annahme**, zustande. Willenserklärungen, die zu einem Vertragsabschluss führen, können auf unterschiedliche Art und Weise abgegeben werden. Mündlich, schriftlich (z. B. Brief, E-Mail) oder durch sogenanntes schlüssiges Handeln, d. h. der potenzielle Vertragspartner erkennt am Tun (z. B. Kunde legt Waren im Supermarkt auf das Kassenband), dass man einen Vertrag schließen will. Während der Kaufvertrag über bewegliche Sachen als häufigster Vertrag keine Formvorschrift kennt, ist bei anderen Rechtsgeschäften die Form der Abgabe der Willenserklärung vom Gesetz vorgeschrieben, um die Vertragsparteien zu schützen. So z. B. beim Kauf einer Immobilie, der vom No-

Willenserklärungen

tar beurkundet werden muss, oder beim langfristigen Mietvertrag über eine Wohnung, der schriftlich geschlossen werden muss. Die schriftliche Form kann mittlerweile auch durch die elektronische Form ersetzt werden. Dabei muss ein elektronisches Dokument, z. B. eine E-Mail, mit dem Namen des Ausstellers und mit einer qualifizierten elektronischen Signatur versehen sein.

Eine Aufforderung an einen anderen, seinerseits einen wirksamen Vertragsantrag zu machen, wird als *invitatio ad offerendum* bezeichnet. Sie liegt dann vor, wenn sich ein Angebot an einen unbestimmten Personenkreis wendet, etwa bei Schaufensterauslagen, Werbeflyern oder bei Zeitungs- oder Internetanzeigen. Da kein Antrag vorliegt, genügt die Annahmeerklärung allein nicht, um einen Vertrag zustande zu bringen.

Eigentum und Besitz

Obwohl die beiden Begriffe oft synonym gebraucht werden, ist die rechtliche Unterscheidung zwischen Eigentum und Besitz wichtig. Mit dem **Eigentum** erwirbt man die „rechtliche Herrschaft" über eine Sache. Den **Besitz** erlangt man durch die „tatsächliche Gewalt" (§ 854 I BGB) über eine Sache. Das Eigentum ist durch unsere Rechtsordnung besonders geschützt, so z. B. im Art. 14 des Grundgesetzes. Auch das BGB räumt dem Eigentümer einer Sache besondere Rechte ein, so z. B. im § 903, nach dem der Eigentümer nach Belieben mit der Sache verfahren und andere von jeder Einwirkung auf diese ausschließen kann, soweit nicht das Gesetz oder Rechte Dritter entgegenstehen. Häufig sind Eigentum und Besitz in einer Hand vereinigt. Besitzer und Eigentümer können aber auch unterschiedliche Personen sein. So ist zum Beispiel ein Dieb zwar Besitzer des Diebesguts, nicht jedoch dessen Eigentümer. Auch der Mieter einer Wohnung oder eines Autos ist nur Besitzer. Eigentümer bleibt jeweils der Vermieter.

Die Erfüllung der Pflichten aus dem Kaufvertrag

Die Verpflichtungen, die durch den Kaufvertrag entstanden sind, werden durch zwei **Erfüllungsgeschäfte (Verfügungsgeschäfte)** erfüllt. Da sich der Verkäufer dazu verpflichtet hat, dem Käufer das Eigentum an der Sache zu verschaffen, ihn also zum Eigentümer zu machen, und der Käufer umgekehrt dafür dem Verkäufer das Eigentum am Geld übertragen will, sind nun sog. Verfügungen über die Kaufsache bzw. über das Geld nötig.

Wie das Eigentum an einer beweglichen Sache im Normalfall übertragen wird, regelt der § 929 BGB. Dieser verlangt zweierlei: die **Einigung** zwischen dem alten Eigentümer und dem Erwerber, dass das Eigentum auf diesen übergehen soll, und die **Übergabe** der Sache, also einen Besitzwechsel (§ 854 I BGB). Die Einigung zwischen den Beteiligten kommt wiederum durch zwei übereinstimmende Willenserklärungen zustande, durch den Antrag (§ 145 BGB) und die Annahme (§ 147 BGB). Sie ist also faktisch wieder ein Vertrag. Für die Übergabe bedarf es keiner Willenserklärung. Sie wird deshalb auch als Realakt oder als tatsächliches Handeln bezeichnet.

1. Erfüllungsgeschäft: Übereignung der Sache

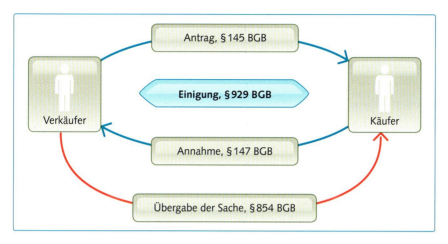

2. Erfüllungsgeschäft: Übereignung des Geldes

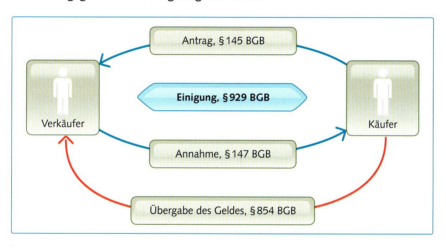

Die rechtliche Auflösung einer im Leben oft einheitlichen Handlung wie z. B. des Kaufs eines Fahrrads in drei rechtlich voneinander losgelöste und damit unabhängige, selbstständige Verträge nennt man das **Abstraktionsprinzip**. Sinn macht dieses Prinzip z. B. dann, wenn der Kaufvertrag und dessen Erfüllung zeitlich auseinander fallen. Bestellt jemand z. B. im Autohaus einen Neuwagen, der im Werk erst produziert werden muss und vielleicht eine Lieferzeit von drei Monaten hat, verpflichtet er sich mit dem Kaufvertrag zur Bezahlung und zur Abnahme, das Autohaus zur Lieferung des Wagens. Es ist klar, dass man durch den Kaufvertrag hier nicht Eigentümer einer Sache werden kann, die es noch gar nicht gibt. Erst in einem Vierteljahr werden dann durch die Verfügungen über das Auto und das Geld die Verpflichtungen aus dem Kaufvertrag erfüllt. Außerdem können der Übereignung einer Sache, die nach § 929 BGB erfolgt, auch ganz unterschiedliche Verpflichtungsgeschäfte zugrunde liegen, so z. B. ein Schenkungs- oder ein Darlehensvertrag.

Das Abstraktionsprinzip

Rechtsnormen

Da eine **Rechtsnorm** für eine Vielzahl von Sachverhalten anwendbar sein soll, ist sie häufig sehr abstrakt formuliert. Das Bürgerliche Gesetzbuch kennt auch Paragrafen, die eher konkret formuliert und so verständlicher sind. Alle Normen lassen sich als Wenn-dann-Beziehungen formulieren, also durch eine Normenanalyse in ihre **Tatbestandsmerkmale** und ihre **Rechtsfolgen** zerlegen.

Normenanalyse:

Beispiel:

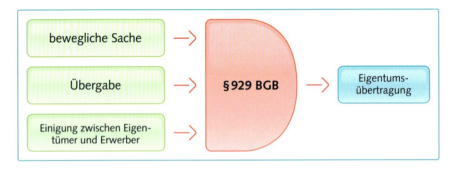

Bei der Anwendung einer Norm muss untersucht werden, ob der durch die Wirklichkeit gegebene Sachverhalt (Fall) den Tatbestandsmerkmalen entspricht. Ist dies bei allen Tatbestandsmerkmalen einer Rechtsnorm gegeben, tritt deren Rechtsfolge ein und die Norm „greift". Wird nur ein Tatbestandsmerkmal vom Sachverhalt nicht erfüllt, greift die Norm nicht und die Rechtsfolge tritt nicht ein.

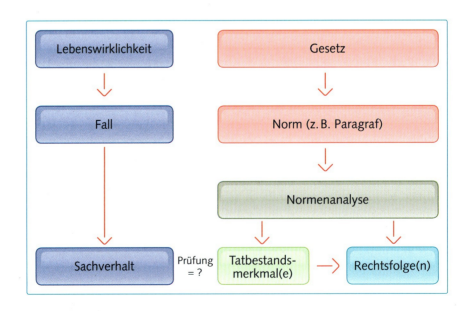

Anwendung und Transfer

M 1 Fisch gegen Speer

Karikatur: Heimo Brandt

Aufgaben

1. Entwickle einen möglichen Dialog mit konkreten Handlungsanweisungen zwischen den beiden erwachsenen Personen auf dem Bild M1, der in der Konsequenz dazu führt, dass die Person rechts (Langhaariger) Eigentümer des Speers und die Person links (Zopfträger) Eigentümer des Fisches wird. Berücksichtige dabei § 480 BGB.

2. Stelle den gesamten Tauschvorgang (vgl. Aufgabe 1) grafisch dar.

3. Wähle die richtigen Behauptungen aus und erkläre, warum eine Behauptung ggf. falsch ist (M1).
   a) Der Zopfträger wird dann Eigentümer des Fisches, wenn er dem Langhaarigen seinen Speer übergeben hat.
   b) Der Langhaarige wird Besitzer des Speers, wenn er ihn an sich nimmt.
   c) Wenn der Fisch bereits riecht, hat der Langhaarige den Tauschvertrag nicht ordnungsgemäß erfüllt.
   d) Wenn sich beide auf den Tausch geeinigt haben, gehört es zu den Pflichten des Zopfträgers, den Fisch anzunehmen.
   e) Durch den Tauschvertrag wird der Langhaarige Besitzer und Eigentümer des Speers.
   f) Die beiden müssen miteinander sprechen, um den Tausch rechtlich wirksam abzuwickeln.

4. Erkläre, an einem selbst gewählten Beispiel, warum es wichtig sein könnte, dass die beiden Geschäftspartner (M1) einen Tauschvertrag geschlossen haben, und erläutere in diesem Zusammenhang die Funktionen des Rechts.

5. Zerlege den § 480 BGB in sein Tatbestandsmerkmal und seine Rechtsfolge. Stelle die Normenanalyse grafisch dar.

Rechte des Verbrauchers bei Pflichtverletzungen

Wenn ein Vertrag entsprechend der Vereinbarungen der beteiligten Vertragspartner abgewickelt wird, ergeben sich keine rechtlichen Schwierigkeiten. Bei der Durchführung des Geschäfts treten aber häufig Probleme unterschiedlichster Art auf. Da stellt sich die Frage, wer für die nicht vertragsgemäße Abwicklung wie haftet. Der Fall, der uns im täglichen Leben als Käufer am häufigsten begegnet, dürfte die Lieferung einer mangelhaften Sache sein.

Karikatur: Roy Robertson

Karikatur: Martin Guhl

5

Karikatur: Martin Guhl

Karikatur: Martin Guhl

Kompetenzen

Am Ende dieses Kapitels solltest du Folgendes können:

- verschiedene Pflichtverletzungen beim Kauf unterscheiden
- deine Rechte als Käufer benennen und wahrnehmen, wenn die Sache einen Mangel hat
- erklären, warum Verbraucherschutz gerade auch beim Kauf wichtig ist

Was weißt du schon?

1. Leite aus den dargestellten Szenen jeweils konkrete Forderungen der Käufer gegenüber dem Verkäufer her.

2. Stellt die Gespräche zwischen Käufer und Verkäufer jeweils in einem Rollenspiel dar. Zeige die Notwendigkeit auf, für die einzelnen Fälle gesetzliche Regelungen zu schaffen.

Welche Pflichtverletzungen können beim Kauf auftreten?

M 1 — Nichts als Ärger mit dem neuen Fahrrad

Kunde: Ich habe vor zwei Monaten bei Ihnen dieses Rennrad gekauft. Die Schaltung scheint defekt zu sein. Es kommt immer wieder vor, dass sie nicht exakt arbeitet und den falschen Gang einlegt.

Händler: Das ist ärgerlich für Sie. Nun ja, bei manchen Herstellern lässt inzwischen die Qualität zu wünschen übrig. Müssen wir wahrscheinlich einschicken, das kann dauern.

Kunde: Ich warte außerdem noch immer auf die neue Federgabel, die Sie mir aus den USA besorgen wollten.

Händler: Nun, da kann ich jetzt wenig machen. Da hat mein Mitarbeiter offensichtlich die Bestellung liegen lassen. Und ich glaube, die Gabel ist so auch nicht mehr lieferbar.

Kunde: Ehrlich gesagt, bin ich sowieso ziemlich wütend, weil Ihr Mitarbeiter beim ersten Kundendienst offensichtlich meinen Fahrradcomputer ruiniert hat. Auf jeden Fall hat der seitdem eine Schramme und ein Einstellknopf klemmt.

Händler: Ach die jungen Leute, nicht wahr? Das war ein Praktikant. Man muss den Jungen eine Chance geben, ist mein Motto. Da hätten Sie halt selbst etwas besser aufpassen müssen.

M 2 — Falsche Wagenfarbe

Hintergrund war der Kauf einer Corvette bei einem in den USA ansässigen Unternehmen zu einem Preis von 55.000 US-Dollar. Zwar hatte der Käufer (im Fall der Beklagte) in einem ersten
5 Schreiben als gewünschte Farbe noch schwarz oder blau metallic angegeben. Auf einem Angebot der amerikanischen Firma, das der Käufer zwecks Vertragsschluss unterschrieb, war die Fahrzeugfarbe aber mit „Le Mans Blue Metallic" angegeben. Weil das Auto in den USA aber 10 gerade erst auf den Markt gekommen und begehrt war, stellte sich heraus, dass der Wagen

kurzfristig nur in schwarz lieferbar war. Der Käufer äußerte nach Mitteilung dieser Tatsache zunächst keine Einwände und stimmte der Verschiffung des schwarzen Autos nach Deutschland zu. Zwischen den Parteien blieb streitig, ob man sich ausdrücklich auf den Farbwechsel verständigt hatte. Als der Wagen auslieferungsbereit war, verweigerte der Käufer jedoch die Annahme mit der Begründung, er habe ein blaues und kein schwarzes Auto bestellt.

Nach: autorechtaktuell.de, www.kfz-betrieb.vogel.de, 1.4.2010

M 3 Zeitung zugestellt – Tür kaputt

Karikatur: Dave Allen

Aufgaben

1. Stelle für den Verkäufer und für den Käufer die Pflichten aus dem Kaufvertrag (§ 433 BGB) gegenüber.

2. a) Stellt in Partnerarbeit aufgrund der Aussagen des Käufers in M1 konkrete Forderungen auf, die er gegenüber dem Verkäufer geltend machen könnte.
   b) Entwickelt Gegenargumente, mit denen der Verkäufer versuchen könnte, auf die Forderungen zu reagieren.
   c) Stellt das Streitgespräch in einem Rollenspiel dar.

3. Ordne die Beschwerden des Käufers aus M1 den einzelnen Pflichten aus dem Kaufvertrag (vgl. Aufgabe 1) zu.

4. Diskutiert in der Klasse, ob bei den beschriebenen Fällen M2 und M3 jeweils eine Pflichtverletzung vorliegt oder nicht.

5. Beschreibe weitere mögliche Beispiele von Pflichtverletzungen.

Wann liegt ein Sachmangel vor?

M1 Sind quietschende Sohlen ein Sachmangel?

Die Schuhe haben innerhalb der ersten drei Wochen angefangen immer mehr zu „quietschen", beim Gehen machen die Schuhe mittlerweile extrem nervige und laute Geräusche aller Art – sie werden für mich dadurch unbrauchbar, da sie ständig alle Leute in meiner Umgebung nerven. Die Schuhe in der Arbeit anzuziehen kann man vergessen, und auch an allen anderen Orten sind diese Quietsche-Entchen-Schuhe eine permanente akustische Belästigung meiner Umwelt, die ich niemandem zumuten möchte.

Also habe ich mich in meiner Freizeit zum Händler begeben und freundlich nachgefragt, ob das Problem bei diesen Schuhen vielleicht öfter auftritt und ob es da vielleicht irgendeinen Trick gibt, den ich nicht kenne. Der Händler ist aber gleich in die Defensive gegangen, hat erst behauptet, er würde das Quietschen nicht hören (offene Ladentür direkt an lauter Straße, plus laute Musik im Laden), als es dann doch unvermeidlich zu hören war, hat er erklärt, dass eine Rücknahme nicht in Frage käme, da ein Einschicken keinen Sinn hätte, da dieses Quietschen so oder so nicht als Sachmangel anerkannt würde. Jedenfalls wolle er nichts weiter damit zu tun haben und mich möglichst schnell wieder loswerden.

Nach: Johannes Jähnke, http://ooommm.org (13.11.2012)

M2 „Ich hatte doch Größe 38 bestellt"

M3 Was man behauptet, muss man auch beweisen

Ein Käufer, der Ansprüche wegen Mängeln der gekauften Sache geltend macht, muss dem Verkäufer die Kaufsache zur Untersuchung zur Verfügung stellen. Dies stellt der Bundesgerichtshof (BGH) klar. Denn der Verkäufer müsse die Möglichkeit haben, die verkaufte Sache daraufhin zu untersuchen, ob der behauptete Mangel bestehe und ob er bereits im Zeitpunkt des Gefahrübergangs vorgelegen habe, auf welcher Ursache er beruhe sowie ob und auf welche Weise er beseitigt werden könne. Im konkreten Fall ging es um einen Neuwagen, den der Kläger bei der beklagten Autohändlerin gekauft hatte. Kurz nachdem dem Kläger das Fahrzeug übergeben worden war, beanstandete dieser Mängel an der Elektronik. Die Verkäuferin antwortete, dass ihr die Mängel nicht bekannt seien. Sie bat den Käufer, ihr das Fahrzeug nochmals zur Prüfung vorzustellen. Dem kam der Käufer nicht nach. Er führte aus, es sei ihm unzumutbar, sich auf Nachbesserungen einzulassen. Er befürchte, dass Defekte der Elektronik trotz Nachbesserungen immer wieder auftreten würden.

Nach: Valuenet GmbH, ANWALT.DE, Einfach zum Anwalt, Rechtstipp vom 11.3.2010

M4 ... lässt dich fliegen   ... wirklich?

Aufgaben

1. Diskutiert in Partnerarbeit, ob in den Fällen M1 und M2 die Sache einen Mangel hat.
2. Ordne die Sachverhalte M1 und M2 einzelnen Absätzen des § 434 BGB zu.
3. Erkläre anhand von § 446 BGB, warum es sinnvoll ist, dass „ein Käufer, der Ansprüche wegen Mängeln der gekauften Sache geltend macht", „dem Verkäufer die Kaufsache zur Untersuchung zur Verfügung" stellen muss. (M3)
4. Diskutiert anhand von § 442 und § 434 I, S. 3 BGB, ob der Energydrink in M4 ggf. einen Sachmangel aufweisen könnte.

Welche vorrangigen Rechte bestehen, wenn die Sache Mängel aufweist?

M1 Sache defekt, was nun?

Das müssen wir einschicken. Das kann ein paar Wochen dauern.

Das Display meines Smartphones ist defekt. Ich habe es erst seit zwei Tagen.

M2 Nacherfüllung

Hat der Kaufgegenstand einen Mangel, können Verbraucher zunächst einmal nur die sog. Nacherfüllung verlangen. Es gibt zwei Arten der Nacherfüllung: die Reparatur (Nachbesserung) und die Ersatzlieferung (Lieferung einer mangelfreien Sache). Grundsätzlich hat der Käufer ein Wahlrecht. Ist dem Verkäufer die vom Verbraucher gewählte Art der Nacherfüllung nur mit unverhältnismäßigen Kosten möglich, kann er sie ablehnen und die andere Form der Nacherfüllung wählen. Der Verkäufer darf also etwa den vom Kunden verlangten Austausch eines Computers ablehnen, wenn ein Ersatzgerät übermäßig teuer wäre. Dann muss sich der Kunde mit einer Reparatur zufrieden geben. In der Regel kommt bei geringwertigen Waren, bei denen sich eine Reparatur wirtschaftlich nicht lohnt, eher eine Ersatzlieferung in Betracht, bei höherwertigen Produkten eine Reparatur.

Das Gesetz sieht vor, dass der Käufer die Nachbesserung in der Regel höchstens zweimal dulden muss, bevor er von seinen weiter gehenden Rechten Gebrauch machen kann.

Die Kosten jeder Nacherfüllung, ob Reparatur oder Ersatzlieferung, trägt allein der Verkäufer. Er darf dem Käufer beispielsweise weder Porto fürs Einsenden an den Hersteller noch Ersatzteil- und Lohnkosten berechnen.

Nach: www.verbraucherzentrale-bayern.de (18.7.2012)

M3 Wenn die Sache einen Mangel hat ...

Der Pullover hat ein Loch.

Mein neuer Laptop lässt sich nicht mehr hochfahren. Und ich habe schon alle meine Daten darauf gespeichert.

"Der Wagen ist nagelneu!"

"Es ist nur ein kleiner Fehler, der lässt sich relativ leicht beheben."

"Die CD lässt sich nicht abspielen."

M 4   Garantie ist keine Gewährleistung!

Der übliche Sprachgebrauch vermischt fälschlicherweise beide Begriffe. Im juristischen Sinn definiert eine Garantie die freiwillig vereinbarte Verpflichtung eines Garanten, während die Gewährleistung direkt aus dem Gesetz abzuleiten ist. Im Handel ist die Garantie eine zusätzlich zur gesetzlichen Gewährleistungspflicht gemachte freiwillige und frei gestaltbare Dienstleistung eines Händlers oder Herstellers gegenüber dem Kunden. Häufig wird sie jedoch mit dieser verwechselt.

Ein Garantieversprechen ist damit eine zusätzliche, freiwillige Leistung des Händlers und/oder des Herstellers (die Hersteller bieten ganz unterschiedliche Servicearten: Vor-Ort-Service, Direktaustausch, PickUp & Return, Bring-In usw.). Die Garantiezusage bezieht sich zumeist auf die Funktionsfähigkeit bestimmter Teile (oder des gesamten Geräts) über einen bestimmten Zeitraum. Bei einer Garantie spielt der Zustand der Ware zum Zeitpunkt der Übergabe an den Kunden keine Rolle, da ja die Funktionsfähigkeit für den Zeitraum garantiert wird. Die gesetzliche Gewährleistung bezieht sich auf die Mangelfreiheit des Kaufgegenstandes zum Zeitpunkt der Übergabe an den Käufer. Für den Kunden ist zu beachten, dass durch eine Garantiezusage die gesetzliche Gewährleistung in keinem Fall ersetzt oder gar – im Umfang oder der Zeitdauer – verringert werden kann, sondern immer nur neben der bzw. zusätzlich zur gesetzlichen Gewährleistung Anwendung findet.

Viele Verbraucher werfen Garantie und Gewährleistung in einen „Topf". Doch das ist falsch. Grob kann man festhalten, dass Gewährleistung Sache der Händler ist, Garantie Sache der Hersteller. Während Händler zu einer Gewährleistung gesetzlich verpflichtet sind, steht es den Herstellern frei, für ihre Produkte zu garantieren.

Nach: Kevin Grau, www.anwalt-seiten.de (13.11.2012)

Garant
Der Garant ist eine Person oder Institution, die aufgrund eines Versprechens für ein konkretes Handeln bzw. einen bestimmten Erfolg einzustehen hat.

Aufgaben

1. Diskutiert darüber, ob der Kunde akzeptieren sollte, dass er mehrere Wochen auf das Smartphone verzichtet, oder ob er eine andere Forderung stellen sollte. (M1)
2. Belege die Aussagen der Verbraucherzentrale in M2, indem du für die einzelnen Aussagen die entsprechenden Normen im BGB angibst.
3. Entscheide jeweils, welche Art der Nacherfüllung der Käufer in den Fällen M3 sinnvollerweise wählen sollte.
4. Grenze die gesetzliche Gewährleistung von der Garantie ab. (M4)

Welche weiteren Rechte gibt es, wenn der Mangel nicht beseitigt wird?

M 1 Immer noch kaputt!

Für den Fehler können wir auch nichts. Da müssen Sie sich jetzt schon an den Hersteller wenden.

Sie haben nun schon zweimal versucht, das Display meines Handys zu reparieren, jetzt funktioniert es schon wieder nicht mehr. Mir reicht es jetzt.

M 2 Rücktritt und Minderung

Hat eine gekaufte Ware einen Mangel, kann der Verkäufer diese nach Wahl des Käufers zunächst entweder reparieren oder durch einen mangelfreien Artikel ersetzen (Nacherfüllung). Um weiter gehende Rechte anzumelden, muss der Käufer dem Verkäufer grundsätzlich für die Nacherfüllung eine angemessene Frist setzen. Erfolgt die Nacherfüllung seitens des Verkäufers nicht fristgemäß oder hat sie keinen Erfolg, schlägt also die Reparatur zweimal oder die Ersatzlieferung einmal fehl, kann der Käufer auch ohne Fristsetzung auf seine weiteren gesetzlichen Rechte zurückgreifen. Dies gilt auch dann, wenn die Nacherfüllung vom Verkäufer verweigert wird.

Der Käufer kann dann eine Herabsetzung des Kaufpreises verlangen (Minderung) oder vom Vertrag zurücktreten. Nur bei ganz unerheblichen Mängeln ist ein Rücktrittsrecht ausgeschlossen. Der Käufer muss dann sozusagen mit der defekten Sache leben und kann nur eine Minderung verlangen. Der Umfang des Preisnachlasses bei der Minderung richtet sich nach dem Ausmaß des Mangels.
Beim Rücktritt muss der Käufer den Kaufgegenstand zurückgeben, der Verkäufer hat ihm den Kaufpreis zu erstatten. Ein Gutschein muss dabei nicht akzeptiert werden.

Nach: www.verbraucherzentrale-bayern.de (13.11.2012)

M 3 Schadensersatz

Neben der Minderung oder dem Rücktritt kann der Käufer Schadenersatz geltend machen, wenn der Verkäufer den Mangel verschuldet hat. Macht der Verkäufer etwa falsche Beschaffenheitsangaben zum Kaufgegenstand, liegt ein Verschulden auf der Hand. Der Verkäufer muss sich im Zweifel entlasten, wenn er nicht haften will.

Wird beispielsweise beim Kauf eines Gebrauchtwagens eine Laufleistung von 50.000 Kilometern angegeben, während das Fahrzeug tatsächlich schon 100.000 Kilometer auf dem Buckel hat, so kann der Käufer nicht nur die Erstattung des Kaufpreises verlangen. Ihm stehen alle Kosten für An- und Abmeldung des Wagens, für die Fahrtkosten zur Zulassungsstelle wie für den Gutachter zu, der den tatsächlichen Kilometerstand festgestellt hat.

Schadenersatz muss ein Verkäufer also leisten, wenn der erworbene Gegenstand nicht die vertraglich vereinbarte oder nicht die übliche Beschaffenheit aufweist und er dies zu vertreten hat.

Nach: www.verbraucherzentrale-bayern.de (13.11.2012)

M 4 Minderung, Rücktritt oder Schadensersatz?

Fall 1:
Konstantin Müller kauft beim Fahrzeughändler Vogel einen gebrauchten Wagen für 5.000 €. Konstantin legt bei den Verhandlungen Wert darauf, keinen Unfallwagen zu bekommen. Vogel verkauft den Wagen daher als „unfallfrei". Nachdem Konstantin bereits einige Wochen damit gefahren war, erzählt ihm ein Bekannter von einem Unfall, den er vor einigen Jahren ausgerechnet mit diesem Auto gehabt habe. Vogel konnte von diesem Unfall allerdings nichts wissen, da er den Wagen wiederum von einem Dritten erworben hatte, der von dem Unfall ebenfalls nichts wusste.

Fall 2:
König kauft in einem Second-Hand-Laden eine alte Uhr für 3.000 €. Der Antiquitätenhändler sichert dabei zu, dass es sich um eine goldene Uhr handelt. Als König die Uhr an einen Juwelier weiter verkaufen will, bietet dieser zunächst 3.500 €. Später stellt sich jedoch heraus, dass es sich nur um eine vergoldete Uhr handelt, die maximal 700 € wert ist.

Fall 3:
Sammler Sorgfältig kauft bei einem Antikhändler eine alte elektrische Spielzeugeisenbahn samt Schienen und weiterem Zubehör. Sie einigen sich auf einen Preis von 6.000 €. Zu Hause bemerkt Herr Sorgfältig, dass die Eisenbahn nicht mehr elektrisch betrieben werden kann. Er möchte sie freilich dennoch behalten. Bei einem Blick in den Sammlerkatalog stellt er fest, dass der Wert des Modells seiner Eisenbahn – allerdings mit funktionierender Elektrizität – 5.000 € beträgt. Ohne Elektrizität ist sein Modell nur 3.000 € wert.

Fall 4:
Kurt kauft bei einer Tauschveranstaltung für Kanuten ein gebrauchtes Faltboot. Der Verkäufer versichert ihm ausdrücklich, dass sich das Boot in einem ausgezeichneten Zustand befinde und absolut wasserdicht sei. Während der ersten Bootsfahrt, vier Wochen nach dem Kauf, stellt sich nach wenigen Paddelschlägen heraus, dass durch eine schwer zu entdeckende undichte Stelle am Boden des Bootes Wasser eindringt. Kurt lässt den Schaden sofort beheben und bezahlt dafür 100 €. Außerdem zieht er sich beim Untergang des Bootes eine Erkältung zu; dafür fallen Behandlungskosten von 50 € an.

Fall 1, 2 und 4: Laura Schnall/Verena Böttner, Recht für Dummies, Weinheim 2010; Fall 3: Georg Boll, www.georgboll.de (12.11.2012)

Aufgaben

1. Diskutiert darüber, ob sich der Käufer mit der Argumentation der Verkäuferin in M1 zufrieden geben muss. Beziehst dabei auch die Interessen der Verkäuferin mit ein.
2. Schlage in der gegebenen Situation eine gerechte Möglichkeit der Konfliktlösung vor. (M1)
3. Belege die Aussagen der Verbraucherzentrale in M2 und M3, indem du für die einzelnen Aussagen die entsprechenden Normen im BGB angibst.
4. Verfasse einen Brief an den Verkäufer, indem du rechtlich fundiert den Rücktritt vom Vertrag erklärst. (M1, M2)
5. Entscheide jeweils, ob dem Käufer in den Fällen M4 nur ein Minderungsrecht, ein Rücktrittsrecht oder ein Recht auf Schadensersatz zugestanden werden sollte. Gehe dabei davon aus, dass alle anderen Voraussetzungen gegeben sind.

Wie wird der Verbraucher beim Kauf besonders geschützt?

M1 Fabrikationsfehler – Umtausch abgelehnt

☺ **FRAGE VON PING99 | 19.07.2012**

Hallo, habe ein Mainboard gekauft mit Chip Sandy Bridge Fehler (Rückruf vom Chiphersteller). Habe es dann an meinen Händler geschickt und er hat es wiederum an den Hardware-Hersteller geschickt und retour erhalten, mit der Aussage die Pins des CPU Sockels seien verbogen und darum kein Garantiefall. Habe mittlerweile ein neues bekommen, das ich nun bezahlen soll. Wie sieht das nun rechtlich aus, habe ich Anspruch auf den Austausch? Da es ja ein Fabrikationsfehler ist, der ja bei Auslieferung schon da war. Danke für die Antworten.

Nach: www.frag-einen-anwalt.de, 12.10.2009

M2 Probleme beim Versendungskauf

Bestellinformation:

E-Mail-Adresse: mail@meier.cox

Rechnungsadresse:	Versandadresse:
Hans Meier	Hans Meier
Hauptstr. 11	Hauptstr. 11
Mittelstadt, 60255	Mittelstadt, 60255
Deutschland	Deutschland

Gesamtsumme dieser Bestellung: EUR 14,10

Bestellungsübersicht:

Einzelheiten zum Versand: Bestellung wird in einer Komplettlieferung verschickt

Bestellnummer: 303-6667552-2889163
Versand: Standardversand
Bevorzugte Versandart: Komplettversand: Meine bestellten Artikel in so wenige Einzellieferungen wie möglich zusammenfassen

Zwischensumme: EUR 13,55
Verpackung und Versand: EUR 0,00

Summe ohne MwSt.: EUR 13,55
MwSt.: EUR 0,55

Gesamtsumme für diese Bestellung: EUR 14,10

Lieferung voraussichtlich: 30. Juni 2012
1 „Am Lagerfeuer". Band 2 der Schule für Gitarristen.
Tobias Düll; Broschiert; EUR 14,10
Auf Lager.

Hans Meier bestellt für seine Tochter in einem Online-Bookstore das Gitarrenübungsbuch „Am Lagerfeuer". Kurze Zeit später erhält er per E-Mail nebenstehende Bestellbestätigung. Das Buch wird nicht geliefert. Der Verkäufer kann aber eine Bestätigung vorlegen, dass er das Buch abgeschickt hat. Hans Meier besteht auf die Versendung eines neuen Buchs und will nicht zahlen. Der Verkäufer beruft sich auf § 447 BGB und will kein neues Buch schicken.

§ 447 BGB Gefahrübergang beim Versendungskauf: (1) Versendet der Verkäufer auf Verlangen des Käufers die verkaufte Sache nach einem anderen Ort als dem Erfüllungsort, so geht die Gefahr auf den Käufer über, sobald der Verkäufer die Sache dem Spediteur, dem Frachtführer oder der sonst zur Ausführung der Versendung bestimmten Person oder Anstalt ausgeliefert hat.

M 3 Der Verbrauchsgüterkauf

1. *Begriff:* Verbrauchervertrag in der Form des Kaufvertrags, bei dem ein Unternehmer eine bewegliche Sache an einen Verbraucher verkauft (§§ 474-479 BGB). Ausgenommen ist die öffentliche Versteigerung gebrauchter Sachen (§ 474 I 2 BGB).
2. *Rechtsfolgen:* Im Vergleich zum normalen Kaufvertrag wird der Verbraucher besonders geschützt.
   a) Beim Versendungskauf wird der Gefahrübergang nicht vorgezogen (§ 474 II BGB).
   b) Der vollständige oder teilweise vertragliche Ausschluss der Mängelhaftung ist mit Ausnahme des Schadensersatzes unzulässig (§ 475 I, III BGB).
   c) Es darf bei neuen Sachen für die Verjährung von Rechten aus Mängelhaftung keine kürzere Frist als zwei Jahre und bei gebrauchten Sachen keine kürzere Frist als ein Jahr vereinbart werden (§ 475 II BGB).
   d) Tritt ein Sachmangel innerhalb von sechs Monaten nach Gefahrübergang auf, wird vermutet, dass dieser Mangel bereits zum für die Sachmängelhaftung entscheidenden Zeitpunkt des Gefahrübergangs vorlag (§ 476 BGB).
   e) Eine Garantie muss bestimmte Angaben enthalten sowie einfach und verständlich abgefasst sein (§ 477 BGB).
   f) Zum Ausgleich hat der Unternehmer eine verbesserte Rückgriffsmöglichkeit gegen seinen Lieferanten (§§ 478 f. BGB).

Nach: www.wirtschaftslexikon.gabler.de (13.11.2012)

M 4 Verbraucher-Labyrinth

Karikatur: Horst Haitzinger

Aufgaben

1. Erkläre, wie der Händler versucht, die Gewährleistungsansprüche des Käufers zu umgehen. (M1)
2. Erläutere – vor dem Hintergrund des Sachverhalts M1 – das grundsätzliche Problem, das ein Käufer hat, wenn er defekte Ware erhält, bzw. wenn die Ware kurz nach dem Kauf defekt wird.
3. Kläre mithilfe der §§ 13 und 14 BGB, was im Sinne des Gesetzes ein Verbraucher und was ein Unternehmer ist. Finde eigene Beispiele.
4. Beantworte die Frage von PING99 in M1 mithilfe der rechtlichen Erläuterungen zum Verbrauchsgüterkauf aus M3.
5. Kläre, ob Hans Meier oder der Online-Bookstore im Recht ist. (M2, M3)
6. Interpretiere die Karikatur M4.

Rechte des Verbrauchers bei Pflichtverletzungen

Fachwissen im Zusammenhang

Pflichtverletzungen beim Kauf

Durch den Abschluss eines Kaufvertrags entstehen sowohl für den Verkäufer, als auch für den Käufer Rechte und Pflichten. So ist der Verkäufer verpflichtet, dem Käufer die Sache frei von Sach- und Rechtsmängeln zu übergeben und ihm das Eigentum hierfür zu verschaffen. Der Käufer ist verpflichtet, die Sache zu bezahlen und abzunehmen. Außerdem entstehen beim Vertragsschluss sogenannte Nebenpflichten. Nicht immer werden diese Pflichten auch ordnungsgemäß, d. h. so wie es vertraglich vereinbart wurde, erfüllt. Kommt es „zum objektiven Zurückbleiben hinter dem Pflichtenprogramm des Schuldverhältnisses", spricht man von einer **Pflichtverletzung**. Aufgrund der eingegangenen Verpflichtungen ergeben sich grundsätzlich vier mögliche Arten von Pflichtverletzungen:

Ein **Sachmangel** liegt vor, wenn die Sache fehlerhaft ist. Eine verspätete oder **verzögerte Leistung** ist dann gegeben, wenn sie nicht rechtzeitig erfolgt, grundsätzlich aber noch möglich ist. Kann die Leistung aus irgendwelchen Gründen überhaupt nicht mehr erbracht werden, liegt ein Fall der **Unmöglichkeit** vor. Schließlich kann es auch zu **Nebenpflichtverletzungen** kommen, z. B. dann, wenn der Schreiner beim Einbau der Küche aus Versehen eine Fensterscheibe beschädigt.

Mögliche Pflichtverletzungen:

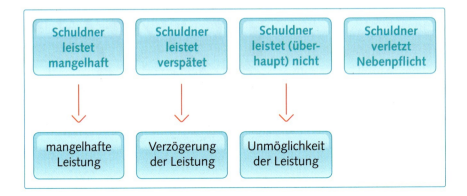

Der Sachmangel

Um die Rechte geltend machen zu können, die dem Käufer beim Vorliegen eines Sachmangels zustehen, müssen folgende Voraussetzungen gegeben sein:

1. Die **Sache muss einen Mangel gemäß § 434 BGB aufweisen**. Demnach weist eine Sache einen Mangel auf, wenn sie nicht die im Vertrag vereinbarte Beschaffenheit hat (z. B. Käufer verlangt wasserdichte Uhr) oder sich nicht für die im Vertrag vorausgesetzte Verwendung eignet (z. B. Käufer verlangt eine Taucheruhr). Ist weder das eine noch das andere gegeben, so kommt es auf die Eignung der Sache für die gewöhnliche Verwendung oder auf die Beschaffenheit, die bei Sachen gleicher Art üblich und vom Käufer zu erwarten ist, an (z. B. eine Uhr geht ständig zu spät). Wichtig ist hier auch, dass die Sache eine Beschaffenheit aufweisen muss, mit der der Verkäufer besonders für die Sache geworben hat (z. B. Uhr ist wasserdicht bis 200 m). Ein Sachmangel liegt außerdem vor, wenn die Monta-

ge unsachgemäß ausgeführt wurde (z. B. Schreiner baut Einbauschrank schief ein) bzw. die Montageanleitung mangelhaft ist. Ferner ist ein Sachmangel gegeben, wenn eine falsche Sache (z. B. blaue Uhr statt schwarze Uhr) oder wenn eine falsche Menge geliefert wird.

2. Der Sachmangel muss bereits **beim Gefahrübergang** vorliegen. Dieser findet mit der Übergabe der Sache an den Käufer, bzw. beim Versendungskauf mit der Übergabe der Sache an denjenigen, der mit dem Versand betraut wurde (Spediteur, Post etc.) statt.

3. Beim Abschluss des Kaufvertrags darf der **Käufer keine Kenntnis** vom Mangel haben. Hat der Verkäufer den Käufer z. B. darauf aufmerksam gemacht, dass eine antike Uhr nicht mehr funktioniert, kann dieser später nicht wegen eines Mangels reklamieren.

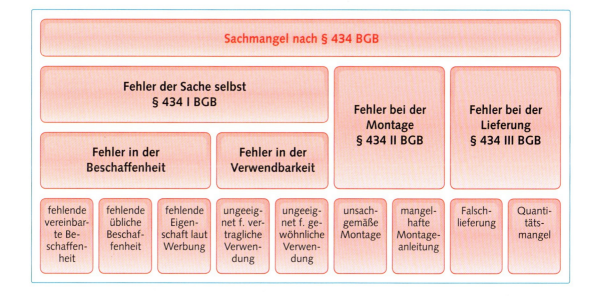

Fachwissen im Zusammenhang

Die Nacherfüllung als primäres Recht

Sind alle Voraussetzungen für einen Sachmangel gegeben, ergeben sich die Rechte des Käufers aus § 437 BGB. Um dem Rechtsgrundsatz „pacta sunt servanda" (lat. Verträge sind einzuhalten) nachzukommen, muss der Käufer dem Verkäufer zunächst die Möglichkeit der „zweiten Andienung" einräumen, ihm also die Möglichkeit geben, den Vertrag noch ordnungsgemäß zu erfüllen, und auf **Nacherfüllung (§ 439 BGB)** drängen.

Bei der Nacherfüllung kann der Käufer zwischen der **Beseitigung des Mangels (Nachbesserung)**, also z. B. einer Reparatur, oder der **Lieferung einer mangelfreien Sache** (Neulieferung) auswählen. Dabei hat der Verkäufer die anfallenden Kosten (z. B. Transport-, Arbeits-, Materialkosten) zu tragen. Der Verkäufer kann die vom Käufer gewählte Art der Nacherfüllung verweigern, wenn diese nur mit einem unverhältnismäßig großen Aufwand möglich wäre. Dies wäre zum Beispiel dann der Fall, wenn bei einer sehr teuren Armbanduhr nur die Batterie ausgetauscht werden müsste, der Käufer aber eine gänzlich neue Uhr verlangen würde.

Weitere Rechte des Käufers: Rücktritt, Minderung und Schadensersatz

Die Nacherfüllung kann aus unterschiedlichen Gründen scheitern. So z. B. weil der Verkäufer es auch in zwei Versuchen nicht schafft, die Sache zu reparieren, er eine gesetzte Frist nicht einhält oder er sich strikt gegen eine Nachbesserung oder Neulieferung verweigert. Auch wäre es möglich, dass die Nacherfüllung von vornherein unmöglich ist, etwa wenn ein Gebrauchtwagen als unfallfrei verkauft wird, sich aber herausstellt, dass er bereits einen Vorschaden hat. Führt die geforderte Nacherfüllung nicht zum gewünschten Erfolg, stehen dem Käufer ggf. weitere Rechte zu:

Für einen **Rücktritt** vom Vertrag ist es nötig, dass dem Verkäufer erfolglos eine **angemessene Frist** zur Nacherfüllung eingeräumt worden ist. Dadurch soll ihm die Chance gegeben werden, für ihn wirtschaftliche Nachteile zu vermeiden. In bestimmten Fällen kann diese Fristsetzung entbehrlich sein, so z. B. wenn der Verkäufer die Nacherfüllung von vornherein verweigert. Das Rücktrittsrecht kann nur ausgeübt werden, wenn der **Mangel erheblich** ist. Kleinere Fehler, die sich nicht auf die Gebrauchsfähigkeit auswirken (z. B. Uhr hat auf der Rückseite einen kleinen Kratzer), oder Mängel, die ggf. durch geringen Aufwand selbst beseitigt werden können (z. B. Austausch einer leeren Batterie), berechtigen normalerweise nicht zum Rücktritt. Hat der Verkäufer allerdings eine gewisse Eigenschaft (z. B. Uhr ist wasserdicht bis 200 m) garantiert, dann berechtigt das Fehlen genau dieser Eigenschaft auch zum Rücktritt. Für eine **Minderung** (Herabsetzung des Kaufpreises) müssen, außer der Erheblichkeit des Mangels, alle Voraussetzungen gegeben sein, die auch zum Rücktritt berechtigen würden.

Über die bereits genannten Ansprüche hinaus kann der Käufer unter bestimmten Voraussetzungen noch **Schadensersatz** verlangen. Hierfür ist jedoch ein **Verschulden des Verkäufers** nötig. Insbesondere kommen hier zwei Möglichkeiten in Betracht: **Schadensersatz statt der Leistung** wird ggf. gewährt, wenn die Leistung nicht wie gefordert erbracht wird, die Nacherfüllung aus irgendwelchen Gründen scheitert und dem Käufer dadurch ein Schaden entsteht. Dies kann z. B. dann der Fall sein, wenn er die Sache anderswo instand setzen lassen muss und dies Kosten verursacht, oder wenn er sich die Sache bei einem anderen Verkäufer beschaffen muss, sie dort aber nur teurer zu bekommen ist. **Schadensersatz neben der Leistung** kann dann gewährt werden, wenn ein **Mangelfolgeschaden** eintritt. Wenn z. B. ein vom Verkäufer unsachgemäß aufgebauter Wohnzimmerschrank (Sachmangel) zusammenfällt und dabei das wertvolle Porzellan darin zerbricht.

Die Ansprüche des Käufer verjähren bei Sachen, die fest in Gebäuden eingebaut sind (z. B. Fenster) nach fünf, bei sonstigen Sachen (z. B. Armbanduhr) nach zwei Jahren.

Verjährung

Da der Verbraucher aufgrund seiner möglichen Unerfahrenheit und seiner wirtschaftlichen Schwäche gegenüber dem Unternehmer besonders schutzwürdig erscheint, hat der Gesetzgeber besondere Regelungen zum **Verbrauchsgüterkauf** (§§ 474 ff. BGB) geschaffen.

Der Verbrauchsgüterkauf

Ein Verbrauchsgüterkauf liegt dann vor, wenn ein **Verbraucher** (§ 13 BGB) eine **bewegliche Sache** (keine Immobilien) von einem **Unternehmer** (§ 14 BGB) kauft. Dabei kauft der Verbraucher die Sache weder zum Zwecke seiner selbstständigen beruflichen oder gewerblichen Tätigkeit. Der Unternehmer verkauft die Sache jedoch genau zu diesem Zweck. Erwirbt z. B. ein Hobbytaucher im Fachgeschäft eine Taucheruhr, handelt es sich um einen Verbrauchsgüterkauf, nicht so aber, wenn dieselbe Uhr von einem Betreiber einer gewerblichen Tauchschule gekauft wird. Die für den Verbraucher wichtigsten Regelungen zum Verbrauchsgüterkauf sind folgende:

Beim **Versendungskauf** geht die Gefahr des Verlusts oder der Beschädigung der Ware erst mit der Übergabe an den Käufer auf diesen über. Eine **Beweislastumkehr** ist insofern gegeben, als zu Gunsten des Käufers vermutet wird, dass ein Fehler, der sich innerhalb der ersten sechs Monate nach Kauf bei einer Sache zeigt, schon bei Gefahrübergang vorlag. Ggf. muss der Verkäufer beweisen, dass dies nicht der Fall ist. Die **Gewährleistungsfrist** bei Mängelansprüchen beträgt für neue Sachen mindestens zwei, bei gebrauchten Sachen mindestens ein Jahr. **Garantieerklärungen**, die die Sachmängelhaftung des Verkäufers erweitern, müssen in einer einfachen, verständlichen Sprache abgefasst sein und gewisse Pflichtangaben wie den Inhalt der Garantie, deren Geltendmachung, deren Dauer und räumlichen Geltungsbereich enthalten.

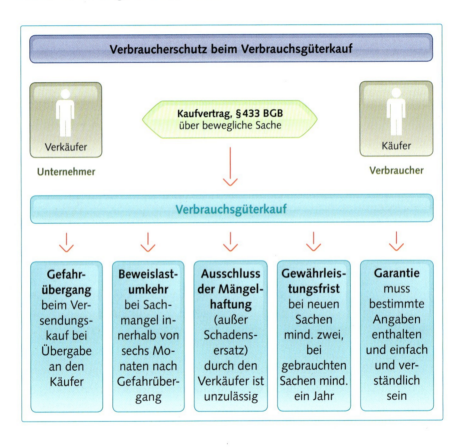

Anwendung und Transfer

M1 Umtausch reduzierter Ware nicht möglich? – Dringend!

Hallo alle zusammen! – Ich hoffe hier kann mir weitergeholfen werden. Normalerweise hat man in den Textilgeschäften zwischen 14 Tage und einem Monat Rückgabe- oder Umtauschrecht, zumindest bei denen ich einkaufe. Einige wenige lassen nur umtauschen oder geben einen Gutschein, also kein Geld zurück. So auch eine Boutique, in der ich vor einer Woche eine Bluse gekauft habe. Sie war reduziert, man muss aber dazusagen, dass sie nur scheinbar reduziert war, da ein anormal hoher Ausgangspreis angegeben ist, und der scheinbar neue war rot angeschrieben. Der angeblich neue Preis ist jedoch der Originalpreis, das weiß ich so genau, weil ich des Öfteren in diesem Laden vorbeischaue und der Preis von Anfang an dieser war. Die wollen also tatsächlich den Kunden vorgaukeln, dass da etwas reduziert worden ist. Nichts desto trotz kaufte ich die Bluse, bekam einen Bon auf dem stand 14 Tage Umtauschrecht, also alles ganz normal.
Zu Hause stellte ich fest, dass die Bluse einen Riss hat. Ich wollte sie heute umtauschen, die Verkäuferin sagte, reduzierte Ware könne ich nicht umtauschen. Stimmt das tatsächlich? Obwohl die Bluse beschädigt ist, kann ich sie nicht umtauschen, da sie „reduziert" war? Was kann ich tun? Ich kenne mich mit meinen Rechten leider viel zu wenig aus. In solchem Überfluss lebe ich leider nicht, dass ich das einfach so hinnehmen kann. Denn die Bluse so wie sie ist, ist untragbar. Hat jemand Rat? Danke schon mal!

Nach: www.123recht.net, 24.7.2010

M2 Reklamation

*Karikatur:
Laura aus dem Siepen*

Aufgaben

1. Nimm zu folgender Frage der Ratsuchenden rechtlich fundiert Stellung:
„Obwohl die Bluse beschädigt ist, kann ich sie nicht umtauschen, da sie ‚reduziert' war?".
(M1, Z. 25 ff.)

2. Erläutere der Ratsuchenden in M1, welche Rechte sie gegenüber der Boutique bezüglich der Bluse geltend machen kann und wie sie dabei vorgehen muss. Gehe dabei auch auf die relevanten Paragrafen des BGB ein.

3. Erkläre, welche Rechte der Magier in M2 wegen der defekten magischen Wasserflasche geltend machen könnte.

Die rechtliche Stellung Minderjähriger

Manchmal ist es ganz schön stressig ein Minderjähriger zu sein: Das ganze Leben scheint nur aus Pflichten und Verboten zu bestehen. Aber stimmt das wirklich? Nein, Kinder und Jugendliche haben eine ganze Menge Rechte, und das lange, bevor sie volljährig sind.

Unsere Rechtsordnung knüpft an das Alter eines Menschen vielerlei Rechtsfolgen. Die einschlägigen Gesetze setzen für rechtswirksame Handlungen und Straftaten einen gewissen Reifegrad voraus. Deshalb hat man bis zum Erwachsenenalter mehr Freiheiten und Rechte – aber auch Pflichten – je älter man wird. Doch welche Rechte genau hat man ab welchem Alter? Und wo sind diese Rechte geregelt?

6

Kompetenzen

Am Ende dieses Kapitels solltest du Folgendes können:

- die wesentlichen Konsequenzen aus den rechtlich relevanten Altersstufen ableiten
- die rechtlichen Handlungsmöglichkeiten beschränkt Geschäftsfähiger erläutern
- ausgewählte Normen des Jugendschutzgesetzes benennen und verstehen
- den Zweck dieser rechtlichen Regelungen erörtern

Was weißt du schon?

1. Beschreibe, in welcher Weise Kinder und Jugendliche in den Abbildungen mit der Rechtsordnung in Berührung kommen.

2. Beurteile, ob dabei Kinder, Jugendliche und Erwachsene – unabhängig von ihrem Alter – gleich behandelt werden sollten.

Wovon hängt es ab, ob man Rechte hat?

M1 Erbe

Rechtsfähigkeit
Fähigkeit, Träger von Rechten und Pflichten zu sein

... MEIN GESAMTES VERMÖGEN, DAS SCHLOSS, DIE AKTIEN, DIE YACHT, DIE RESTLICHEN IMMOBILIEN, DIE INSEL UND DEN FREIZEITPARK, VERMACHE ICH EINZIG UND ALLEIN MEINEM GELIEBTEN ... SMARTPHONE.

Karikatur: Piero Masztalerz Cartoons

M2 Vermächtnis Moshammers: Hund Daisy kriegt die Villa

Rudolph Moshammer mit Hündin Daisy

Nach dem Tod ihres Herrchens Rudolph Moshammer muss sich Yorkshire-Terrierhündin Daisy nicht auf ein neues Zuhause einstellen. Nach der Eröffnung des Testaments von dem Münchner Modeschöpfer steht laut Bericht eines deutschen Boulevard-Blattes fest: „Daisy kriegt die Villa." Das stimmt jedoch nur zum Teil. Zwar gilt in Deutschland der Grundsatz der Testierfreiheit, nach dem jeder erst einmal über sein Hab und Gut verfügen darf, wie er möchte. Gewisse Einschränkungen gelten aber doch.

Nach: AFP, RP Online, 21.1.2005 und Focus Money Online, 13.11.2012

M 3 Kann mein kleines Kind mein Haus erben?

Hallo! Ich habe ein Einfamilienhaus (schuldenfrei), in dem ich mit Lebensgefährtin und kleinem Sohn (derzeit 3 Jahre) lebe. Ich dachte immer, wenn mir heute was passieren würde, bekommt mein Sohn als mein einziger Nachfahre das Haus. Aber meine Lebensgefährtin meint, ein minderjähriges Kind kann kein Haus erben, da ja damit auch laufende Kosten gedeckt werden müssen und Entscheidungen zur Instandhaltung getroffen werden müssen. Stimmt das? Ich bin sehr dankbar über Antworten!

Nach: rihaufe, www.gutefrage.net, Die Berater-Community, 18.8.2009

M 4 Gefangen im existenziellen Ausnahmezustand

Erst der Staat macht einen Menschen zur Person mit einer Identität und bestimmten Rechten. Doch an vielen europäischen Grenzen wird Immigranten der Status als Person verweigert. Die Flüchtlinge fristen ein Dasein als quasirechtlose Unpersonen.

An der Grenze zwischen Ventimiglia und Menton, auf einem staubigen Bahnhof an der italienisch-französischen Mittelmeerküste erfuhren am vergangenen Wochenende ein paar hundert Flüchtlinge aus nordafrikanischen Ländern die praktischen Konsequenzen eines Gedankens, den der Philosoph Georg Wilhelm Friedrich Hegel vor zweihundert Jahren äußerte: Die Persönlichkeit enthält überhaupt die Rechtsfähigkeit und macht die Grundlage des Rechtes aus.

Was bedeutet: Mensch und Person sind nicht dasselbe. Erst der Staat verwandelt Menschen in Personen, indem er ihnen eine Identität verleiht. Er verwandelt sie in Rechtssubjekte, und als solche begegnen sie einander und sich selber. Und es liegt in seiner Gewalt, ob er dies tut oder nicht. So kam es, dass die Flüchtlinge auf dem Bahnhof von Menton mit Papieren winkten, mit italienischen Aufenthaltsgenehmigungen und manche sogar mit Pässen ihrer Heimatländer. „Schaut her", bedeutete dieses Wedeln, „behandelt uns als Personen."

Nach: Thomas Steinfeld, Süddeutsche Zeitung, 20.4.2011

Aufgaben

1. Beurteile aus deiner persönlichen Sicht heraus, ob die in M1 und M2 dargestellten Situationen in Deutschland rechtlich möglich sind.

2. Begründe, weshalb die Aussage „Daisy kriegt die Villa" juristisch nicht korrekt ist. (M2) Analysiere hierzu die §§ 90, 90a und 1922 BGB.

3. Beurteile unter Einbeziehung der §§ 1, 1922 BGB, ob ein dreijähriges Kind ein Haus erben kann, und verfasse eine Antwort an den Vater des kleinen Sohnes. (M3)

4. Zeige an Beispielen aus dem Alltag auf, dass der Staat – bei anerkannter Rechtsfähigkeit aller Menschen – verschiedenen Personengruppen (z. B. nach Alter, Körpergröße) unterschiedliche Rechte zugesteht. Erläutere anhand dieser Beispiele die Aussage „Mensch und Person sind nicht dasselbe. Erst der Staat verwandelt Menschen in Personen" (M4) und beschreibe die Bedeutung dieser Unterscheidung für die Flüchtlinge.

Ab wann kann man seinen eigenen rechtlichen Willen durchsetzen?

M1 Meins oder deins?

Geschäftsfähigkeit
Fähigkeit, selbständig wirksame Willenserklärungen abgeben oder empfangen zu können

Emily ist untröstlich. Bis gestern war ihre Welt noch in Ordnung. Sie hatte nachmittags mit ihrem Kindergartenfreund Lukas auf dem Spielplatz gespielt und dabei ein Tauschgeschäft gemacht, mit dem beide erst einmal glücklich waren: Die Fünfjährigen hatten ihre Teddys getauscht – nach dem Motto: Ich „schenke" dir meinen und du mir deinen.

Gesagt, getan – Emily nahm Lukas „Brummel" mit nach Hause und Lukas Emilys „Bärli". Doch im Bett überkam Emily die große Sehnsucht nach Bärli. Ohne ihn konnte sie nicht einschlafen. „Den darfst du doch nicht einfach verschenken. So was macht man doch nicht", erklärte Emilys Mutter und schlug ihrer Tochter vor, gleich am nächsten Morgen dafür zu sorgen, dass der Tausch rückgängig gemacht wird. Emily ging zufrieden in den Kindergarten – bis sie Lukas traf. Der hatte „Bärli" zu Hause gelassen, wollte ihn auf keinen Fall wieder hergeben und bestand darauf: „Geschenkt ist geschenkt, wieder holen ist gestohlen." Emily brach in Tränen aus und suchte Trost bei ihrer Erzieherin.

Nach: www.wireltern.de, Das Familienportal (13.11.2012)

Emily möchte ihren „Bärli" unbedingt wieder zurück haben.

M2 Das Recht der Kindererziehung

§ 1626 II BGB Elterliche Sorge, Grundsätze
(1) Die Eltern haben die Pflicht und das Recht, für das minderjährige Kind zu sorgen (elterliche Sorge).
(...)
(2) Bei der Pflege und Erziehung berücksichtigen die Eltern die wachsende Fähigkeit und das wachsende Bedürfnis des Kindes zu selbständigem verantwortungsbewusstem Handeln. Sie besprechen mit dem Kind, soweit es nach dessen Entwicklungsstand angezeigt ist, Fragen der elterlichen Sorge und streben Einvernehmen an.

Art. 6 Grundgesetz (GG)
(1) Ehe und Familie stehen unter dem besonderen Schutze der staatlichen Ordnung.
(2) Pflege und Erziehung der Kinder sind das natürliche Recht der Eltern und die zuvörderst ihnen obliegende Pflicht. Über ihre Betätigung wacht die staatliche Gemeinschaft.

M3 — Rücktritt vom Gebrauchtwagenkauf?

Frage von Gernot 24 Jahre, auf >habe-ich-recht.de<

Hallo,

mein kleiner Bruder hat sich ein Auto gekauft. Leider hat er von Autos keine Ahnung und viel zu viel für den Wagen bezahlt. Beim Kauf wies der Händler darauf hin, dass die Bremsen gemacht werden müssten. Also sind wir ein paar Tage später mit dem Wagen in die Werkstatt gefahren.

Dort meinte der Chef, dass der Wagen nicht mehr als 2.000 Euro wert sei, gekostet hatte er jedoch 3.100 Euro! Gibt es irgendeine Möglichkeit da wieder rauszukommen und den Kaufpreis zurückerstattet zu bekommen? Mit dem Argument, dass es eine Unverschämtheit ist, einen 18-jährigen Fahranfänger so über den Tisch zu ziehen, müsste der Kaufvertrag doch hinfällig sein! Wer kann mir weiterhelfen?

Aufgaben

1. Beurteilt, ob nach eurer Meinung der Tausch in M1 rechtlich verbindlich sein sollte.

2. Diskutiert, ab welchem Alter Jugendliche Verträge – eventuell mit Beschränkungen – abschließen können sollten. Stellt in Gruppen eine Zeitleiste auf (z. B. als Plakat), in der ihr die einzelnen Altersstufen und Beschränkungen eintragt. Markiert auch den Zeitpunkt, ab dem man keine altersbedingten Einschränkungen beim Kauf mehr haben sollte.

3. Beurteile anhand der §§ 104, 105 BGB, ob die Mutter von Emily den Tausch akzeptieren muss. (M1)

4. Vergleicht die Regelungen in den §§ 104, 105, 106, 2 BGB mit eurer Zeitleiste und passt bei Abweichungen eure Zeitleiste den tatsächlichen Regelungen an.

5. Der fünfjährige Ben wird von der Mutter zum Bäcker geschickt, um ein Vollkornbrot zu holen. Ben wiederholt die Worte der Mutter, reicht das abgezählte Geld über die Theke und erhält das Brot. Diskutiert, ob ein wirksamer Kaufvertrag zustande gekommen ist.

6. Erläutere, weshalb eine Regelung, bei der Jugendliche bis zur Volljährigkeit grundsätzlich geschäftsunfähig sind, weder mit Art. 6 GG noch mit § 1626 BGB vereinbar wäre. (M2)

7. Erstelle für Gernot eine juristisch fundierte Antwort auf seine Frage, ob aufgrund des Alters und der Unerfahrenheit des Bruders der Kaufvertrag hinfällig ist. (M3)

Was darf man als beschränkt Geschäftsfähiger eigentlich rechtswirksam machen?

M1 Wenn Teenies im Netz Verträge schließen

Lediglich rechtlicher Vorteil
Eine Willenserklärung ist dann lediglich rechtlich vorteilhaft, wenn durch sie weder eine persönliche Pflicht begründet noch ein vorhandenes Recht aufgegeben oder geschmälert wird.

Das Netz scheint voll von scheinbar kostenlosen Angeboten, die sich gezielt an minderjährige Jugendliche richten. Schnell klickt Junior auf „Anmelden", ohne vorher das Kleingedruckte gelesen zu haben. Erst wer die Seite runterscrollt, entdeckt, dass die vermeintlichen Gratisangebote oder Hilfestellungen aus dem Netz keineswegs kostenlos sind. 59 Euro für eine Auskunft oder 160 Euro und mehr für ein Zwei-Jahres-Abo: Juniors Klick kann richtig ins Geld gehen. Einmal angemeldet, flattern Rechnungen, Mahnungen und Inkassodrohungen von Rechtsanwälten ins Haus. „Eltern müssen deshalb nicht verzweifeln", erklärt Verbraucherschützer Ronny Jahn aus Hamburg, „denn ohne gültigen Vertrag müssen sie diese Rechnungen nicht bezahlen".

Nach: Michaela Hutterer, Focus Money Online, Onlineshopping, S. 12 (14.11.2012)

M2 Das unliebsame Werbegeschenk

Manch einer mag sich fragen: Was nutzt es, wenn ich Kinder oder Jugendliche beschenke? Diese werden kaum zu langfristigen Kunden werden! Das erscheint auf den ersten Blick natürlich richtig, dennoch sind Kinder und Jugendliche hervorragend für das Ziel einer Werbekampagne geeignet: Die heutigen Kinder sind die Zielgruppe der Zukunft! Darüber hinaus tragen Kinder die Werbung nach außen: Schirme, Taschen, Rucksäcke: Alles wird im Freien verwendet! Die Empfänger werben also kostenlos für das ausgebende Unternehmen weiter.

Nach: manutextur, www.online-artikel.de, Kategorie Marketing – Werbung & PR, 20.5.2009

M3 Die Sparcard für Jugendliche

Sparcard für Jugendliche
Nur einmal 10,- € Bearbeitungsgebühr zahlen und ab 6 bis einschließlich 18 Jahren ein Jahr 25 % auf den Normalpreis für alle Fahrten zahlen!
Fernbus-Reisen – einfach sparen

Sabine (14 Jahre) wird nächste Woche mit dem Fernbus zu ihrer Freundin nach Frankfurt/Main fahren. Endlich haben ihre Eltern es erlaubt! Deshalb hat ihre Mutter ihr 50 Euro gegeben, damit sie sich noch eine Reisetasche kaufen kann. Beim Einkaufsbummel sieht sie an der Tür der Fernbus-Gesellschaft das abgebildete Poster. Sofort kauft sich Sabine von dem Geld, das ihre Mutter ihr mitgegeben hat, die Sparcard. Bei einem Reisepreis von 60 Euro für Hin- und Rückfahrt mit dem Fernbus lohnt sich die Sparcard schon bei der Fahrt nächste Woche!

M4 Shoppingparadies für den kleinen Geldbeutel

Jugendliche aus ganz Norddeutschland reisen mit Zustimmung der Eltern nach Bremen zu der irischen Billigmodekette. Eine gigantische Auswahl an lässiger Streetwear, aktuellen Trends und coolen Basics eröffnet sich den Schnäppchenjägern auf 5.500 Quadratmetern.

Strategisches Geschick ist gefordert, die minderjährigen Teenies arbeiten sich Reihe für Reihe durch das Meer von Kleiderständern. In extra große Einkaufsbeutel wird eingepackt, soviel die Hände aushalten. Anprobieren? War gestern! Ohnehin sind die Umkleiden hoffnungslos überfüllt. Und bei den niedrigen Preisen lohnt sich das Umziehen kaum.

Nach mehreren Stunden exzessiven Stöberns begeben sich die vielen Schnäppchenjäger mit überquellenden Tragetaschen geschafft aber glücklich zur Kasse. Nur noch bezahlen, dann können sie sagen: Alles meins, meins, meins. Stolz zeigen die Schüler sich gegenseitig ihre Ausbeute und freuen sich über die vielen Schnäppchen.

Diese dienen übrigens längst nicht mehr nur dem Eigenbedarf. Kaufen und verkaufen ist die Devise. Denn die durchschnittlich 100 Euro, die bei einem Besuch ausgegeben werden, kommen durch Weiterverkäufe via Internet locker wieder herein.

Nach: Miriam Keller, Hamburger Abendblatt, 17.3.2011

M 5 Bei Mausklick – Abo!

Die 15-jährige Lea freut sich – sie hat im Internet einen Gutschein-Code gefunden, mit dem sie im Wert von 10 Euro Musik aus einem Musikdownload-Shop herunterladen kann. Das macht sie auch ganz eifrig. Sie wundert sich zwar ein bisschen, wieso sie bei der Anmeldung ihre Daten angeben muss, denkt sich aber weiter nichts dabei. Einige Wochen später kommt eine Rechnung: Sie soll für zwei Jahre ein Abo bei dem Anbieter abgeschlossen haben! Das wollte sie gar nicht – sie wollte nur ein paar einzelne Titel herunterladen. Hat sie jetzt tatsächlich bereits einen gültigen Vertrag abgeschlossen?

Nach: www.klicksafe.de (14.11.2012)

Aufgaben

1. Begründe mithilfe der §§ 106, 107 BGB, warum der Verbraucherschützer davon ausgeht, dass in den beschriebenen Fällen kein gültiger Vertrag entstanden ist. (M1)
2. Beurteile, ob Kinder und Jugendliche Werbegeschenke annehmen können, auch wenn deren Eltern dies nicht möchten, da sie ihr Kind nicht als „kostenlosen Werbeträger" benutzt sehen wollen. (M2)
3. Begründe, warum der Kaufvertrag von Sabine über die Sparcard nach § 107 BGB nicht wirksam ist. (M3)
4. Das „Shoppingparadies für den kleinen Geldbeutel" ist ein beliebter Anlaufpunkt für Schüler geworden. (M4)
    a) Prüfe unter Verwendung der einschlägigen Normen des BGB, ob die Kaufverträge der Jugendlichen in der Billigmodekette wirksam sind.
    b) Diskutiert, ob die Kaufverträge zu den Weiterverkäufen der Kleidung über das Internet gültig sind.
    c) Prüfe, ob die Schüler bei den Weiterverkäufen der Kleidung im Internet Eigentümer des vom (volljährigen) Käufer überwiesenen Kaufpreises geworden sind.
5. Verfasse eine E-Mail an Lea, in der du ihr die rechtliche Lage erläuterst. (M5)

Kann ein beschränkt Geschäftsfähiger ohne seine Eltern gültige Verträge abschließen?

M1 Zu welchem Zeitpunkt müssen die Eltern zustimmen?

Wer kennt das nicht? Man ist nach der Schule unterwegs zum Shoppen oder Fußballtraining, da fällt einem ein, dass man ja noch die Lektüre für den Deutschunterricht morgen kaufen muss. So ging es auch dem 12-jährigen Justin. Er hatte es völlig vergessen und seine Eltern bisher noch nicht einmal darüber informiert! Also, schnell rein in den Buchladen, das Buch erbitten und die 14,95 Euro auf den Tisch gelegt. Das letzte Exemplar auf Lager? Man darf ja auch einmal Glück haben! Zuhause erzählt Justin dann von dem Kauf und lässt sich von seinen Eltern den Kaufpreis „als notwendige Investition in seine Ausbildung" erstatten, da ruft auch schon der Inhaber des Buchladens an. Der neue Auszubildende habe übersehen, dass das Exemplar vorbestellt war, die Eltern mögen es doch zurückgeben. Diese weigern sich jedoch, da ihr Sohn die Lektüre benötige und sie im Nachhinein völlig einverstanden mit deren Kauf seien.

M2 Schnorren bitte nicht erlauben

Mit 15 Jahren ist unser Sohn in einem Alter, in dem er auf viele Spielzeuge aus der Kinderzeit verzichten könnte. Als der siebenjährige Sohn einer Bekannten das bei einem Besuch mitbekam, bettelte er den ganzen Nachmittag: „Schenkst du mir das Feuerwehrauto?" – „Kann ich die Lok haben? Du kriegst auch ein Päckchen Kaugummi dafür." Weil die Mutter des Siebenjährigen das Vorhaben offensichtlich unterstützte, statt der Schnorrerei ein Ende zu bereiten, habe ich meinem Sohn schließlich verboten, etwas zu verschenken oder sich auf Tauschangebote einzulassen. Als unser Besuch weg war, sagt mein Sohn mir, dass er für dieses Verbot sehr dankbar gewesen sei. Denn allein hätte er es einfach nicht geschafft, nein zu sagen.

Nach: Melanie H., www.wireltern.de, Das Familienportal, Meins oder deins? (14.11.2012)

Aufgaben

1. Häufig geben beschränkt Geschäftsfähige eine Willenserklärung ab, ohne dass deren Erziehungsberechtigten davon wissen.
   a) Diskutiert, zu welchem Zeitpunkt eine solche Willenserklärung wirksam oder unwirksam werden sollte. Berücksichtigt bei der Argumentation auch die in M1 geschilderte Situation.
   b) Analysiert den § 108 I BGB und vergleicht die gesetzliche Regelung mit eurer Argumentation.
   c) Begründe, ob und ggf. wann in M1 ein gültiger Kaufvertrag entstanden ist. Ziehe hierbei zusätzlich den § 184 I BGB heran.

2. Erläutere die juristische Bedeutung des Verbots der Mutter in M2. Prüfe in diesem Zusammenhang die Wirksamkeit des Tauschvertrages „Lok gegen Kaugummi".

Was ist, wenn Minderjährige bereits im Berufsleben stehen?

M1 Beschränkt Geschäftsfähige in einem Arbeitsverhältnis

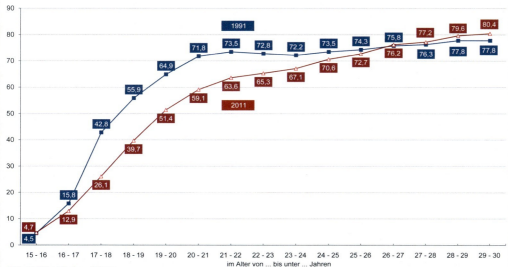

M2 Minderjähriger Unternehmensgründer

Valentin hat als 15-Jähriger ein Unternehmen gegründet. Nach vier Jahren im Geschäft präsentiert er jetzt zum ersten Mal seine Bonbon-Kollektion auf der Internationalen Süßwarenmesse. Über Umsatz und Produktionsmenge sagt der junge Unternehmer nichts: „Solche Zahlen wären auch nicht aussagekräftig. Als ich Abitur gemacht habe, ist eben einen Monat lang weniger produziert worden." Richtig rund läuft das Geschäft also noch nicht. Eine Firmengründung vor der Volljährigkeit bringt viele Hindernisse mit sich, angefangen beim bürokratischen Aufwand – schließlich mussten nicht nur die Eltern, sondern auch das Vormundschaftsgericht zustimmen – bis hin zu den Banken, die ihm keine Kredite geben wollten. Also machten Lieferanten bei ihm eine Ausnahme und gewährten ihm regelmäßig Aufschub bei den Rechnungen.

Nach: Annika Reinert, Handelsblatt, 3.2.2010

Aufgaben

Bisweilen beginnt ein Arbeitsverhältnis bereits, wenn ein Jugendlicher noch beschränkt geschäftsfähig ist. (M1) Manchmal gründen Minderjährige zu diesem Zeitpunkt sogar schon ein Unternehmen. (M2)

1. Erläutere, weshalb diese Situationen besondere Regelungen vom Gesetzgeber erfordern.
2. Entwickelt Vorschläge, wie eine sinnvolle Regelung aussehen könnte.

Wann haben Minderjährige einen rechtlichen Freiraum bei Verträgen?

M1 Wie lernen Kinder den Umgang mit Geld?

Spielzeug, Süßigkeiten, Malstifte, Fußballaufkleber – spätestens im Kindergartenalter entdecken Kids den Spaß am Konsum. Je älter die Sprösslinge werden, desto kostspieliger die Wünsche: Klamotten, Spielkonsolen, Handys. Wer cool sein will, muss mithalten – koste es was es wolle.

Dagegen hilft nur eines: Kindern frühzeitig den Umgang mit Geld beibringen. Denn nur, wer sich bewusst ist, was Dinge kosten und wie viel Arbeit dafür geleistet werden muss, weiß, dass er sein Geld nicht einfach unüberlegt ausgeben kann.

Nach: Sabine Ostmann, www.urbia.de, we are family (14.11.2012)

M2 Wenn Großeltern den Enkeln Geld zustecken

„Es ist schön, noch gebraucht zu werden!" sagt eine Großmutter. Der Opa ergänzt mit einem gefälligen Nicken: „Die Kinder sollen das haben, was uns damals verwehrt blieb." Großeltern und Enkel verbindet ein besonderes Band. Für die Großeltern ist es ein schönes Gefühl, ihren Enkeln etwas Gutes zu tun und sie dabei mit dem nötigen Abstand genießen zu können. Für die Enkel sind Oma und Opa zwar auch Respektspersonen, aber dennoch sind sie meist weit lockerer und entspannter als die eigenen Eltern. Eine gute generationenübergreifende Mischung, die aber durchaus Konflikte in sich birgt. Wie zum Beispiel ständige Geldgeschenke, die den Eltern der Kinder auf den Magen schlagen. Sie sehen die Erziehung ihrer Kinder und die damit verbundenen Ziele gefährdet.

Nach: C. D., Tjark Knittel (Hrsg.), www.familie-und-tipps.de, Wenn Großeltern den Enkeln Geld zustecken (14.11.2012)

M3 Verträge, die den Jugendlichen langfristig binden

Internetseiten versprechen Hilfe bei den Hausaufgaben, bieten Intelligenztests an oder werben mit Gewinnspielen und Gratis-SMS, wirken harmlos, doch oft genug kommt das dicke Ende in Form einer Rechnung.
Schnell haben Jugendliche unbemerkt einen Vertrag mit den Betreibern geschlossen. Beliebt sind dabei Klingeltöne. Sie werden im Internet beworben und dann als Premium-SMS auf das Handy geschickt. „So eine Premium-SMS kostet meistens 1,99 Euro. Es kann aber auch sein, dass zum Beispiel für einen Real-Ton zwei SMS notwendig sind", so der Experte. Oder dass WAP-Kosten dazukommen, die dann je nach Datenumfang oder Ladezeit berechnet werden – am Ende habe man dann einen Ton für sechs Euro bestellt.
Während das Taschengeld beim einmaligen Klingelton wohl weg ist, gilt für alle ungewollten Abos: sofort widersprechen und nicht bezahlen. Denn hier greift laut Rechtsanwalt Lampmann der Taschengeldparagraf nicht.

Nach: sde/dpa, Süddeutsche Zeitung, 17.5.2010

M 4 Der „Taschengeldparagraf" § 110 BGB

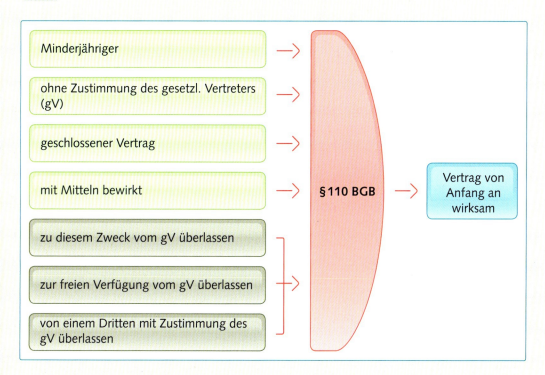

mit Mitteln bewirkt setzt voraus, dass die vertragsmäßige Leistung vollständig erfüllt sein muss

Aufgaben

1. Erläutere, warum das Erlernen eines sinnvollen Umgangs mit Geld voraussetzt, dass Kinder und Jugendliche einen Freiraum haben, in dem sie auch ohne Zustimmung der Eltern einen Kaufvertrag wirksam abschließen können. (M1) Formuliere einen begründeten Vorschlag, woran sich dieser gesetzlich festgelegte „Freiraum" orientieren könnte.

2. Analysiere, welche Voraussetzungen für Taschengeld im Sinne des § 110 BGB erfüllt sein müssen, und überprüfe, ob die Geldgeschenke der Großeltern automatisch damit erfasst werden. (M2, M4)

3. Erörtere, inwieweit der Gesetzgeber verhindert hat, dass Geldgeschenke der Großeltern die Erziehungsziele der Eltern gefährden. (M2)

4. Belege anhand des § 110 BGB die Aussage des Rechtsanwalts in M3, dass das Taschengeld bei einem einmaligen Klingelton wohl weg sei, das Abo aber nicht unter den Taschengeldparagrafen falle.

5. Martina (16 Jahre) hat von ihren Eltern am Montag 15 Euro erhalten, um sich diese Woche in der Schule in den Pausen etwas zu essen zu kaufen. Martina verzichtet aber auf das Essen und kauft sich lieber am Donnerstag nach der Schule im Kaufhaus ein T-Shirt. Als die Mutter am Freitag das T-Shirt entdeckt, ist sie mit dem Kauf nicht einverstanden. Prüfe,
   a) ob der Kaufvertrag am Donnerstag gültig ist.
   b) wer am Freitag jeweils Eigentümer und Besitzer des T-Shirts sowie der 15 Euro ist.

Ab welchem Alter muss man für seine „Taten" geradestehen?

M1 Sind Minderjährige zum Schadensersatz verpflichtet?

Deliktsfähigkeit
Fähigkeit, für eine unerlaubte Handlung verantwortlich zu sein und Schadensersatz leisten zu müssen

Kind beschädigt Auto

Der fünfjährige Junge schiebt sein Fahrrad auf dem Gehsteig an und lässt es los. Ermutigt von einer Gruppe Gleichaltriger möchte er herausfinden, wie lange es wohl alleine weiterfährt. Plötzlich knickt der Lenker des Fahrrads ein. Es gerät auf die Straße und kollidiert dort mit einem Auto, dessen Fahrer vorschriftsmäßig die Tempo 30 Zone durchfährt. Der Fahrer fordert daraufhin Schadensersatz in Höhe von 1.500 Euro.

Nach: Manfred Walter, Sachversicherung Online News (14.11.2012) und Wolfgang Büser, www.familie.de (14.11.2012)

Fußgänger mit dem Rad angefahren: Jugendlicher soll Schadensersatz zahlen

Es kann den finanziellen Ruin bedeuten: Ein 14-Jähriger ist mit dem Fahrrad auf einem Fuß- und Radweg unterwegs. Eine kurze Unaufmerksamkeit, weil die Gangschaltung nicht funktioniert – und schon hat er einen Fußgänger angefahren. Der 83-jährige Mann stürzt, zieht sich einen Oberschenkelhalsbruch zu und kommt ins Krankenhaus. Die Krankenversicherung des Verletzten will ihre Aufwendungen für den Rentner – rund 60.000 Euro – von dem Jugendlichen ersetzt haben.

Nach: Urteil des Landgerichts Augsburg vom 17. Dezember 2000 – 1 O 3036/99 © Buhl Data Service GmbH bei Finanztip.de

M2 Diebstahl unter Kindern – was tun?

Strafmündigkeit
Fähigkeit, strafrechtlich verantwortlich zu sein

Seit geraumer Zeit bemerken wir, dass verschiedene Spielzeuge unseres achtjährigen Sohnes verschwinden. Anfangs gingen wir davon aus, dass er diese Dinge, es handelt sich dabei um verschiedene Spielekonsole-Spiele, Autos und um Sammelbilder, ganz einfach verschlampt hätte. Nun, als sich diese Vorgänge häuften, begannen wir der Sache auf den Grund zu gehen. Dabei kam Unglaubliches zu Tage. Ein angeblicher Freund unseres Kleinen hat die Sachen gestohlen. Bei Gesprächen mit unseren Nachbarn wurde uns dann auch mitgeteilt, dass dieser 12-jährige Junge für sein „Klauen" bekannt ist. Mein Mann möchte ihn nun anzeigen, damit er endlich bestraft wird!

Nach: nnn0nnn, http://board.gulli.com (21.11.2012)

M3 Die unendliche Geschichte – Gewalt im öffentlichen Raum

Wieder sorgt ein brutaler Angriff für Aufsehen. Wieder war der Täter ein Heranwachsender. Wieder reden wir darüber, was zu tun sei. An einem Abend im Dezember 2007 schlugen Thomas A., 20 Jahre alt, und Peter L., 17 Jahre alt, einen Mann in der Münchner U-Bahn-Station Arabellapark von hinten nieder. Thomas A. und Peter L. hatten getrunken. Sie hatten in der Bahn geraucht, ihr Opfer hatte sie auf das Rauchverbot aufmerksam gemacht. Nachdem sie den Mann niedergeschlagen hatten, traten Thomas A. und Peter L. ihm ins Gesicht. Mehrfach und mit Anlauf. Eine Überwachungskamera filmte den Überfall. Die Aufnahmen sind ein Zeugnis äußerster Brutalität, zu sehen sind zwei junge Männer, die nicht nur in Kauf nehmen, dass ihr Opfer den Angriff nicht überlebt, sondern offensichtlich töten wollen.

Nach: Philip Eppelsheim, Frankfurter Allgemeine Zeitung, 1.5.2011

Tatort: U-Bahnstation Arabellapark in München

M4 Keine Strafe ohne Schuld

Die lateinische Formel „nulla poena sine culpa" – keine Strafe ohne Schuld – beschreibt das strafrechtliche Schuldprinzip: Niemand darf für eine Tat bestraft werden, wenn ihn hieran
5 keine Schuld trifft, die Tat ihm also nicht persönlich zum Vorwurf gemacht werden kann. Daher ist die Schuldfähigkeit eine wesentliche Voraussetzung für die Strafbarkeit. Laut § 19 StGB gilt: Schuldunfähig ist, wer bei Begehung der Tat noch nicht vierzehn Jahre alt ist. 10

M5 Der Fall Mehmet

Der in Bayern geborene 13-jährige Junge, Spitzname „Mehmet", hatte seine kriminelle Karriere bereits weit vorangetrieben: Von Raub über Erpressung und Einbruchdiebstahl bis hin zu
5 gefährlicher Körperverletzung kündete sein Strafregister, mehr als tausend Seiten dick. Als Mehmets Spezialität galt der Nasenbeinbruch. Dazu packte er sein Opfer an den Ohren, zog dessen Kopf nach unten und rammte ihm dann sein rechtes Knie ins Gesicht. Der Polizei sagte 10 er lapidar: „Ja, wenn ich zuschlage, dann schon g'scheit." Ein paar Wochen später war Schluss: Mehmet war gerade 14 geworden und hatte Straftat Nummer 62 begangen.

Nach: Sebastian Fischer, Spiegel online, 4.1.2008

Aufgaben

1. Aus Leichtsinn, Missgeschick oder Vergesslichkeit: Kinder verursachen schnell einen Schaden. Wer haftet dann?
   a) Diskutiert, ob die Jungen zum Schadensersatz verpflichtet sein sollten. (M1) Wägt dabei Kriterien, die eurer Meinung nach relevant sind, gegeneinander ab.
   b) Vergleicht eure Argumentation mit der gesetzlichen Regelung des § 828 BGB. Erläutert bei Abweichungen, wessen Interessen der Gesetzgeber in den Vordergrund gestellt hat.
2. Beurteilt, von welchen Kriterien die strafrechtliche Verantwortlichkeit der Täter in M2 und M3 abhängen sollte.
3. Erörtert, ob die die Altersstufen betreffenden Regelungen zum Jugendstrafrecht heute noch angemessen sind. (M4, M5)

Warum gibt es für Jugendliche in der Öffentlichkeit Einschränkungen?

M 1 „Komasaufen" als Jugendmode

Das exzessive Trinken von hartem Alkohol ist bei Jugendlichen in Mode. Immer mehr Minderjährige landen nach dem Komasaufen in Kliniken. Die Lage ist alarmierend! Zum einen steigt die Zahl der Jugendlichen, die sich systematisch ins Koma trinken. Und zum andern wirken selbst schwere Alkoholvergiftung und Klinikaufenthalt auf die Betroffenen kaum abschreckend. 17 Prozent der Befragten trinken auch danach weiter wie bisher oder sogar noch mehr als vorher. Und 83 Prozent der 14- bis 20-Jährigen gaben zwar an, dass sie nach der Klinikentlassung weniger trinken würden. Tatsächlich aber griffen sie immer noch häufiger zur Flasche und konsumierten „weit mehr" Alkohol als Jugendliche ohne Komaerfahrung. Familienministerin Schröder will daher den Jugendschutz offenbar verschärfen. Laut einem Zeitungsbericht sollen Teenager Konzerte oder Feste schon um 20 Uhr verlassen, wenn dort Alkohol ausgeschenkt wird.

Nach: Maris Hubschmidt/Rainer Woratschka, Zeit online, 5.8.2009 und aar, Spiegel online, 8.7.2012

M 2 Jugend und Computerspiele

Die Jugendlichen in Deutschland verbringen immer mehr Zeit mit Computerspielen und werden teilweise von diesen abhängig. Dies geht aus einer bisher unveröffentlichten Studie des Kriminologischen Forschungsinstituts Niedersachsen (KfN) hervor.
Viele Jugendliche verbrächten übers Jahr gesehen mehr Zeit mit online gespielten Computerspielen als im Schulunterricht. Dies sei „völlig unakzeptabel", schreiben die Autoren der Studie und fordern, die Altersfreigabe für besonders suchtgefährdende Spiele auf 18 Jahre anzuheben.
Für die Untersuchung hatten die Wissenschaftler gut 15.000 Neuntklässler, die im Schnitt 15,6 Jahre alt waren, in ganz Deutschland befragt. Eine hohe Suchtgefahr geht laut KfN vor allem von sogenannten Online-Rollenspielen aus, bei denen Tausende Spieler, die durch das Internet verbunden sind, in einer virtuellen Welt gegeneinander antreten. Unter den zehn Spielen mit der größten Suchtgefahr rangieren aber auch drei sogenannte Shooter-Spiele, bei denen der Nutzer möglichst viele Spielfiguren erschießen muss und die nach dem Amoklauf in Winnenden erneut in die Kritik geraten sind. Auf Platz vier befindet sich das Shooter-Spiel Counterstrike, das auch im Zimmer des Täters gefunden worden ist.
Schüler, die täglich mehrere Stunden für ein Online-Rollenspiel vor dem Computer sitzen, fallen im Vergleich zu anderen Jugendlichen häufiger durch deutlich schlechtere Schulnoten und mehrfaches Schwänzen auf. Dieser Effekt sei in allen Schulformen und unabhängig vom Bildungsniveau im Elternhaus festzustellen, Gymnasiasten zeigten sich ähnlich anfällig für das Dauerdaddeln wie Hauptschüler. Ob ein Jugendlicher süchtig werde, hänge durchaus von der Art des Spieles ab, nicht nur von Charakter oder Lebensumständen des Spielers.

Nach: Roland Preuß, www.sueddeutsche.de, 17.5.2012

M 3	Pädagogisch wertvolle Spiele

Karikatur: Marcel und Pel

M 4	Das Jugendschutzgesetz – ausgewählte Bestimmungen

■ nicht erlaubt ■ erlaubt	unter 14 Jahre	unter 16 Jahre	unter 18 Jahre
Aufenthalt in Gaststätten	(E)	(E)	bis 24 Uhr (E)
Anwesenheit bei öffentlichen Tanzveranstaltungen, u. a. Disco	(E)	(E)	bis 24 Uhr (E)
Abgabe/Verzehr* von Branntwein, branntweinhaltigen Getränken (z. B. Schnaps, Whisky, Alcopops, Longdrinks, Rum)			
Abgabe/Verzehr* anderer alkoholischer Getränke (z. B. Wein, Bier, Sekt)		(E)	
Abgabe und Konsum* von Tabakwaren			
Abgabe von Trägermedien (z. B. CD, DVD, USB-Stick) mit Filmen oder Spielen nur entsprechend der Altersfreigabe			

* in der Öffentlichkeit; (E) Beschränkungen werden durch die Begleitung einer erziehungsbeauftragten Person aufgehoben

Nach: Bayerisches Staatsministerium des Innern

Aufgaben

1. Tom ist 15 Jahre und mit seinem Bruder (19 Jahre) sowie seinen Eltern in Bayern im Skiurlaub. Begründe, ob in folgenden Fällen ein Verstoß gegen das Jugendschutzgesetz (M4) vorliegt:
   a) In Begleitung der Eltern ist Tom um 23.00 Uhr in der Disco.
   b) Am Abend trinkt er im Restaurant ein alkoholfreies Weizenbier.
   c) Auf einer Skihütte gibt ihm sein Bruder eine Zigarette, die Tom sofort raucht.
   d) Auf dem Hotelzimmer spielt Tom am Abend auf seinem Notebook ein Computerspiel, das ab 16 Jahre freigegeben ist.

2. Erläutert den Sinn der in M4 aufgezeigten Einschränkungen jugendlicher Freiheiten im Hinblick auf Funktionen des Rechts.

3. Das exzessive Trinken von hartem Alkohol ist bei Jugendlichen in Mode.
   a) Erläutere, wie es möglich ist, dass sich Jugendliche unter 18 Jahren mit „hartem Alkohol" betrinken, ohne gegen das Jugendschutzgesetz verstoßen zu haben. (M1, M4)
   b) Wäge ab, inwieweit die geplante Verschärfung des Jugendschutzgesetzes dazu geeignet ist, das „Komasaufen" zu bekämpfen. (M1)

4. Diskutiert, ob Altersbeschränkungen für Filme und Computerspiele sinnvoll sind. (M2, M3) Beurteilt dabei auch, inwieweit die Beschränkungen des Jugendschutzgesetzes dazu geeignet sind, Jugendliche vor den Gefährdungen durch Computerspiele zu schützen. (M4)

Fachwissen im Zusammenhang

Rechtsfähigkeit

Rechtsfähigkeit ist die Fähigkeit, Träger von Rechten und Pflichten zu sein. Das BGB spricht natürlichen Personen (Menschen) und juristischen Personen (vgl. S. 143 f.) die Rechtsfähigkeit zu.

Die Rechtsfähigkeit des Menschen beginnt gemäß § 1 BGB mit der Vollendung der Geburt. Ab diesem Zeitpunkt kann der Mensch zum Beispiel Eigentümer einer Sache, Erbe oder Vertragspartner sein.
Es ist dabei für die Rechtsfähigkeit unerheblich, ob die Person – aufgrund des Alters, körperlicher oder geistiger Einschränkungen – die Rechte auch selbst ausüben kann. Die Rechtsfähigkeit des Menschen endet mit dem Tod.
Die Rechtsfähigkeit einer juristischen Person beginnt mit der Eintragung in ein amtliches Register und endet mit der Auflösung der Gesellschaft und der Löschung im Register.

Da Tiere keine Personen sind, sondern wie Sachen behandelt werden, soweit keine spezielle Ausnahmeregelung existiert, haben diese keine eigene Rechtsfähigkeit.

Inhalt der Geschäftsfähigkeit

Geschäftsfähigkeit ist die Fähigkeit einer Person, im Rechtsleben eigene wirksame Willenserklärungen abgeben zu können (zum Beispiel einen Antrag oder eine Annahme), um somit wirksame Rechtsgeschäfte, wie zum Beispiel einen Kaufvertrag abzuschließen.

Volle Geschäftsfähigkeit

Um Kinder und Jugendliche vor Rechtsgeschäften zu schützen, die sie überhaupt noch nicht durchschauen können, hat der Gesetzgeber festgelegt, dass die **volle Geschäftsfähigkeit erst mit der Vollendung des 18. Lebensjahres** eintritt. Ab diesem Zeitpunkt sind die abgegebenen Willenserklärungen uneingeschränkt wirksam.

Geschäftsunfähigkeit

Da ein Mindestmaß an Einsicht erforderlich ist, um Rechtsgeschäfte bewusst vornehmen zu können, sind Kinder **bis zur Vollendung des 7. Lebensjahres geschäftsunfähig** (§ 104 BGB). Da sie im Normalfall noch nicht in der Lage sind, die Folgen eines Rechtsgeschäftes abzusehen, sind ihre Willenserklärungen nichtig (§ 105 BGB). Sie können also keine eigenen Verträge abschließen und benötigen hierfür stets einen gesetzlichen Vertreter, in der Regel die Eltern. Dies ist auch bei einer Schenkung der Fall.

Beschränkte Geschäftsfähigkeit

Für **Minderjährige, die das 7. Lebensjahr vollendet haben**, hat der Gesetzgeber mit der **beschränkten Geschäftsfähigkeit** besondere Regelungen getroffen. Denn einerseits möchte er die Jugendlichen vor den negativen Folgen von Leichtsinn und Unerfahrenheit im Rechts- und Geschäftsverkehr schützen, andererseits möchte er ihnen aber auch die Möglichkeit geben, ihrem wachsenden Bedürfnis selbständig zu handeln nachzukommen und dabei wichtige Erfahrungen zu sammeln.

Die Vorschriften zur Geschäftsfähigkeit sind als Schutzvorschriften für den beschränkt Geschäftsfähigen zu verstehen. Daher ist grundsätzlich die **Einwilligung des gesetzlichen Vertreters** für eine Willenserklärung erforderlich, durch die der Jugendliche **nicht nur einen rechtlichen Vorteil** erlangt (§ 107 BGB). Dies ist zum Beispiel bei einem Kaufvertrag der Fall. Ist der beschränkt Geschäftsfähige der Käufer, so verpflichtet er sich zur Kaufpreiszahlung, ist er der Verkäufer, verpflichtet er sich dazu, dem Käufer das Eigentum an der Sache zu verschaffen. Ein wirtschaftlicher Vorteil, der möglicherweise dadurch entsteht, dass der Kaufpreis deutlich vom Wert der Sache abweicht, spielt keine Rolle. Die Entstehung von Pflichten, wie in einem Kaufvertrag, oder die Verminderung von Rechten, wie der Rechtsverlust am Eigentum bei der Übereignung einer Sache, stellen jeweils rechtliche Nachteile dar. Sollte der Jugendliche jedoch lediglich rechtliche Vorteile durch die Abgabe seiner Willenserklärung erlangen, wie dies regelmäßig bei einer erhaltenen Schenkung der Fall ist, so ist ein Schutz nicht nötig. Die Willenserklärung des beschränkt Geschäftsfähigen ist deshalb auch ohne Zustimmung des gesetzlichen Vertreters gültig.

Mit Einwilligung oder lediglich rechtlicher Vorteil

Was ist nun aber, wenn der Minderjährige eine Willenserklärung abgibt, durch die er keinen lediglich rechtlichen Vorteil erlangt, die gesetzlichen Vertreter jedoch weder die Einwilligung gegeben noch verweigert haben (zum Beispiel, weil sie von dem Vertrag gar nichts wissen)? Hier gewährt der Gesetzgeber den gesetzlichen Vertretern die Möglichkeit, nachträglich darüber zu entscheiden, ob der Vertrag wirksam sein soll. Er möchte das Erziehungsrecht der Eltern in dieser Situation nicht einschränken und hat daher in § 108 I BGB festgelegt: Schließt der Minderjährige einen **Vertrag ohne die erforderliche Einwilligung des gesetzlichen Vertreters**, so hängt die Wirksamkeit des Vertrages von der nachträglichen Genehmigung des Vertreters ab. Die Willenserklärung des Minderjährigen und somit der Vertrag sind **schwebend unwirksam**. Verweigern die gesetzlichen Vertreter die Genehmigung, so ist die Willenserklärung von Anfang an, also bereits zum Zeitpunkt der Abgabe, unwirksam. Erteilen sie die **Genehmigung**, so ist die Willenserklärung **von Anfang an wirksam**.

Vertragsschluss ohne Einwilligung

Immer wieder stehen Minderjährige in einem Dienst- oder Arbeitsverhältnis oder machen sich bereits selbständig, zum Beispiel mit einem kleinen Unternehmen. Hier würde es den täglichen Erfordernissen, die im Zusammenhang mit der Ausübung der Tätigkeit anfallen, nicht entsprechen, wenn der gesetzliche Vertreter jede Verpflichtung absegnen müsste, die der Jugendliche eingehen will. Daher

Der Minderjährige im Arbeitsleben

wird den Minderjährigen in diesen Fällen mit den §§ 112, 113 BGB ein Freiraum gewährt. Hat der gesetzliche Vertreter das Arbeitsverhältnis genehmigt (bei einem Erwerbsgeschäft muss zusätzlich das Vormundschaftsgericht einwilligen), kann der Minderjährige alle mit der Tätigkeit direkt verbundenen Rechtsgeschäfte alleine abschließen. Er kann also zum Beispiel auch ohne Zustimmung des gesetzlichen Vertreters ein Gehaltskonto eröffnen, der Gewerkschaft beitreten oder Berufskleidung erwerben.

Verwendung des Taschengeldes

Eine weitere Ausnahme bildet der sogenannte „**Taschengeldparagraf**" (§ 110 BGB). Üblicherweise überlassen Eltern ihren Kindern wöchentlich oder monatlich einen bestimmten Betrag als Taschengeld, damit diese lernen mit Geld umzugehen. Als Taschengeld gelten im Sinne des § 110 BGB dabei alle Mittel, welche dem Minderjährigen

- vom gesetzlichen Vertreter für einen bestimmten Zweck,
- vom gesetzlichen Vertreter zur freien Verfügung oder
- von einem Dritten mit Zustimmung des gesetzlichen Vertreters

überlassen worden sind.

Mit dem Taschengeld erklären die Eltern grundsätzlich ihr Einverständnis, dass der Minderjährige dieses auch ausgeben darf, solange sich der Vertrag in einem «vernünftigen Rahmen» bewegt, zu dem die Eltern zustimmen würden. Der beschränkt Geschäftsfähige kann somit im Rahmen seines Taschengeldes **wirksam Verträge abschließen**, soweit diese Geschäfte von Art und Umfang her für ein Kind in diesem Alter üblich sind. Geschäfte, bei denen der Minderjährige sein Taschengeld über einen längeren Zeitraum anspart, um sich dann einen deutlich teureren Gegenstand zu kaufen, sind nach allgemeiner Übereinkunft von dem Freiraum des Taschengeldparagrafen nicht abgedeckt.

Weiterhin darf der Minderjährige nur über Mittel verfügen, die er schon hat, denn § 110 BGB setzt voraus, dass die **Leistung bereits bewirkt** ist. Ratenverträge oder Abos sind somit ebenfalls nicht durch den Taschengeldparagraf gedeckt. Der Gesetzgeber möchte einerseits verhindern, dass Minderjährige sich langfristig vertraglich binden, andererseits aber auch dem Risiko der Verschuldung vorbeugen, denn es gibt keinen gesetzlichen Anspruch auf Taschengeld.

Abgabe einer **Willenserklärung** durch einen

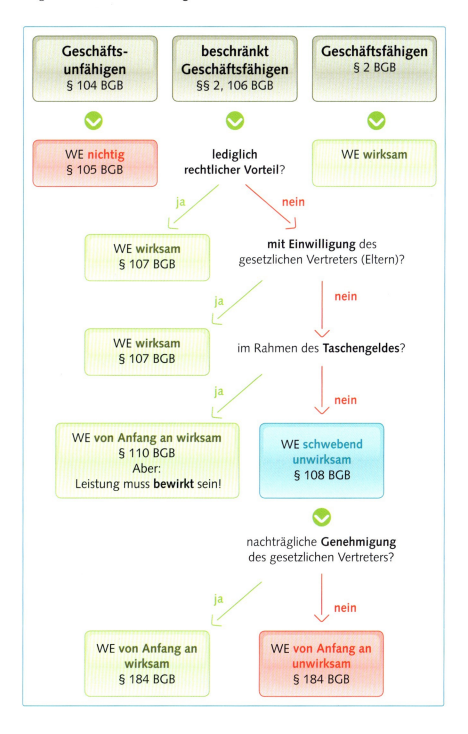

Die rechtliche Stellung Minderjähriger

Fachwissen im Zusammenhang

Inhalt der Deliktsfähigkeit

Die Deliktsfähigkeit beschäftigt sich mit der Frage, ob eine Person für einen Schaden, den sie durch eine unerlaubte Handlung (§ 823 BGB) verursacht hat, zivilrechtlich haften und **Schadensersatz** leisten muss. Denn nicht jeder muss für einen Schaden, den er verursacht hat, auch aufkommen. In Abhängigkeit vom Lebensalter und der damit verbundenen geistigen Reife werden – ähnlich wie bei der Geschäftsfähigkeit – drei Stufen der Deliktsfähigkeit unterschieden:

Deliktsunfähigkeit

Deliktsunfähig sind Kinder vor Vollendung des siebten Lebensjahres (§ 828 I BGB). Da sie die Konsequenzen ihres Handelns nicht vollständig absehen können, müssen sie geschützt werden und haften grundsätzlich nicht für einen Schaden, den sie verursachen. Somit können sie nicht zum Schadensersatz verpflichtet werden.

Beschränkte Deliktsfähigkeit

Minderjährige, die das siebte Lebensjahr vollendet haben, sind **beschränkt deliktsfähig**. Sie können für einen verursachten Schaden haftbar gemacht werden, wenn sie gemäß ihrer geistigen Entwicklung das Unrecht ihrer Handlungsweise hätten einsehen können (§ 828 III BGB).

Bei von Minderjährigen verursachten Verkehrsunfällen beginnt die beschränkte Deliktsfähigkeit allerdings erst mit der Vollendung des zehnten Lebensjahres, es sei denn, der Schaden wurde vorsätzlich herbeigeführt (§ 828 II BGB). In diesem Falle haften Minderjährige auch für Schäden im Straßenverkehr bereits ab dem Alter von sieben Jahren. Es gilt aber auch hier, dass eine Haftung nur dann stattfindet, wenn der Minderjährige die erforderliche Einsicht hatte.

Beispiel: Die neunjährige Mara läuft beim Spielen ohne nachzudenken zwischen parkenden Autos auf die Straße, dadurch kommt es zu einem Verkehrsunfall. Da sie das 10. Lebensjahr noch nicht vollendet hat, muss sie für den Schaden nicht haften. Wenn sie dagegen gezielt Steine auf ein vorbeifahrendes Auto wirft, handelt sie vorsätzlich. Da zudem davon auszugehen ist, dass ein Kind mit 9 Jahren sich bewusst sein muss, dass dadurch ein Schaden verursacht wird, müsste Mara für den Schaden haften.

Volle Deliktsfähigkeit

Grundsätzlich **deliktsfähig** sind Personen, die das achtzehnte Lebensjahr vollendet haben. Sie müssen für einen durch sie verursachten Schaden gemäß § 823 BGB haften.

Hinweis: Muss eine Person für eine unerlaubte Handlung wegen fehlender Deliktsfähigkeit nicht haften, können unter Umständen die Aufsichtspflichtigen (z. B. Eltern) zur Verantwortung gezogen werden.

Inhalt der Straffähigkeit

Die Straffähigkeit bestimmt, ob eine Tat für eine Person **strafrechtliche Folgen** haben kann. Geregelt wird dabei die Frage, ab wann und unter welchen Voraussetzungen junge Menschen im strafrechtlichen Sinne schuldfähig sind.

Kinder bis zur Vollendung des 14. Lebensjahres sind **strafunmündig**. Sie sind für ihre Taten strafrechtlich noch nicht verantwortlich, daher ist eine Bestrafung nicht möglich.

Strafunmündigkeit

Jugendliche zwischen dem 14. und dem 18. Lebensjahr sind **bedingt strafmündig**. Sie sind dann zur Verantwortung zu ziehen, wenn sie zur Zeit der Tat in ihrer geistigen und sittlichen Entwicklung reif genug waren, das Unrecht der Tat einzusehen und nach dieser Einsicht zu handeln. Bei ihnen ist zwingend das Jugendstrafrecht anzuwenden, bei dem der Erziehungsgedanke und die Persönlichkeit der Jugendlichen im Vordergrund stehen. Man geht dabei grundsätzlich davon aus, dass die von Jugendlichen begangenen Straftaten darauf beruhen, dass ihre persönliche Entwicklung noch nicht abgeschlossen ist, und daher Erziehungsmaßnahmen im Vordergrund stehen sollten.

Bedingte Strafmündigkeit

Ab dem 18. Lebensjahr ist man voll **strafmündig,** gilt jedoch bis zum vollendeten 21. Lebensjahr noch als Heranwachsender. Hier prüft das Jugendgericht, ob noch Jugendstrafrecht oder bereits Erwachsenenstrafrecht anzuwenden ist. Wenn in der Person des Heranwachsenden oder in der Tat Merkmale zu erkennen sind, welche als jugendtypisch angesehen werden, ist Jugendrecht anzuwenden.

Volle Strafmündigkeit

Ab dem 21. Lebensjahr werden Personen grundsätzlich nach dem Erwachsenenstrafrecht beurteilt.

Rechtlich relevante Altersstufen im Überblick:

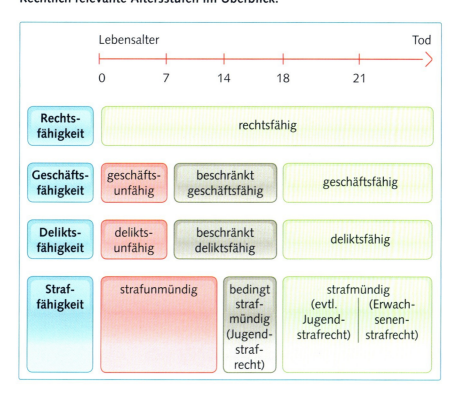

Fachwissen im Zusammenhang

Das Jugendschutzgesetz

Aus dem Grundgesetz (Art. 1 I GG, Art. 2 I GG) lässt sich die staatliche Verpflichtung ableiten, Kinder und Jugendliche vor Gefährdungen zu schützen. Das wohl bekannteste Gesetz, mit dem der Staat dieser Pflicht nachkommt, ist dabei das Jugendschutzgesetz (JuSchG). Es hat den Zweck, Minderjährige vor Gefahren und negativen Einflüssen in der Öffentlichkeit und in den Medien zu schützen. Diese Vorschriften gelten daher grundsätzlich nur in der Öffentlichkeit. Für den Schutz der Minderjährigen im privaten Bereich sind die Eltern verantwortlich.

Um die Eigenverantwortung der Jugendlichen zu stärken und die Eltern bei der Wahrnehmung ihres Erziehungsauftrages zu unterstützen, werden die Einschränkungen im Jugendschutzgesetz mit zunehmendem Alter der Minderjährigen schrittweise gelockert.

Grundsätzlich lassen sich drei Schwerpunkte des Jugendschutzgesetzes unterscheiden:
- Jugendschutz in der Öffentlichkeit, also an Orten, die der Allgemeinheit zugänglich sind (Gaststätten, Kinos, Diskotheken etc.) und Minderjährige negativ beeinflussen können (z. B. weil an diesen Orten üblicherweise vermehrt Alkohol getrunken wird).

- Jugendschutz im Bereich Tabak und Alkohol, da deren Konsum die Gesundheit gefährdet. Daher dürfen z. B. Gewerbetreibende Minderjährigen keine Tabakwaren und unter 16 Jährigen keinen Alkohol aushändigen.

- Jugendschutz im Bereich der Medien: Da diese bei entsprechenden Inhalten die Entwicklung der Minderjährigen beeinträchtigen oder gefährden können, dürfen sie Kindern und Jugendlichen auch nur dann gemäß der Altersbeschränkung zugänglich (d. h. verkauft, verliehen) gemacht werden, wenn diese das entsprechende Alter erreicht haben.

Anwendung und Transfer

M1 Der missglückte Computerspielkauf

Markus, 12 Jahre, geht in einen Elektronikfachmarkt, um das neueste Computerspiel „Order & Prevail II" (USK 16) für 29,90 Euro von seinem Taschengeld zu erwerben. Da seine Eltern
5 es ihm erlaubt haben, ist er wütend, dass der Verkäufer an der Kasse sich weigert, ihm das Spiel aufgrund seines Alters zu verkaufen. Markus geht zurück in die PC-Abteilung, tauscht hektisch die DVD von „Prinz Tory und die wil-
10 den Wölfe" (USK 6) zum Preis von 19,90 Euro gegen das gewünschte Spiel aus und begibt sich an eine andere Kasse. Dort bemerkt die Verkäuferin, dass die Verpackungsfolie entfernt ist und kontrolliert den Inhalt. Die hinzugezogene
15 Polizei stellt anschließend fest, dass die DVD von „Prinz Tory und die wilden Wölfe" zerkratzt ist.

Beim Kauf eines Computerspiels muss stets die jeweilige Altersbeschränkung beachtet werden.

M2 Auszug aus dem Strafgesetzbuch

§ 263 StGB – Betrug
(1) Wer in der Absicht, sich oder einem Dritten einen rechtswidrigen Vermögensvorteil zu verschaffen, das Vermögen eines anderen da-
5 durch beschädigt, dass er durch Vorspiegelung falscher oder durch Entstellung oder Unterdrückung wahrer Tatsachen einen Irrtum erregt (…), wird mit Freiheitsstrafe bis zu fünf Jahren oder mit Geldstrafe bestraft.
10 (2) Der Versuch ist strafbar.

Aufgaben

1. Diskutiert, ob der Verkäufer Markus das Computerspiel „Order & Prevail II" hätte verkaufen sollen. (M1)
2. Beurteile, ob Markus mit strafrechtlichen Folgen wegen versuchten Betrugs rechnen muss. (M1, M2)
3. Erläutere, ob Markus sich bezüglich der DVD „Prinz Tory und die wilden Wölfe" schadensersatzpflichtig gemacht haben könnte. (M1)

Entscheidungen bei der Gründung eines Unternehmens

Wie kamt ihr auf die Idee Mützen zu häkeln?
Thomas: Die Idee dazu hatten wir während eines deutsch-japanischen Skilehreraustausches 2009 in Japan. Während den kalten Winterabenden im abgelegenen Skiressort führte uns eine spanische Skilehrerkollegin in die Geheimnisse des Häkelns ein.

Habt ihr damals schon daran gedacht, die Mützen zu verkaufen?
Felix: Nein, überhaupt nicht. Gehäkelt haben wir ja mehr aus Jux und, um uns die Zeit zu vertreiben. In Tokio liefen uns dann aber zwei Australier über den Weg. ‚Hey guys, your beanies are cool. How much do you want for it?' Wie viel wir für unsere Mützen haben wollen? Darüber hatten wir noch nie nachgedacht. Für die ersten beiden Mützen haben wir nicht mal den Materialpreis bekommen.
Thomas: Beim nächtlichen Karaoke mit den Aussies und einem Fingerhut voll Sake verwandelte sich die anfängliche Schnapsidee dann in eine handfeste Geschäftsidee. Als sich diese am nächsten Morgen nach etlichen Tassen Kaffee nicht in Luft auflöste, beschlossen wir, es mit den Mützen zu versuchen.

Interview nach: www.myboshi.net (12.6.2013)

Felix und Thomas

7

„Jedem Kopf seinen Deckel"

Kompetenzen

Am Ende dieses Kapitels solltest du Folgendes können:

- die Erfolgsaussichten einer Unternehmensidee analysieren
- beurteilen, wie die Haftung eines Unternehmens am besten beschränkt werden kann
- eine Standortentscheidung begründen und präsentieren

Was weißt du schon?

1. Begründe, ob du in der beschriebenen Situation auch bereit gewesen wärest, die Geschäftsidee in die Tat umzusetzen.

2. Formuliere mögliche Bedenken gegen die Geschäftsidee.

3. Erläutere weitere innovative Geschäftsideen, die du oder deine Mitschüler schon hatten.

Warum sind manche Unternehmen erfolgreich und andere nicht?

M 1 Genügt eine Idee?

„Jeder Mensch mit einer neuen Idee ist solange ein Spinner, bis er Erfolg hat."
(Marc Twain)

Ich nenne meine Erfindung „Das Rad", aber bis jetzt habe ich noch keine Kapitalgeber gefunden.

Karikatur: Heimo Brandt

M 2 Häkeln wie Oma

Die unglaubliche Gründeridee zweier Studenten entwickelt sich zur Erfolgsgeschichte. Ihre handgefertigten Mützen finden immer mehr Abnehmer in ganz Deutschland. Wegen der großen Nachfrage ist eine Lieferung bis Weihnachten nicht mehr möglich. Die Existenzgründer Thomas und Felix haben die Marke PersonalHeadwear* kreiert. Sie steht für den individualistischen Aspekt des Produkts. Ersterer studiert noch Wirtschaftsingenieurwesen, sein Partner hat in diesem Jahr das Studium fürs Realschul-Lehramt abgeschlossen. Beide hatten sich Anfang vorigen Jahres bei einem Skilehreraustausch in Japan von einer spanischen Skilehrerin in die Kunst des Häkelns einweisen lassen. Zu Beginn häkelten sie noch selbst. Inzwischen kann der Kunde die Mütze online konfigurieren – dann geht der Auftrag an ältere Damen im Raum Hof, welche das Stück genau nach Kundenwunsch in Handarbeit anfertigen.

Nach: Roland Rischawy, Nordbayerischer Kurier, 13.12.2010

* *Unternehmensname von der Redaktion geändert*

M3 Der Wedding-Planner

Die Idee: Sie organisieren Hochzeiten von A bis Z, also von der Einladung bis zum Aufräumen. Das Brautpaar als Ihr Auftraggeber nennt Ihnen hierfür ein Budget, das Sie nach Möglichkeit einhalten sollten. Sie werden allein für die Organisation der gewünschten Leistungen bezahlt, sämtliche weiteren Rechnungen (z. B. für Restaurant, Blumen etc.) werden vom Auftraggeber separat bezahlt. Eine Zusammenarbeit mit Partner-Dienstleistern empfiehlt sich hier wärmstens, denn mit diesen können Sie Nachlässe aushandeln, von denen Ihre Auftraggeber profitieren und die selbige gleichzeitig überzeugen, ihre Hochzeit von Ihnen organisieren zu lassen. Übrigens stellt es kein Problem dar, auch Hochzeiten zu organisieren, die nicht in Ihrer Nähe stattfinden sollen. Das Internet ist Quelle für alles – ob Blumen, Restaurant (inkl. Speisekarte) oder Einladungskarte; Sie finden hier alles, was Ihr Auftraggeber als Information und Organisation benötigt und müssen nicht erst vor Ort begutachten, ob z. B. die Lokalität in Frage kommt.

Möchten Sie dieses Unternehmen verwirklichen, benötigen aber nähere Informationen? Das komplette Konzept dieser Geschäftsidee erhalten Sie für 59,– Euro als pdf-File von uns zugeschickt.

M4 Ideen beim Gründerwettbewerb

Unternehmen A:
Die Sonne brennt – das Bier ist kühl. Das Kühlsystem von Freeze macht es möglich. Eine faltbare Kühlhaube, bestückt mit Thermo-Gelkühlkissen und Kühlaggregaten, kann über die komplette Getränkekiste gestülpt werden und hält den Inhalt erfrischend „cool".

Unternehmen B:
Mehrfach wieder verwendbare Wärme-Gel-Inlets aus Natrium-Acetat werden in Kleidungsstücke oder Gebrauchsgegenstände wie zum Beispiel Kaffeetassen eingearbeitet. Der Clou: Auf Knopfdruck wird Wärme freigesetzt. In Rettungswesten kann das Wärme-Gel auch Leben retten, indem es vor Unterkühlung schützt.

Aufgaben

1. Diskutiert aus unterschiedlichen Perspektiven Chancen und Risiken der beschriebenen Geschäftsideen und spielt diese in einem Rollenspiel durch. (M1–M4) Übernehmt dabei folgende Charaktere:
   a) Hoffnungsvoller Unternehmensgründer: Du willst dein Unternehmen so bald wie möglich gründen. Du stellst vor allem die tollen Marktchancen in den Vordergrund.
   b) Freund des Unternehmensgründers: Du hast Bedenken und machst dir Sorgen um deinen Freund. Du weist vor allem auf den Kapitalbedarf, die Konkurrenz und die Durchführbarkeit hin.
   c) Unternehmensberater: Du vermittelst in der Diskussion, indem du vor allem einordnest, wie wichtig der jeweilige Diskussionspunkt ist.

2. Systematisiere die in der Diskussion genannten Kriterien für eine erfolgreiche Gründung in einer Übersicht.

Was muss ein Unternehmensgründer mitbringen?

M1 Hast du Managerqualitäten?

Unternehmerisches Handeln erfordert einerseits persönliche Eigenschaften, die gegeben sein müssen (A), und andererseits besondere Fähigkeiten (B), die gegeben sein sollten, aber auch erlernt werden können. Überprüfe, inwieweit diese Fähigkeiten bei dir gegeben sind, bzw. ob du sie erlernen könntest (1: kaum entwickelt 2: teils ... teils 3: gut entwickelt 4: könnte ich lernen).

Karikatur: Kai Felmy/Baaske Cartoons

A Persönliche Eigenschaften:
1. Gesunde psychische Konstitution (Selbstvertrauen, Stabilität, Belastbarkeit)
2. Positive Grundhaltung (optimistische, konstruktive Einstellung)
3. Offenheit und Ehrlichkeit (direkt, spontan, echt)
4. Mut zur persönlichen Stellungnahme und zu Entscheidungen („Zivilcourage")
5. Verbindlichkeit (Einhalten getroffener Vereinbarungen)
6. Realitätsbezogenheit (Sinn für das Machbare)

B Besondere Fähigkeiten:
1. Klima der Offenheit und des Vertrauens schaffen können
2. Gut zuhören können („aktives Zuhören")
3. Integrationsfähigkeit (Menschen in Teams zusammenführen können)
4. Konfliktfähigkeit (sich abgrenzen und auseinandersetzen sowie andere konfrontieren können)
5. Chaos-Kompetenz (Fähigkeit, in turbulenten Situationen handlungsfähig zu bleiben)
6. Klarheit im Ausdruck (Klarheit des Denkens, allgemeinverständliche Ausdrucksweise)

Nach: Klaus Doppler/Christoph Lauterburg, Change Management, Frankfurt 2008

M2 Müssen Gründer Genies sein?

Mark Zuckerberg, Gründer des größten sozialen Netzwerkes der Welt

Mark Zuckerberg gilt als Leuchtturm einer neuen Unternehmergeneration. Doch ein Genie, wie es der Film „The Social Network" vortäuscht, ist er nicht. Die Legende ist schlicht falsch und geistiger Betrug an allen, die eine Firma gründen. Der Film „Social Network" erzählt die Entstehung des größten sozialen Netzwerks der Welt und porträtiert Zuckerberg dabei als autistisches Genie, das nicht immer gut mit Menschen kann, aber außergewöhnlich gut mit Computern. Eben verlassen von seiner Freundin, trottet der junge Zuckerberg frustriert in seine Studentenbude, publiziert ein paar Gemeinheiten über seine nunmehrige Ex auf seinem Blog, um dann im Stegreif eine Website zu kreieren, die, kaum online, so populär wird, dass sie das gesamte Netzwerk der Uni Harvard noch in derselben Nacht zusammenbrechen lässt. Als ich die Szene im Kino sah, fand ich sie amüsant. Ich genoss den rasanten Einstieg in einen unterhaltsamen Film. Der Spaß hört jedoch auf, wenn ich das Ganze mit den Augen jener betrachte, die vom eigenen Startup träumen oder Inspiration für eine eigene Gründung tanken wollen. Sie bekommen durch diese Filmepisode das klassische Klischee kredenzt, dass die wirklich grandiosen Gründungen von technischen Genies stammen. Die überwiegende Mehrheit von Unternehmensgründern wird von solchen Eindrücken eher frustriert. Sie glauben, dass sie nichts Originäres können, was eine Gründung wert wäre. Ihr Fazit: „Leider bin ich nicht so ein IT-Hecht und Hackerkönig wie dieser Zuckerberg." Nun mag ich nicht bestreiten, dass Zuckerberg außergewöhnliche Begabungen hat. Doch die Erstellung einer innovativen Website in wenigen Stunden, begleitet von Bier und Trennungsschmerz? Das kann ich mir nun wirklich nicht vorstellen. Gute IT-Entwicklung basiert auf akribischer Arbeit und braucht Zeit, das galt und gilt selbst für den aktuellen König der „Social Networks". Es hat schon seinen Grund, warum das soziale Netzwerk heute über 3.000 Mitarbeiter hat, die meisten davon Entwickler.

Nach: Thomas Clark, Financial Times Deutschland, 8.4.2012

M3 PersonalHeadwear* – die Finanzierungsquellen

Wir dachten anfangs nicht, dass unser Unternehmen so erfolgreich wird, und haben begonnen als Hobby Mützen zu verkaufen. Wir haben uns 2 Knäuel Wolle besorgt und die dann verarbeitet. Nachdem wir gemerkt haben, dass unser Geschäftsmodell gut ankommt, haben wir uns überlegt, die Internetseite professionell zu gestalten. Dort war dann der erste Kapitaleinsatz nötig. Im ersten Jahr haben wir aber schon 5.000 € verdient. Das gesamte Geld haben wir genommen, noch einmal die gleiche Summe privat aus unserer Tasche drauf gelegt und die Homepage programmieren lassen. Da das Risiko in unserem Fall sehr überschaubar war, mussten wir keinen Kredit von einer Bank in Anspruch nehmen. Allerdings kommt uns auch oft der Gedanke, wie weit wir wären, wenn unser Startkapital nicht 0 € sondern z. B. 25.000 € gewesen wäre. Wir hätten bestimmt einen noch besseren Internetauftritt und auch das Marketing wäre von Anfang an organisierter gelaufen. Wir wissen aber auch, dass uns in diesem Fall bestimmt einiges an Authentizität verloren gegangen wäre und wir dann wiederum nicht so erfolgreich wären. Abschließend kann man sagen, dass wir zu 100 % eigenfinanziert sind und das auch bleiben wollen.

Nach: E-Mail-Interview mit Thomas Jaenisch, 25.5.2012

* *Unternehmensname von der Redaktion geändert*

Aufgaben

1. Bearbeite den Persönlichkeitstest M1. Überprüfe deine Selbsteinschätzung mit der Einschätzung eines Mitschülers.
2. Erläutere, warum diese Eigenschaften und Fähigkeiten für unternehmerisches Handeln wichtig sind.
3. Fasse die im Text M2 angesprochenen persönlichen Voraussetzungen zusammen, die ein Unternehmensgründer mitbringen muss. Ergänze ggf. weitere Voraussetzungen.
4. Diskutiert, ob die in M3 gewählte Finanzierung bei jeder Gründung möglich bzw. sinnvoll ist.

Warum braucht die Wirtschaft Unternehmer?

M 1 Gesellschaftliche und soziale Verantwortung von Unternehmern

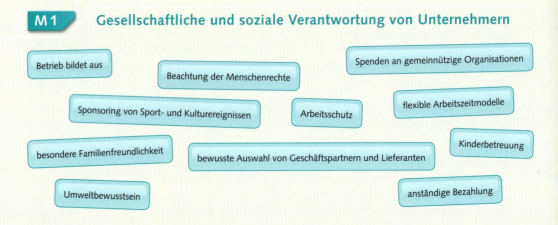

M 2 Unternehmer in Wirtschaft und Gesellschaft

Der britische Premierminister Winston Churchill sagte einmal treffend: „Viele sehen den Unternehmer als einen Tiger, den man erschießen sollte. Andere als eine Kuh, die man melken kann. Und nur wenige sehen ihn als das, was er wirklich ist, das willige Pferd, das den Karren zieht." Das erstaunt, ist doch der positive Zusammenhang von Unternehmertum und wirtschaftlichem Wachstum weltweit gut belegt. Wo sich private Unternehmer entfalten können, ist „mehr Wohlstand für alle" leichter möglich.

Unternehmer schaffen und nutzen neues Wissen, um die Wünsche der Menschen besser zu befriedigen. Sie setzen neue Ideen praktisch um. Unternehmer entwickeln neue Produkte, führen bessere Herstellungsverfahren ein, öffnen neue Märkte, erschließen neue Ressourcen und organisieren ganze Branchen neu. Mit der „schöpferischen Zerstörung", die sie dabei auslösen, halten sie die wirtschaftliche Entwicklung in Gang. In der Marktwirtschaft sind Unternehmer die Spezialisten für die Zukunft. Sie versuchen, Entwicklungen richtig vorherzusagen, reagieren darauf und verändern die Welt mit ihren Aktivitäten. Dabei entdecken sie immer wieder neue Ressourcen, neue Wünsche und neue Möglichkeiten. Sie tun dies aus vielerlei Gründen, ein wichtiger ist, Gewinne zu erzielen. Wenn alles gut läuft, sind Unternehmer ein Glücksfall für die Gesellschaft. Sie machen eine Gesellschaft reicher. Stellen wir uns allerdings dumm genug an, kann es auch ganz anders laufen. Wie gut es geht, hängt entscheidend von den Spielregeln einer Gesellschaft ab. Wird privates Eigentum garantiert? Können Unternehmen offen in Märkte eintreten und unbehindert wieder ausscheiden? Ist für möglichst viel individuelle Vertragsfreiheit gesorgt? Anders ausgedrückt: Wie ist es mit der wirtschaftlichen Freiheit bestellt? Wo sie hoch ist, blüht das Unternehmertum, der Wettbewerb funktioniert, die Wirtschaft wächst, und die Arbeitslosigkeit sinkt.

Noch bis Mitte der 1970er Jahre wurde der Unternehmer in kleinen und mittleren Unternehmen nicht wirklich ernst genommen. Lange herrschte die Meinung vor, große Unternehmen seien die eigentlichen Motoren. Kleine und mittlere Unternehmen galten als dem Untergang geweiht, Unternehmerpersönlichkeiten als eine aussterbende Spezies. Diese Sicht ist überholt. Mit der Globalisierung erlebten Unternehmergeist sowie kleine und mittlere Unternehmen eine Wiederauferstehung. Weil die Kosten für Information, Kommunikation und Transport gesunken sind, fällt es leichter, sich auf Kernfähigkeiten zu spezialisieren. Daneben verschieben sich spätestens seit den 1960er Jahren die wirtschaftlichen Strukturen: zu Lasten des industriellen Sektors und zugunsten des Dienstleistungssektors. Schließlich fragen die Menschen mit steigendem Einkommen individuellere und weniger standardisierte Produkte nach. Kleinere Unternehmen kommen dem besser nach.

Nach: Rainer Hank, Was Sie schon immer über Wirtschaft wissen wollten, Frankfurt 2008, S. 196 ff.

M 3 Pioniere der Wirtschaft

Jakob Fugger (1459 bis 1525)

Der Augsburger gilt als der mächtigste Frühkapitalist in Europa. Jakob Fugger finanzierte den Adel, Klerus, Könige und den Kaiser. Im Gegenzug erhielt er Handelsprivilegien, Ländereien und Bodenschätze.
So durfte er z. B. die Silberminen der Habsburger ausbeuten. Jakob Fugger errichtete ein Kupfermonopol in Europa und beteiligte sich 1505 sogar am Gewürzhandel mit Ostindien.

John D. Rockefeller (1839 bis 1937)

Er gründete 1870 die Standard Oil Company, mit der er im ausgehenden 19. Jahrhundert die Ölindustrie Amerikas dominierte. Innerhalb von zwölf Jahren schuf er für sein Unternehmen praktisch eine Monopolstellung. Die agressiven Geschäftspraktiken seiner Gesellschaft führten 1890 zu den ersten Anti-Trust-Gesetzen, in denen die US-Regierung die Marktmacht von Großunternehmen massiv einschränkte. Rockefeller teilte daher sein Firmengeflecht auf und legte die Unternehmen dann wieder zusammen. Erst 1911 erklärte der Oberste Gerichtshof in Amerika Standard Oil für illegal. Der Konzern wurde aufgelöst.

Nach: Rainer Hank, Was Sie schon immer über Wirtschaft wissen wollten, Frankfurt 2008, S. 197 f.

Aufgaben

1. Überlege für jeden der Begriffe in M1, ob er zum Kerngeschäft eines Unternehmens gehört oder eine Form des gesellschaftlichen bzw. sozialen Engagements darstellt. Begründe deine Meinung.

2. Erkläre vor dem Hintergrund der Aussagen in M2 Winston Churchills Beschreibung des Unternehmers.

3. Erläutere anhand von Beispielen neuer Produkte und Herstellungsfaktoren sowie -prozesse den Vorgang der „schöpferischen Zerstörung", den innovative Unternehmer auslösen. (M2)

4. Begründe, warum die Globalisierung die Entfaltungsmöglichkeiten kleiner und mittlerer Unternehmen stark erweitert hat. (M2)

5. Erörtere die in M2 getroffene Aussage hinsichtlich der Unternehmer als „Glücksfall für die Gesellschaft".

6. Diskutiert anhand der Unternehmensbeispiele, ob „wirtschaftliche Freiheit" genügt, damit „der Wettbewerb funktioniert", oder ob im Einzelfall der Staat diese Freiheit begrenzen sollte. (M3)

Wie kann man die persönliche Haftung beschränken und was sind die Folgen?

M 1 Unternehmer haftet persönlich

Kürzlich ging die Meldung über die Ticker, dass der Drogerie-Riese Insolvenz angemeldet hat. Üblicherweise betrifft eine derartige Meldung „nur" Banken, Lieferanten, Arbeitnehmer und andere Gläubiger. In diesem Falle haftet aber der Firmengründer persönlich mit seinem gesamten Vermögen – und dies dürfte nicht wenig sein. Dies liegt daran, dass der Firmengründer als Einzelkaufmann (eingetragener Kaufmann – e. K.) firmiert hat. Als solcher steht er für die Schulden seines gesamten Unternehmens selbst gerade.

Nach: Ralph Sauer, Himmelsbach & Sauer – Steuerberater, Wirtschaftsprüfer, Rechtsanwälte, 10.2.2012

M2 PersonalHeadwear* – die Rechtsform

*Unternehmensname von der Redaktion geändert

Unsere Rechtsform ist eine Gesellschaft des bürgerlichen Rechts (GbR), da es einfach ist, diese zu gründen. Allerdings sind wir dabei auch voll haftend, worüber Felix und ich uns im Klaren sind. Hier spielt dann eine Risikobewertung eine große Rolle; das Risiko ist bei uns allerdings äußerst gering. Da wir uns allerdings erweitern wollen, bzw. müssen, stehen bei uns Überlegungen an, uns umzufirmieren in eine GmbH. Die Außendarstellung ist für größere Kunden dann besser und auch einige finanzielle Vorzüge wären gegeben (Geschäftsführergehalt, genaue Gewinnverteilungen, vielleicht auch die Aufnahme von neuen Gesellschaftern). Dem entgegen stehen viele Mehrkosten bezüglich des Buchhaltungsaufwands und der Offenlegungspflichten.

Nach: E-Mail-Interview mit Thomas Jaenisch, 25.5.2012

M3 Die richtige Rechtsform: Personengesellschaft oder Kapitalgesellschaft?

Wenn sich mehrere Menschen in einem Unternehmen zusammenschließen, bilden sie gewöhnlich eine Gesellschaft. Dabei ist die grundsätzliche Entscheidung, ob sie eine Personen- oder eine Kapitalgesellschaft bilden. Im Auge des Gesetzes hat eine Kapitalgesellschaft eine eigene Rechtspersönlichkeit, die auch für die Folgen ihres Verhaltens einstehen muss. Das ist der Hauptgrund, warum Unternehmensgründer den bürokratischen Aufwand der Gründung einer Kapitalgesellschaft (z. B. GmbH oder AG) auf sich nehmen. Wenn etwas schiefläuft, haftet die Gesellschaft und nicht sie persönlich. Stell dir vor, du leihst dir das Auto deiner Eltern und hättest es gegen einen Baum gefahren: Es wäre doch nicht schlecht, wenn du eine „Gesellschaft mit beschränkter Haftung" wärst. In Großbritannien wird dies durch die Bezeichnung „limited" (für „limited liability") nach dem Firmennamen angezeigt: dies bedeutet, dass die Haftung des Unternehmens auf das Kapital der Gesellschaft beschränkt ist.

Peter Lynch/John Rothchild, übersetzt von Walter Hofmann/Bernhard H. Steinebrunner, Learn to Earn. A Beginner's Guide to Basics of Investing and Business, New York, 1996

M 4 — In jeder Phase die passende Rechtsform: die Geschichte eines Unternehmens

1995 entwickelt die Springreiterin Svenja Buchinger einen speziellen Kompressionsstrumpf aus keramischen Textilien für den Pferdesport, den sie von einem Textilunternehmen fertigen lässt. Der Strumpf aktiviert die Körperwärme in Form von Infrarotstrahlen und kann so zur Heilung eingesetzt werden.

Zunächst betreibt Frau Buchinger ihren Versandhandel als **Einzelunternehmerin** neben ihrer Tätigkeit als Sportlerin. Sie kann alle Entscheidungen allein treffen und da Umsatz und Kapitaleinsatz überschaubar sind, stört es sie nicht, dass sie als Einzelunternehmerin allein haftet. Bald schon erweitert sie das Sortiment auf weitere therapeutische Hilfsmittel im Pferdesport.

Nachdem sie 2001 den aktiven Reitsport aufgegeben hat, betreibt sie das Unternehmen mit zwei ehemaligen Teamkolleginnen. Das Unternehmen ist jetzt eine **Offene Handelsgesellschaft (OHG)**, bei der alle drei Gesellschafterinnen an der Geschäftsführung beteiligt sind und auch alle voll haften.

Als sich ein befreundeter Tierarzt mit 100.000 Euro am Unternehmen beteiligen will, wird der Versandhandel 2006 in eine **Kommanditgesellschaft (KG)** umgewandelt. Die bisherigen Teilhaberinnen bleiben nun als sog. Komplementäre voll haftende Gesellschafter wie in der OHG. Der neue Teilhaber, der kein Interesse hat, sich an der Geschäftsführung zu beteili-

Mit Kompressionsstrümpfen läuft es sich im Schnee augenscheinlich besser.

gen und daher auch nicht voll haften will, beschränkt seine Haftung als Kommanditist auf die Höhe seiner Einlage von 100.000 Euro.

2009 beginnt der Aufbau eines eigenen Verkaufsportals. Die USA sind inzwischen ein wichtiger Absatzmarkt für das Unternehmen geworden. Da auf diesem Markt ggf. hohe Schadensersatzforderungen auf das Unternehmen zukommen können, wollen die Teilhaber ihre persönliche Haftung beschränken. Daher wird der Versandhandel im Jahr 2011 in eine **Gesellschaft mit beschränkter Haftung (GmbH)** umgewandelt.

Aufgaben

1. Erläutere, warum die Haftung für einen Unternehmensgründer ein erheblicher Risikofaktor ist. (M1–M3)
2. Arbeite Kriterien für die Wahl der jeweiligen Rechtsform heraus. (M1–M4)
3. Fasse die Unterschiede zwischen Kapital- und Personengesellschaften zusammen. (M3)
4. Erläutere, wie sich die persönliche Haftung der Teilhaber des Versandhandels im Laufe der Unternehmensgeschichte verändert. (M4)

Welche Kriterien sind bei der Standortentscheidung zu berücksichtigen?

M1 Standort Deutschland – aus Sicht der Karikaturisten

Karikatur: Walter Hanel

M2 Warum Unternehmen nach Deutschland zurückkehren

Die deutsche Belegschaft eines Kettensägenherstellers darf sich über ein besonderes Weihnachtsgeschenk freuen: Pünktlich zum Fest kündigte das schwäbische Familienunternehmen an, bald große Teile der Produktion seiner weltbekannten Motorsägen zu verlegen – und zwar nicht ins Ausland, sondern zurück nach Deutschland, an den Stammsitz bei Stuttgart. Bereits im vergangenen Jahr hatte der Weltmarktführer die Produktion von Sägemotoren aus Nord- und Südamerika nach Deutschland abgezogen. Jetzt will das Unternehmen weitere Kapazitäten von Brasilien zurück nach Hause holen. Dadurch stabilisiert das Unternehmen die Auslastung des heimischen Personals. Doch es gibt noch weitere Gründe: Brasiliens Währung Real hat im vergangenen Jahr deutlich an Wert gewonnen, sodass die dort gebauten Sägen für internationale Kunden teurer werden – und die Löhne brasilianischer Arbeiter, in Euro gerechnet, mehr kosten. Außerdem entfallen mit der Rückverlagerung Transportgebühren und Zölle.

Zwar ziehen immer noch große Konzerne mit ihren Fabriken ins Ausland. Wer etwa deutsche Autobauer vor einem starken Euro nach Amerika fliehen sieht, könnte fast meinen, deutsche Produzenten kehrten immer noch in Scharen der Heimat den Rücken. Doch so ist es nicht. Tatsächlich haben Verlagerungen ins Ausland deutlich abgenommen und sind auf den tiefsten Stand seit 15 Jahren gesunken. [...] Die mit Abstand meisten Rückverlagerer nennen die bessere Qualität als Grund für die Wiederansiedlung ihrer Produktion in Deutschland.

Nach: Mark Fehr, Wirtschaftswoche online, 15.1.2010

M3 Handyproduktion in Deutschland?

Könnten Sie kurz Ihre Tätigkeit beim zweitgrößten Unternehmen für Mobilfunkinfrastruktur der Welt beschreiben?

Ich bin dort für die weltweite Produktion und Logistik von Telekommunikationsanlagen (Sendeanlagen, Antennen, Vermittlungsanlagen etc.) zuständig. Wir entwickeln und bauen selber keine Handys, sondern die o. g. Systeme. Früher bauten wir noch Handys in Deutschland, China und Shanghai.

Bis wann hat Ihr Unternehmen Handys in Deutschland gefertigt und was waren die Gründe für die Verlagerung der Produktionsstätten?

Bis Mitte 2008 wurden Handys in Bochum gebaut. Aufgrund der zu hohen Lohnkosten in Deutschland ist die Produktion im September 2008 nach Rumänien verlagert worden. Das Unternehmen war seinerzeit mithilfe von Subventionen von Bochum nach Rumänien gelockt worden. Man redet von ca. 60 Millionen Euro Zuschuss. Wir hatten die Subventionen von der Regionalverwaltung und dem rumänischen Staat erhalten, um die nötige Infrastruktur rund um die neue Fabrik zu errichten. Nur drei Jahre nachdem das Unternehmen die Handyproduktion aus dem Werk in Bochum nach Rumänien verlagert hat, wurde das Werk in Rumänien wieder geschlossen. Wir mussten sparen, weil das Unternehmen unter einem erheblichen Wettbewerbsdruck durch die Smartphone-Telefone der Konkurrenz steht. Die Fabrik in Rumänien soll deshalb verkauft und gleichzeitig eine neue in Vietnam für 200 Millionen Euro gebaut werden. Mehr als 80 % aller Komponenten, die in Handys verbaut sind, werden in China oder anderen asiatischen Ländern eingekauft. Außerdem wird die Mehrzahl der Handys heute im asiatischen Raum verkauft. Früher war Europa – insbesondere Deutschland – der größte Absatzmarkt, sodass eine Produktion in dieser Region sinnvoll war.

Könnten Sie sich vorstellen, dass es jemals wieder eine Handyproduktion in Deutschland geben könnte?

Die Lohnkosten sind zu hoch in Deutschland, es lohnt sich weder die einzelnen Komponenten in Deutschland zu produzieren, noch die einzelnen Komponenten zu Handys zusammenzubauen. Die Produktionsmethoden erfordern kein außergewöhnliches Know-how. Deutschland kann in der produzierenden Industrie nur noch mit neuen Schlüsseltechnologien, z. B. in der Medizintechnik, mithalten und Geld mit innovativen Ideen verdienen.

Nach: Interview mit Josef Schneiders, Head of Supply Chain Unit at Nokia Siemens Networks, 10.6.2012

Aufgaben

1. Beschreibe die Karikatur M1. Begründe anschließend mithilfe von M2 und M3, ob du der dargestellten Aussage zustimmst oder nicht.
2. Erstelle eine Systematik der Kriterien für eine Standortwahl. (M2, M3)
3. Erläutere mögliche Fehler bei der Wahl des Standorts.
4. Arbeite Entscheidungskonflikte bei der Standortwahl heraus.
5. Erstelle eine gewichtete Entscheidungsmatrix (vgl. Kap. 1, S. 14) für die Standortwahl eines selbst gewählten Unternehmens.

Fachwissen im Zusammenhang

Ökonomische Entscheidungen im Unternehmen

Wie bei der Konsum- und Berufswahlentscheidung im privaten Haushalt werden auch im Unternehmen ökonomische Entscheidungen getroffen. Hierfür müssen Kriterien für Entscheidungen aufgestellt und Alternativen gegeneinander abgewogen werden. Besonders weitreichend sind die Entscheidungen bei der **Gründung eines Unternehmens.** Auch Unternehmer handeln dabei nach dem ökonomischen Prinzip, indem sie das Verhältnis von **Aufwand (bzw. „Input")** und **Ertrag bzw. („Output")** optimieren.

Die Geschäftsidee: Chancen und Risiken

Die richtige Geschäftsidee ist wesentliche Voraussetzung der erfolgreichen Unternehmensgründung. Wesentliche Voraussetzung des Erfolgs sind die Marktchancen des Produkts. Unternehmensgründer sollten sich überlegen, ob ihr Produkt überhaupt benötigt wird und die erforderliche Kaufkraft vorhanden ist **(Marktvolumen)** und ob dieses Produkt bisher von wenigen oder keinen Mitbewerbern angeboten wird **(Marktlücke)**. Dafür müssen der Absatzmarkt und die entsprechenden Zielgruppen analysiert werden. Dies ist Aufgabe der Marktforschung. Außerdem sollte sichergestellt werden, ob der **Finanzierungsbedarf** mit **Eigen- und Fremdkapital** gedeckt werden kann. Der Finanzierungsbedarf ergibt sich nicht nur durch die anstehenden Investitionen (z. B. für Maschinen, Büroeinrichtung etc.), sondern auch durch die laufenden Ausgaben der Gründungsphase (z. B. Miete, Löhne). Eigenkapital wird von den Gründern bzw. den Teilhabern des Unternehmens beigesteuert. Es verbleibt dauerhaft im Unternehmen. Da es meist nur begrenzt vorhanden ist, muss in der Regel zusätzlich Fremdkapital (z. B. in Form von Bankkrediten) beschafft werden. Wie viel Fremdkapital verfügbar ist, hängt wesentlich von der Kreditwürdigkeit des Unternehmens ab – welche gerade bei Neugründungen oft gering ist. Die mit Krediten verbundenen Zinszahlungen schmälern den Gewinn des Unternehmens. Nicht zuletzt sollten die erforderlichen technischen und kaufmännischen Qualifikationen gegeben sein. Nicht immer sind beide Qualifikationen gleich ausgeprägt: Ein technisch begabter Wissenschaftler kann auch an wirtschaftlichen Problemen, z. B. bei der Kapitalbeschaffung scheitern. Neben technischen und kaufmännischen Fähigkeiten sind

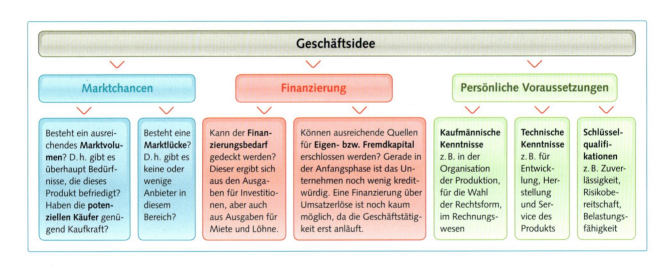

zahlreiche Schlüsselqualifikationen wie Organisationsgeschick, Durchhaltevermögen, Zuverlässigkeit, Stresstoleranz, Kreativität usw. erforderlich. Da die Gründung eines Unternehmens mit großen Risiken verbunden sein kann, ist die Risikobereitschaft und die Fähigkeit Stresssituationen zu bewältigen eine besondere Charaktereigenschaft für einen Unternehmensgründer.

Die Rolle von Unternehmern in Wirtschaft und Gesellschaft

Unternehmen erstellen Waren und Dienstleistungen für den Konsum der Haushalte und sie beschäftigen Arbeitnehmer – damit sind sie eine wichtige Quelle für das Einkommen der Haushalte. Unternehmer setzen **Innovationen** auf dem Markt um. Damit sind sie eine wichtige Triebfeder der wirtschaftlichen und gesellschaftlichen Entwicklung. Sie übernehmen dabei die Aufgabe der Kapitalbeschaffung, aber auch das Risiko des Kapitalverlustes. Unternehmen handeln nach dem ökonomischen Prinzip und versuchen die Effizienz der Produktion zu steigern. Dabei werden einerseits Arbeitsplätze geschaffen (z. B. bei Produktinnovation), andererseits auch vernichtet (z. B. durch Rationalisierung). Der Ökonom Joseph A. Schumpeter nannte dies den Prozess der „schöpferischen Zerstörung". Insgesamt jedoch werden die Wirtschaftlichkeit der Leistungserstellung und damit der gesellschaftliche **Wohlstand** gesteigert.

Wesentliche Voraussetzung für erfolgreiches unternehmerisches Handeln ist wirtschaftliche Freiheit (z. B. Gewerbefreiheit). Unternehmerische Tätigkeit beinhaltet großes Risiko, da der Unternehmer meist große Teile seines Privatvermögens in das Unternehmen investiert, gleichzeitig ist unternehmerische Tätigkeit mit hohem Arbeitsaufwand verbunden. Damit Menschen dennoch motiviert sind, sich als Unternehmer selbständig zu machen, müssen angemessene Gewinnchancen gegeben sein.

Haftungsbeschränkung durch Wahl der Rechtsform

Mit der Gründung übernimmt ein Unternehmer im Extremfall das Risiko des Verlusts seines gesamten Vermögens und darüber hinaus langfristiger Verschuldung. Mit der Rechtsformwahl können jedoch Haftungsbeschränkungen vorgenommen werden. Die Haftung lässt sich durch Gründung einer **Kapitalgesellschaft** (GmbH und AG) erheblich einschränken. Kapitalgesellschaften haben eine eigene Rechtspersönlichkeit; man spricht daher von einer „juristischen Person". Bei der Kapitalgesellschaft haften nicht mehr die Mitglieder persönlich, sondern nur noch die juristische Person der Gesellschaft mit ihrem jeweiligen Kapital. Bei den **Personengesellschaften** (OHG, KG) lässt sich die Haftung kaum einschränken, allerdings ist der Gründungsaufwand geringer und die Gesellschaft – bedingt durch die uneingeschränkte Haftung der Gründer – ist unter Umständen kreditwürdiger. Die Personengesellschaften (OHG und KG) sowie die Einzelunternehmung haben keine eigene Rechtspersönlichkeit. Die Gründer handeln unter ihrer eigenen Rechtspersönlichkeit („Das Unternehmen bin ich"), deshalb heißen sie „Personengesellschaften".

natürliche Person

Fachwissen im Zusammenhang

natürliche Person

Trennung

juristische Person

Bei der Gründung einer Kapitalgesellschaft tritt z. B. die GmbH als unabhängige Rechtsperson („juristische Person") neben den Gründer. Die juristische Person kann z. B. verklagt werden, sie kann – vertreten durch natürliche Personen – Verträge abschließen und haftet als Rechtspersönlichkeit. Es ist bspw. auch möglich eine „Ein-Mann-GmbH" zu gründen. Der Gründer kann dann als Geschäftsführer bei seiner eigenen GmbH beschäftigt sein. Die Gesellschaft definiert sich durch ihr Kapital, nicht durch die Personen die ihr angehören, deshalb heißt sie „Kapitalgesellschaft".

	Haftung	Unabhängigkeit	Kreditwürdigkeit	Aufwand der Gründung
Einzelunternehmen	persönlich und unbeschränkt	hoch: Einzelkaufmann entscheidet	grundsätzlich hoch: abhängig von der Person der Vollhafter	gering
OHG	alle Teilhaber persönlich und unbeschränkt	alle Teilhaber zur Geschäftsführung berechtigt		
KG	Komplementäre: wie OHG Kommanditisten: nur mit Einlage	Komplementäre: wie OHG Kommanditisten haben Informations- und Kontrollrechte		
GmbH	nur mit der Einlage	Publikationspflichten (d. h. wichtige Unternehmenszahlen müssen veröffentlicht werden); Kontrollrechte der Teilhaber	grundsätzlich niedrig: abhängig von der Ausstattung des Unternehmens mit Eigenkapital bzw. mit Sachanlagen	hoch
AG	nur mit der Einlage	Publikationspflichten		

Standortwahl

Besonders deutlich werden die möglichen Zielkonflikte der unternehmerischen Entscheidung bei der Standortwahl. Standortfaktoren sind die Eigenschaften eines Ortes, die eine Unternehmensansiedlung mehr oder weniger attraktiv machen. Es müssen nicht nur sehr unterschiedliche **Standortfaktoren erörtert** werden (z. B. Kundennähe, Mieten, Lohnkosten und Qualifikation, Infrastruktur), die Standortfaktoren haben auch unterschiedliche hohe Bedeutung für ein Unternehmen. In einer **Entscheidungsmatrix** werden die verschiedenen Standortfaktoren daher **gewichtet** (z. B. hätte die Kundennähe im Einzelhandel ein besonders hohes Gewicht, der Zugang zu Rohstoffen ein nur sehr geringes).

Man unterscheidet harte und weiche Standortfaktoren. **Harte Standortfaktoren** sind objektiv messbar, wie z. B. Transportkosten, Kundennähe oder Infrastruktur. **Weiche Standortfaktoren** sind subjektiv, wie z. B. politische Stabilität, Kulturangebot oder Umweltqualität. Gerade für Unternehmen, die hochqualifizierte Mitarbeiter benötigen, spielt die Attraktivität der weichen Standortfaktoren eine immer größere Rolle.

M1 Unternehmer will persönlich haften

Seit Jahren zieht ein Familienunternehmer aus dem schwäbischen Burladingen gegen die Verantwortungslosigkeit von Managern zu Felde. Jetzt hat das auch persönliche Konsequenzen: Zum 1. Januar 2011 will er seine Firma, die ihr Geld vor allem mit Sportbekleidung verdient, als „eingetragener Kaufmann" (e. K.) leiten. Die bisherige Rechtsform GmbH & Co. KG wird damit abgelöst.

Hinter dem zunächst rein rechtlichen Vorgang verbirgt sich aber mehr. Bei einer e. K. haften die Einzelkaufleute für Schulden des Unternehmens mit ihrem gesamten Vermögen. Es wird nicht zwischen dem Vermögen des Unternehmens und dem Privatvermögen unterschieden. Der Familienunternehmer, der alle Anteile an seiner Firma selbst hält, haftet also umfassend, persönlich und direkt. Bei der GmbH & Co. KG dagegen haftet keine natürliche Person, sondern die GmbH.

Immer wieder hat der Textilunternehmer in den vergangenen zehn Jahren das Verhalten von Managern in Top-Positionen kritisiert und ihnen vorgeworfen, mit falschen Entscheidungen den Wert ihrer Firmen und damit die Zukunft ihrer Mitarbeiter geschädigt zu haben. Es gehe nicht an, dass – solange die Geschäfte gut liefen – Millionengehälter gezahlt würden, bei Verlusten oder Pleiten aber der Steuerzahler die Zeche zahlen müsse. Stattdessen müsse das Management auch für die von ihm verursachten Verluste verantwortlich gemacht werden. Das Argument dabei: Entscheider, die selbst haften, gehen wirtschaftlich gewissenhafter vor und verursachen auch weniger gesamtwirtschaftliche Schäden – etwa durch Insolvenzen, falsche Standortentscheidungen und Fehlinvestitionen.

„Wenn ich Fehler mache, stehe ich auch persönlich dafür gerade." Mit seinem Schritt wolle er diesbezüglich ein Zeichen setzen.

Nach: Walther Rosenberger, Stuttgarter Nachrichten, 17.11.2010

Aufgabe

Überlege, ob der ungewöhnliche Schritt des Familienunternehmers in M1 eine Signalwirkung auf andere Unternehmer in Deutschland haben könnte und ob sie dem Beispiel folgen sollten. Begründe deine Meinung.

Typische Geschäftsprozesse im Unternehmen

„Wahre Wirtschaftlichkeit ist das Gegenteil von bloßem Sparen, Knausern und Verzichten. Sie besteht vielmehr in der Verhütung von Verschwendung, in der Erhaltung aller Energien und in der Abschaffung der Schlamperei."

Elbert Hubbard (1856–1915), amerik. Schriftsteller

8

Was weißt du schon?

1. Beschreibe anhand der Bilder, wie die Wirtschaftlichkeit der Produktion in Unternehmen gesteigert werden kann.

2. Benenne Vor- und Nachteile dieser Maßnahmen für Arbeitnehmer und die Gesellschaft.

Kompetenzen

Am Ende dieses Kapitels solltest du Folgendes können:

- analysieren, wie Unternehmen durch Arbeitsteilung die Wirtschaftlichkeit erhöhen
- analysieren, wie die Organisation der Fertigung die Wirtschaftlichkeit erhöht
- beurteilen, ob die Marketingstrategie eines Unternehmens den Umsatz erhöhen kann
- einfache Marketingkonzepte entwickeln und in einer Präsentation darstellen

Wie kann man knappe Produktionsfaktoren wirtschaftlich einsetzen?

M1　Aufgaben der Beschaffung im Unternehmen

Vera Kleinschmidt, Leiterin zentraler Einkauf

Vera Kleinschmidt, Leiterin des zentralen Einkaufs eines mittelständischen Automobilzulieferers, berichtet über ihre Aufgaben:
Ohne Werkstoffe, wie Stahl, Schrauben etc., läuft in unserem Werk gar nichts. Deshalb muss ich mich um die Beschaffung dieser Materialien für unsere Werke kümmern. Das bedeutet ständigen Kontakt zu unseren Lieferanten. Dabei muss ich nicht nur auf die Kosten, sondern auch auf die Qualität achten. Welcher Kunde möchte schon nach zwei Jahren einen Rostfleck an seinem Auto haben? Deshalb muss bereits der Lack, den wir verwenden, Top-Qualität haben. Außerdem ist die Pünktlichkeit der Lieferung von großer Bedeutung.
Natürlich benötigen wir auch immer neue Fachkräfte für die Fertigung, aber das ist Aufgabe der Personalabteilung.

Nach: Stephan Podes, Politik & Co. Nordrhein-Westfalen 2, Bamberg, S. 60

M2　Seltene Erden: wichtiger Produktionsfaktor in der Elektronikbranche

Wie versuchen Unternehmen die Versorgung mit Seltenen Erden sicherzustellen?
Schlüsseltechnologien von Handys, über Elektroautos und Energiesparlampen bis zum Windrad, kommen nicht ohne Seltene Erden aus. China droht deren Ausfuhr zu drosseln. Die jährliche Produktion der Seltenen Erden liegt weltweit bei nur 120.000 Tonnen, wovon allein China rund 97 Prozent produziert. Davon gingen im vergangenen Jahr noch etwa 50.000 Tonnen in den Export. Jetzt fürchten die westlichen Länder, dass die Chinesen ihre Ankündigung wahr machen und die Ausfuhren auf nur noch 30.000 Tonnen begrenzen werden. Allein für Deutschland wird der Bedarf auf 50.000 Tonnen jährlich geschätzt. Länder wie die USA, Japan oder Russland haben die Beschaffung von Bodenschätzen zur nationalen Aufgabe erklärt. Im vergangenen Jahr zog Deutschland nach, woraufhin kurze Zeit später die Deutsche Rohstoffagentur ihre Arbeit aufnahm. Als neue mögliche Lieferanten werden Australien, Kanada, Grönland, Vietnam und die Mongolei genannt. Dort kommen die Seltenen Erden an einigen Stellen der Erdkruste in so hohen Konzentrationen vor, dass sich ein Abbau wirtschaftlich lohnen könnte. Allerdings dauert es fünf bis zehn Jahre, um eine neue Mine zu erschließen. Einfacher und schneller ist es, stillgelegte Bergwerke wieder zu öffnen. Ein Beispiel dafür ist die Mountain Pass Mine in Kalifornien, die vor Jahren die Förderung einstellen musste, weil deren Betreiber mit den Dumpingpreisen der Anbieter aus China nicht mehr mithalten konnten. Zukünftig müssen sich Unternehmen verstärkt um Ersatzstoffe für Seltene Erden kümmern und nach technologischen Lösungen suchen.

Nach: Interview mit Josef Schneiders, Head of Supply Chain Unit at Nokia Siemens Networks, 10.6.2012

M 3 Erfolgsmeldungen

Presseerklärung eines mittelständischen Automobilzulieferers:

In verschiedenen Bereichen unseres Unternehmens konnte im letzten Jahr die Wirtschaftlichkeit erheblich gesteigert werden:

- Im Lager konnten – bei gleicher Leistungsfähigkeit und Zuverlässigkeit – der Lagerbestand und damit die Kosten der Lagerhaltung um rund 40 Prozent gesenkt werden.
- Durch verbesserte Arbeitsorganisation in der Fertigung wurden die Zeiten pro Arbeitsschritt erheblich gesenkt. Dadurch konnte die Produktivität bei gleichem Mitarbeiterbestand um 20 Prozent pro Tag gesteigert werden.
- Die Umweltbelastung durch die Lackiererei konnte bei gleichbleibender Qualität um 30 Prozent gesenkt werden.
- Durch Auslagerung der Gebäudereinigung an ein externes Unternehmen konnten die Kosten für diese Leistung um 10 Prozent verringert werden.

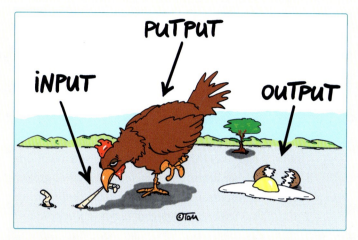

Karikatur: Tom Körner

M 4 Der Produktionsfaktor Wissen

Man kann deutlich beobachten, wie mit dem Vordringen von Internet, von Informationsökonomie, IT-gestützten Dienstleistungen und den digitalisierten Gütern vertraute unternehmerische Regeln ihre Bedeutung verändern oder ganz verlieren. Die bei uns noch weitgehend vorherrschenden industriellen Organisationskonzepte, die sich an der Verwertung von Rohstoffen durch den Einsatz der Produktionsmittel Kapital, Energie und Arbeit orientieren, werden mehr und mehr durch Konzepte ersetzt, in denen Erwerbstätige Wissen transportieren und dadurch neues Wissen schaffen – eine völlig neue Art der Wertschöpfung.

Nach: Klaus Doppler/Christoph Lauterburg, Change Management, Frankfurt 2008, S. 27 f.

Aufgaben

1. Systematisiere die verschiedenen Bestandteile des Inputs der Produktion (Produktionsfaktoren). (M1)
2. Erläutere, wie die Elektronikbranche auf die Knappheit des Produktionsfaktors „Seltene Erden" reagiert. (M2)
3. Analysiere, ob bei den in M3 genannten Maßnahmen jeweils der Input minimiert oder der Output maximiert wurde.
4. Erläutere die in M4 beschriebene „völlig neue Art der Wertschöpfung" am Beispiel von Suchmaschinen im Internet.

Wie kann durch Arbeitsteilung die Wirtschaftlichkeit gesteigert werden?

M1 Der optimierte Hausputz

Susanne, Gianni und Felix sind zusammen in eine WG gezogen. Damit alles ordentlich und sauber bleibt, gibt es jede Woche einen großen Hausputz. Dabei fallen vor allem drei Arbeiten an: Fußböden reinigen, Bad und Küche sauber machen sowie Fenster putzen. Jede Woche ist einer der drei mit dem Putzen dran. Wie Felix nach einigen Wochen feststellt, braucht jeder für einen Wochenputz ungefähr gleich lang. Also kein Grund, irgendwas zu ändern – oder doch?

Arbeitszeit in Minuten	Susanne	Gianni	Felix
Fußboden	40	30	45
Bad und Küche	20	30	25
Fenster	30	30	20
Zeitaufwand für einen kompletten Hausputz	**90**	**90**	**90**

M2 Wie Arbeitsteilung zum Wohlstand beiträgt

David Ricardo (1772–1823) ist bis heute für seine Theorie der komparativen Kosten und der internationalen Arbeitsteilung bekannt.

Es ist eine der bedeutendsten kulturhistorischen Erkenntnisse der Menschheit: die Einsicht, dass Arbeitsteilung sinnvoll ist. Menschen tun das, was sie gut können, und lassen jenes, wozu sie weniger talentiert sind. Die eine schreibt kluge Artikel, der andere wickelt in der Zwischenzeit die Kinder. Der Bäcker sorgt fürs Brot, der Schlachter fürs Fleisch, und der dritte macht daraus die besten Sandwiches. Adam Smith schilderte, wie die Herstellung von Stecknadeln in einzelne Teile zerlegt werden kann: Draht ziehen und schneiden, zuspitzen und schleifen. David Ricardo schrieb davon, dass sich England auf die Herstellung von Tuch konzentrieren solle, Portugal dagegen auf die Weinproduktion.
Arbeitsteilung hilft, das wichtigste ökonomische Ziel zu erreichen: mit Rohstoffen und Arbeit sparsam umzugehen und so hohe Erträge wie möglich herauszuholen. Sie verwirklicht aber auch einen wichtigen humanistischen Gedanken: Niemand ist zu schlecht, um zu einem wirtschaftlichen Erfolg einer Gesellschaft beizutragen. Das gilt auch für Menschen, die nirgendwo große Talente sind, die weder mit dem Kopf noch mit den Händen wirkliche Spitzenleistungen vollbringen, die weder Kraft noch Geschick haben – auch sie können wirtschaftlich Wertvolles leisten. Dann nämlich, wenn sie die Klügsten und Besten bei weniger anspruchsvollen Arbeiten entlasten. Das gilt zum Beispiel in der Familie: Die Mutter mag lesenswerter schreiben als der Vater und die Kinder besser wickeln. Trotzdem ist es für die Familie sinnvoller, wenn der Vater wenigstens versucht, sich in der Familie nützlich zu machen, anstatt seine Zeit sinnlos vor der Glotze zu verplempern. Es ist nicht nur für die Familie, sondern auch für die Volkswirtschaft

insgesamt von Vorteil, wenn klügere Frauen Karriere machen und dümmere Männer zu Hause bleiben.

Dass man Aufgaben trennt, fördert zusätzlich die Geschicklichkeit der Menschen – weil sie sich dann spezialisieren können. Dadurch können sie ihre Fähigkeiten leichter weiterentwickeln. Am Ende produzieren sie mehr in der gleichen Zeit. Der Volkswirt sagt: Die Arbeitsproduktivität steigt. Dadurch lohnt es sich für die Arbeitgeber eher, die Arbeitsplätze mit besseren Geräten und Werkzeugen auszustatten, vielleicht sogar mit Maschinen, Apparaten und Fahrzeugen. Es entstehen Anreize für permanente Investitionen und Innovationen. So beginnt der technische Fortschritt im Betrieb. Früher oder später schwappt er auf die gesamte Volkswirtschaft über. Dann wächst die Wirtschaft, und der Wohlstand einer Nation nimmt zu. So verbessern Arbeitsteilung und Spezialisierung zunächst die betriebswirtschaftliche Effizienz, als Folge davon auch die volkswirtschaftliche.

Die guten Auswirkungen der Arbeitsteilung gibt es nicht nur im kleinen Maßstab innerhalb von Familien, Betrieben, Dörfern und Ländern. Das Prinzip funktioniert auch, wenn man die ganze Welt betrachtet. Wenn sich verschiedene Länder die Arbeit teilen, ermöglicht das zusätzlichen Wohlstand, und zwar weltweit: Waren und Dienstleistungen werden dort hergestellt, wo sie am billigsten sind. Güter, die anderswo günstiger produziert werden als hier, werden importiert. Güter, die anderswo teurer hergestellt werden, werden exportiert. Der internationale Handel sorgt für den Ausgleich von Mangel und Überfluss.

Nach: Rainer Hank, Was Sie schon immer über Wirtschaft wissen wollten, Frankfurt 2008. S. 152f.

M 3 Arbeitsteilung: Adam Smith

Ein wesentliches Mittel zur Verwirklichung des Wirtschaftlichkeitsprinzips bei der Produktion ist die Arbeitsteilung. Der britische Nationalökonom Adam Smith hat schon zu Beginn der Industrialisierung die Vorzüge dieser Organisation von Fertigungsprozessen in seinem Werk *The Wealth of Nations* aus dem Jahr 1776 treffend geschildert:

„Der eine Arbeiter zieht den Draht, der andere streckt ihn, ein dritter schneidet ihn, ein vierter spitzt ihn zu, ein fünfter schleift das obere Ende, damit der Kopf aufgesetzt werden kann. Auch die Herstellung des Kopfes erfordert zwei oder drei getrennte Arbeitsgänge. Das Ansetzen des Kopfes ist eine eigene Tätigkeit, ebenso das Weißglühen der Nadel, ja, selbst das Verpacken der Nadeln ist eine Arbeit für sich. Um eine Stecknadel anzufertigen, sind somit etwa 18 verschiedene Arbeitsgänge notwendig. Die enorme Steigerung der Arbeit, die die gleiche Anzahl Menschen infolge der Arbeitsteilung zu leisten vermag, hängt von drei verschiedenen Faktoren ab: (1) der größeren Geschicklichkeit jedes einzelnen Arbeiters, (2) der Ersparnis der Zeit, die gewöhnlich beim Wechsel von einer Tätigkeit zur anderen verloren geht, und (3) der Erfindung einer Reihe von Maschinen, welche die Arbeit erleichtern, die Arbeitszeit verkürzen und den Einzelnen in den Stand versetzen, die Arbeit vieler zu leisten."

Adam Smith, der Wohlstand der Nationen, übers. von Horst Claus Recktenwald, München 1974, S. 9f.

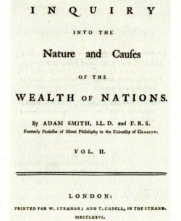

Titelseite von Adam Smith' Hauptwerk (1776)

Berufliche Arbeitsteilung
Sie entsteht durch Spezialisierung auf bestimmte Tätigkeiten (Kinderarzt, Internist, Augenarzt …).

Innerbetriebliche Arbeitsteilung
Der Produktionsprozess eines Gutes, der vorher von einem Arbeiter alleine bewerkstelligt wurde, wird in einem Betrieb in Teilarbeiten zerlegt.

Zwischenbetriebliche Arbeitsteilung
Einzelne Betriebe spezialisieren sich auf bestimmte Produkte. Zum Beispiel produziert Betrieb A Reifen, während Betrieb B Stoßstangen produziert.

Internationale Arbeitsteilung
Sie findet statt, wenn die innerbetriebliche oder zwischenbetriebliche Arbeitsteilung über Landesgrenzen hinweg organisiert ist.

M 4　Die Tomatendose – ein Wirtschaftswunder

Lassen Sie mich die Dramatik des Geschehens durch Beispiele aus Ihrem Alltag aufhellen: Sie gehen in den Supermarkt und kaufen eine Dose gehackte Pizzatomaten für 29 Cent. Ha-
5 ben Sie einmal darüber nachgedacht, wie diese Dose zu Ihnen kommt? Da haben Mitarbeiter Tomatensamen gekauft und Tomaten gezüchtet. Die Setzlinge kommen in Gewächshäuser und werden gegossen und gedüngt. Die Früchte werden geerntet, gewaschen und zerhackt. Derweil sind Lastwagen mit leeren Dosen gekommen, eine Druckerei bringt Etiketten. Eine Abfüllanlage kombiniert Tomaten, Do- 20 sen und Etiketten zum fertigen Produkt. Das wiederum wird nun auf Lkws zum Großhandel gebracht und gelagert. Schließlich wandert es als Nachschub in den Supermarkt. Der bezahlt vielleicht 20 Cent für die Dose, die Sie dann für 25 29 Cent mit nach Hause nehmen. Stellen Sie sich einmal vor, Sie selbst müssten die Tomaten in Heimarbeit erstellen. Sie kaufen also in der Gärtnerei eine angezogene Tomatenpflanze für 33 Cent (schon mehr als die Dose kostet), 30 kaufen einen Topf und Dünger dafür, zählen die Minuten zum Gießen… Dämmert Ihnen, welche traumhafte Leistung unserer Industrie darin liegt, die Dose für 29 Cents zu liefern?

Nach: Gunter Dueck, Aufbrechen, Warum wir eine Exzellenzgesellschaft werden müssen, Frankfurt am Main 2010, S. 8f.

Das Wirtschaftswunder Tomatendose

Aufgaben

1. Entwickle einen Vorschlag, wie die WG-Bewohner durch Arbeitsteilung die Wirtschaftlichkeit (vgl. Kap. 1, S. 24) des wöchentlichen Putzens verbessern könnte. (M1)
2. Begründe, warum die Arbeitsteilung die Wirtschaftlichkeit des menschlichen Handelns wesentlich verbessert. (M1–M3)
3. Fasse die gesellschaftlichen Auswirkungen der Arbeitsteilung zusammen. (M2, M4)
4. Erkläre vor dem Hintergrund von M1–M3, wie die Lebensmittelindustrie die in M4 beschriebene „traumhafte Leistung" zustandebringt.

Wie kann durch die Organisation der Fertigung die Wirtschaftlichkeit gesteigert werden?

M 1 Entscheidungen bei der Beschaffung: Logistik und just-in-time

Das weltweite Produktionsnetzwerk des Münchner Autobauers erfordert eine ausgefeilte Logistik, die einen ungestörten Materialfluss und Produktionsablauf garantiert. Alle Teile und
5 Komponenten müssen sekundengenau am Montageband eintreffen. Das ist nur möglich, wenn alle am Fertigungsprozess Beteiligten in das Produktionsnetzwerk integriert, d. h. eingebunden, sind. Die Logistik sorgt dafür, dass
10 nach dem Auftragseingang in der Produktion rechtzeitig ein Fertigungsauftrag an die Komponentenwerke des Automobilherstellers oder externe Partner aus der Zulieferindustrie erteilt wird.
15 Die Teile oder Module treffen per Lkw und Bahn in den Werken ein. Vor der Anlieferung an die Montagebänder werden sie zum Teil in Versorgungszentren auf dem Werksgelände vormontiert und dann über automatisierte
20 Förderanlagen an die Bänder geliefert.
Um die Kosten für Lagerbestände gering zu halten, treffen Lieferungen termingerecht, also „just-in-time" ein. Die Logistik lässt es zu, den Teilebestand, der auf dem Lkw oder im Bahn-
25 container unterwegs ist, jederzeit abzurufen oder zu überprüfen. Anstatt kostenintensive Lager zu unterhalten, werden nur noch kleine Vorräte als Puffer angelegt, die für einige Stunden den reibungslosen Produktionsbetrieb ga-
30 rantieren.
Individualität ist eine der Stärken moderner Produktionssysteme. Fast jedes Fahrzeug, das vom Band rollt, ist ein Unikat und speziell auf die Wünsche des Kunden zugeschnitten. Wür-

Bei der just-in-time-Anlieferung werden die benötigten Teile direkt in den Produktionsprozess eingebracht.

de man alle möglichen Variationen von Mo- 35 dellvarianten, Farben, Motorisierungen und Innenausstattungen durchspielen, ergäbe sich eine astronomische Zahl. Um diese enorme Vielfalt zu beherrschen, sind ein zuverlässiges Zuordnungssystem und sichere Abläufe bei der 40 Teilebereitstellung unerlässlich. Vor allem modellspezifische Komponenten und Baugruppen wie Motoren, Sitze oder Cockpits werden genau in der Reihenfolge, wie sie in die Fahrzeuge eingebaut werden – Fachleute nennen das 45 „just-in-sequence" –, vollautomatisch in den Montageprozess eingesteuert.

Nach: BMW AG – Redaktion, Roland Doerfler/Gabriele Kofler, Faszination Automobilbau, fächerübergreifende Unterrichtsmappe für die 7. bis 10. Jahrgangsstufe, Neuried, 2004, S. 20 ff.

just-in-time
die richtige Menge, zum richtigen Zeitpunkt, am richtigen Ort, verringerte Lagerhaltung

just-in-sequence
die richtige Menge, in der richtigen Reihenfolge, zum richtigen Zeitpunkt, am richtigen Ort, wenig bis keine Lagerhaltung

M2 Lean Production: wettbewerbsfähig durch schlanke Produktionsprinzipien

Outsourcing
Auslagerung von Unternehmensaufgaben/-strukturen an Drittunternehmen

Kanban
Kanban ist ein System zur Steuerung von Produktionsabläufen. Verbrauchtes Material wird dabei ausschließlich nach dem Pull-Prinzip – also nach Bedarf – bei Unterschreitung eines zuvor definierten Mindestbestandes wieder aufgefüllt.

Kaizen
Arbeitsphilosophie, in deren Zentrum das Streben nach ständiger Verbesserung steht

Outsourcing war einmal. Viele deutsche Unternehmen suchen ihr Heil zum Erhalt der internationalen Wettbewerbsfähigkeit nicht mehr in der Verlagerung ihrer Produktionen in Billiglohnländer oder an Drittunternehmen, sondern setzen auf schlanke Produktions- und Logistikmethoden – ein nicht immer einfacher Weg, aber einer, der sich lohnt. Die weltweite Finanzkrise verdeutlicht gerade, wie sensibel und anfällig Wirtschaft und Industrie für Schwankungen im internationalen Geldfluss sind. Fehlen die Kredite, bleiben Aufträge aus und geplante Projekte werden auf Eis gelegt. Gerade in diesen schwierigen Zeiten sind produzierende Unternehmen im Vorteil, die flexibel auf solche Umstände reagieren können. Und wenn die deutschen Automobilkonzerne für einen bestimmten Zeitraum ihre Montagebänder stillstehen lassen, bedeutet dies noch keine Gefahr für Arbeitsplätze oder gar deren Existenz. Denn die meisten Autobauer produzieren inzwischen schlank. Schlank in diesem Zusammenhang bedeutet vor allem, dass Unternehmen in ihrer Produktion, ihrem Materialfluss oder aber auch in ihrer Verwaltung Verschwendung vermeiden und nicht wertschöpfende Tätigkeiten und Prozesse sowie unnötig hohe Lagerbestände beseitigen. Material soll idealerweise im ständigen Fluss sein und zur rechten Zeit am richtigen Ort (just-in-time oder just-in-sequence) zur Verfügung stehen. Vorgemacht haben es die Japaner, und zwar die, die beim inzwischen größten Automobilhersteller der Welt nach dem 2. Weltkrieg trotz des Ressourcenmangels Autos bauen wollten. Inzwischen produzieren in Deutschland nicht nur die großen Automobilkonzerne nach japanischem Vorbild. Immer mehr Mittelständler aller Größenordnungen begegnen Kostendruck und kapitalbindenden Materialüberbeständen mit der Einführung und Umstellung ihrer innerbetrieblichen Organisation auf „schlanken Materialfluss", „schlanke Produktion", Kanban und Kaizen.

Wie in vielen anderen Unternehmen machte man auch bei einem deutschen Hersteller von Gabelstaplern zunächst die Erfahrung, dass aller Anfang leicht und – mit den Worten des Logistikleiters Mark Göbes – „bei guter Planung ohne große zusätzliche Investitionen umzusetzen ist".

Geduld und Durchhaltevermögen bei der Umsetzung ist gefragt, denn weitaus intensiver als die technischen sind die Eingriffe in die Traditionen und Hierarchien eines Unternehmens. Die Einführung schlanker Prozesse erfordert ein umfassendes Umdenken, das von der Unternehmensleitung bis zu den operativen Mitarbeitern im Lager oder am Montageplatz reicht. Von daher ist es sicherlich sinnvoll, dass sich Unternehmen auf schlanke Prozesse spezialisierte Berater ins Haus holen, denn der Mensch ist ein niemals zu unterschätzender Faktor bei der Umsetzung neuer Ideen. Faruk Bilgin leitet das Produktionssystem eines Herstellers von Dach- und Temperaturmanagementsystemen für die Automobilindustrie, und kennt das aus eigener Erfahrung: „Die Menschen in einem Unternehmen stellen einen Querschnitt der Gesellschaft dar. Dementsprechend gab es bei uns alle denkbaren Reaktionen."

Gruppenarbeit bei der Fahrzeugmontage

Entscheidend für die erfolgreiche Einführung schlanker Methoden ist daher, dass den beteiligten Mitarbeitern die Ziele und der Nutzen beizeiten verständlich gemacht und dass sie von vornherein aktiv in die Planungen einbezogen werden. Einmal im Fluss, werden diese Prinzipien zu einem nahezu unerschöpflichen Quell weiterer Verbesserungen. Dahinter steckt Kaizen, vielleicht einer der wichtigsten Bestandteile des ursprünglich japanischen Produktionssystems. „Kaizen bedeutet, jeden Tag jeden Prozess etwas zu verbessern", erklärt Faruk Bilgin. „Wer dieser Philosophie folgt, ist in der Lage, jegliche Art der Verschwendung Schritt für Schritt zu eliminieren." Der Erfolg von Kaizen beruht nicht zuletzt darauf, dass alle Mitarbeiter – vom Werker bis zum Vorstand – verstanden haben, worum es dabei geht. Sie müssen zum Beispiel wissen, dass sie für ihr Tun die Verantwortung tragen. Dafür haben sie die Möglichkeit, jederzeit Verbesserungsvorschläge einzubringen und umzusetzen.

Die Erfahrung mit schlanken Prozessen ist bei den Unternehmen, die sie konsequent umgesetzt haben, durchweg positiv. „Unser Lagerbestand konnte grundsätzlich um mindestens 50, teilweise sogar um bis zu 80 Prozent reduziert werden. Zudem wurde die Liefertreue auf nahezu 100 Prozent gesteigert und damit auch die Versorgungssicherheit für die Montage", berichtet Gerold Raubacher, verantwortlich für die Kanban-Abwicklung in der Logistik-Abteilung eines Herstellers hochpräziser Planetengetriebe, kompletter elektromechanischer Antriebssysteme und AC-Servosysteme. Das Unternehmen von Faruk Bilgin verbesserte die Produkt-, die Produktions- und auch die Lieferqualität um jeweils mehr als 60 Prozent. Laut Mark Göbes reduzierten sich die Durchlaufzeiten in seinem Werk um bis zu 50 Prozent und dementsprechend auch die Lieferzeiten.

Nach: Volker Unruh, MaschinenMarkt, Das Industrie Portal, 16.10.2008

Aufgaben

1. Fasse zusammen, wo im Text M1 Aspekte der inner- und zwischenbetrieblichen Spezialisierung (Arbeitsteilung) angesprochen werden. Welche Probleme entstehen durch diese Spezialisierung?

2. Erläutere die logistischen Maßnahmen, durch die eine störungsfreie Beschaffung gesichert wird. (M1)

3. Erörtere Vor- und Nachteile einer just-in-time-Lieferung. Zeige auf, dass für eine wirtschaftliche Produktion nicht unbedingt eine Verlagerung ins Ausland erforderlich ist. (M1, M2)

4. Definiere den Begriff „lean production". Begründe, warum mithilfe von „lean production" flexibler auf Krisen reagiert werden kann. (M1, M2)

5. Analysiere verschiedene Tätigkeiten deiner schulischen Arbeit. Erläutere eine Maßnahme zur Verbesserung der Wirtschaftlichkeit deiner Arbeit, welche „bei guter Planung ohne große zusätzliche Investitionen umzusetzen ist".

6. Erläutere, wie ein Kaizen-Prozess an einer Schule gestaltet werden würde, und beurteile, ob dies an deiner Schule möglich wäre.

Methode: die Betriebserkundung

"Well, they're just like your mom's cookies if your mom is a 35 ton, multi-unit dough extruder."

Die Erkundung eines Unternehmens ist ein wichtiges Mittel, betriebswirtschaftliche, volkswirtschaftliche und gesellschaftliche Zusammenhänge in der Realität zu erleben. Eine „Erkundung" sollte keine reine „Besichtigung" sein, bei der der „Besucher" im Betrieb zwar vieles sieht, aber letztlich gar nichts versteht. Stelle dir beispielsweise vor, du besuchst eine Zeremonie in einem hinduistischen Tempel: Ohne Hintergrundinformationen wirst du fast gar nichts verstehen und der Erkenntnisgewinn bleibt sehr beschränkt. Bei der Erkundung ist also eine eingehende Vor- und Nachbereitung sehr wichtig. In der Vorbereitung sollte man sich überlegen, worauf man überhaupt seine Aufmerksamkeit richten will; in der Nachbereitung wird das Gesehene in die theoretischen Zusammenhänge des Unterrichts eingeordnet (z. B. Einordnen in Geschäftsprozesse). Für eine fundierte Vor- und Nachbereitung ist die Bearbeitung eines Beobachtungsbogens sehr wichtig.

Beobachtungsbogen zur Betriebserkundung:

A) Vorbereitung (ggf. mit Informationsbeschaffung im Internet)

1. Nenne unterschiedliche Standorte des Unternehmens. Beschreibe die Bedeutung des erkundeten Standorts.
2. Welche Assoziationen verbindest du mit dem „Image" der Marke?
3. Beschreibe die Produktpalette des Unternehmens. Vergleiche sie mit anderen Unternehmen derselben Branche.
4. Anfahrt: Welchen Eindruck hast du vom unmittelbaren Umfeld des Standorts?

B) Erkundung

5. Eingangsbereich: Wie versucht die Architektur des Werkes die Corporate Identity/das „Image" der Marke zu vermitteln (Formen, Materialien, Räume)?
6. Welchen Eindruck vermitteln die Mitarbeiter (Motivation, Identifikation mit dem Unternehmen, Arbeitsbelastung)? Welche Instrumente der Motivation/Kontrolle sind erkennbar?
7. In welchen Bereichen wird noch menschliche Arbeitskraft eingesetzt? Warum?
8. Welche Komponenten werden zugeliefert (Outsourcing)? Welche nicht („Insourcing")? Warum (nicht)?
9. Wie wird die Zulieferung organisiert? Sind z. B. Zwischenlager erkennbar?
10. Welche Probleme können durch das Outsourcing auftreten?
11. Wie erfolgt die Qualitätskontrolle? Wo? Von wem?
12. Wie wirkt sich die Qualitätskontrolle auf den verantwortlichen Mitarbeiter aus? Wie wird die Qualität motivatorisch eingesetzt?
13. Inwiefern haben sich deine Erwartungen erfüllt? Hat sich deine Einstellung gegenüber dem Unternehmen geändert?

Wie kann das Marketing den Umsatz des Unternehmens erhöhen?

M 1 „Wir haben zu viel heiße Luft verkauft"

Wo er ist, gibt's Krach: Seit Januar ist Amir Kassaei der beste Kreative der Welt, findet zumindest die New Yorker Branchenbibel The Big Won – und der gebürtige Iraner ist nicht der Typ, der sich gegen diese Bezeichnung wehren würde. Radikal in Ansichten und Sprache mutet Kassaei seinen Kollegen einiges zu: Nicht die Banker, die Werber seien schuld an der Krise, sagt er. Denn die hätten zum sinnlosen Konsum angestiftet: Amir Kassaei über den Untergang der Werbung.

SZ: Herr Kassaei, der größte deutsche Autobauer ist der vielleicht wichtigste Kunde Ihrer Werbeagentur – sollten Sie da nicht wenigstens einen Führerschein haben?

Kassaei: Als ich jung war, hatte ich kein Geld dafür, später keine Zeit. Aber wenn man genügend Vorstellungskraft hat, dann ist das kein Problem. Das funktioniert. Ziemlich gut sogar.

SZ: Weil es beim Verkaufen ohnehin nur auf die richtige Verpackung ankommt?

Kassaei: Früher war das so, aber das ist vorbei. Durch die Digitalisierung wissen die Menschen heute viel mehr als früher über die Produkte, die ihnen angeboten werden. Man kann die Kunden heute nicht mehr veräppeln. Ein schlechtes Produkt hat es heute viel schwerer, einen Markt zu finden. Und das ist auch gut so.

SZ: Aus der Sicht des Werbers müssten Sie das doch eigentlich schlecht finden.

Kassaei: Nein, denn das System funktioniert nicht mehr, wie die aktuelle Wirtschaftskrise zeigt. Wir schimpfen immer auf die Banker, aber die Wahrheit ist: Die Marketing-Leute haben die viel größere Verantwortung. Denn die Wurzel dieser Krise liegt ja eindeutig im Konsum: Wer hat denn jahrelang den Amerikanern erzählt, dass sie sich über Konsum definieren sollen? Genau, wir waren es.

SZ: Sie wirken nicht, als hätten Sie ein schlechtes Gewissen.

Kassaei: Nein, aber darum geht es auch gar nicht. Ein Grund dafür, dass das System nicht funktioniert, ist, dass wir zu viel heiße Luft verkauft haben. Die meisten Unternehmen haben aufgehört, langfristig über sinnvolle Dinge nachzudenken, weil sie dachten, man kann ohnehin jeden Blödsinn durch das richtige Marketing verkaufen.

SZ: Und das ändert sich jetzt?

Kassaei: Das muss sich ändern. Unternehmen, die das nicht kapieren, werden untergehen – egal wie groß oder wichtig sie jetzt noch erscheinen mögen. In der Krise haben viele Menschen angefangen darüber nachzudenken, was sie eigentlich wirklich wollen, was sie brauchen und was ihnen wirklich wichtig ist. Diese Bewegung hat erst begonnen, aber sie wird stärker, das ist unausweichlich. Es geht nicht mehr darum, möglichst viel von allem zu besitzen. Es geht darum, die Dinge zu haben, die einem das Leben tatsächlich leichter, besser oder effizienter machen. Man könnte sagen: Die Leute haben keinen Bock mehr auf Schrott, und wenn er von der Werbung noch so hübsch verpackt ist.

Amir Kassaei, internationaler Kreativchef einer großen Werbeagentur und enfant terrible der Marketingbranche

Nach: Angelika Slavik, Süddeutsche Zeitung, 20.9.2012

M2 Die Bedeutung der Marke

Unternehmen investieren unglaubliche Summen, um ihre Marke unwiderstehlich zu machen. Mit gutem Grund, meint Klaus-Dieter Koch, Chef eines Nürnberger Beratungsunternehmens. Denn die Bedeutung von Marken habe in den vergangenen Jahrzehnten stark zugenommen. „Die Marke ist oft das einzige Kapital, das Unternehmen heute noch besitzen", sagt Koch. Weil immer mehr Unternehmen die Produktion ihrer Waren auslagerten, sei die Marke heute der wichtigste Faktor: also das, was die Menschen assoziieren, wenn sie den Markennamen hören. Ob sie Vertrauen haben. Ob sie die Marke cool finden.

Marken sind die Wegweiser in einem heute kaum überschaubaren Angebotsdschungel. Wer aus Hunderten ähnlicher Produkte wählen kann, braucht irgendeinen Anhaltspunkt zur Entscheidung. Manchmal ist das schlicht der Preis. Öfter ist es die Marke. Deshalb treiben die Firmen enormen Aufwand, um ihre Marken im Bewusstsein der Konsumenten zu verankern, um positive Assoziationen zu wecken und um Begierde zu kreieren.

Da ist das Beispiel des Münchner Automobilherstellers. Das Unternehmen produziert Autos, mit denen man von A nach B fahren kann. Das machen viele andere auch, und manche davon sind durchaus vergleichbar im Hinblick auf die Ausstattung oder den Komfort. Das Unternehmen mit Stammsitz in München muss also versuchen, seine Autos zu Begierdeobjekten zu stilisieren. Und dafür schult der Konzern seine Mitarbeiter auch schon mal bis zu zwei Tage in Sachen markengerechtem Verhalten. Man wolle „ein Bewusstsein dafür schaffen, was die Kunden erwarten, wenn sie mit unserer Marke in Berührung kommen", sagt der Marketingchef Uwe Ellinghaus. Wenn es nach ihm geht, soll das etwas mit Exklusivität zu tun haben, mit Freude und mit Sportlichkeit. Aber das funktioniert eben nicht, wenn potenzielle Kunden auf einen ruppigen, ungewaschenen Verkäufer treffen. Dann ist das mühsam aufgebaute Exklusivitätsgefühl gleich wieder dahin. Und deshalb wird bei dem Autokonzern trainiert. Er setzt neben der Mitarbeiterschulung etwa auch auf Sponsoring: Bei den Olympischen Spielen in London zum Beispiel kurvten mehrere Tausend Autos des bayerischen Konzerns durch die Stadt, die Spice Girls turnten bei der offiziellen Abschlussfeier auf dessen Modellen herum. Wie viel das kostet, sagt das Unternehmen nicht, aber man erhofft sich offenbar eine so große Werbewirkung.

Nach: Angelika Slavik, Süddeutsche Zeitung, 23.8.2012

Aufgaben

1. Erläutere die Veränderungen im Konsumverhalten, die Amir Kassaei feststellt, und begründe, warum dadurch die Gestaltung des Marketings schwieriger wird. (M1)
2. Entwickle eigene Ideen, wie das Marketing auf diese Entwicklung reagieren könnte.
3. Suche Beispiele für Werbekampagnen, die versuchen „jeden Blödsinn durch das richtige Marketing zu verkaufen".
4. Erläutere an Beispielen, welche Marketingmaßnahmen dich persönlich ansprechen.
5. Begründe, warum die Bedeutung von Marken für Unternehmen zugenommen hat. (M2)
6. Erläutere, wie unterschiedliche Bereiche des Marketings zusammenwirken müssen, um die Attraktivität der Marke zu gewährleisten. (M2)

Wie wirken Produktion und Marketing in der globalisierten Wirtschaft zusammen?

M 1 Globalisierte Produktionsprozesse

Der Aktionsradius der Unternehmen hat sich gegenüber früher dramatisch vergrößert. Konzerne und ihre Zulieferer sind global aufgestellt. Neue Märkte tun sich auf, neue Konkurrenten treten aufs Tapet. Geforscht wird dort, wo man qualifiziertes Personal findet. Produziert wird dort, wo die Arbeitskraft am billigsten ist. Vertrieben wird weltweit. Und dabei geht es nicht nur um Preise und Kosten. Es geht auch um Geschwindigkeit. Jeder hat die gleichen Informationen und Materialien zur Verfügung. Jeder kann alles kopieren. Nur wer laufend mit Innovationen aufwartet, hat am Markt die Nase vorn. Aber gute Ideen genügen nicht. „Time to market" heißt das Zauberwort. Alle weltweit agierenden Unternehmen haben in allen Zeitzonen ihre Entwicklungsteams. Ob eine neue Software oder ein neuer Tennisschuh – die Produktentwicklung läuft rund um die Uhr. Kurz vor Feierabend im Kontinent A werden die Entwicklungsunterlagen an die Kollegen im Kontinent B übermittelt, und der Entwicklungsprozess wird nahtlos fortgesetzt – rund um die Uhr. Wenn ein Warenhauskonzern in Deutschland eine bestimmte Anzahl T-Shirts braucht, wird diese im Internet ausgeschrieben. Lieferanten aus Indien, China, Korea und Brasilien unterbreiten im Rahmen einer Auktion ihre Angebote. Innerhalb von 24 Stunden ist das Geschäft abgeschlossen, wenige Wochen später liegen die neuen T-Shirts in deutschen Regalen.

Nach: Klaus Doppler/Christoph Lauterburg, Change Management, Frankfurt 2008, S. 35

M 2 Amerikanischer Computergigant holt Arbeitsplätze zurück

Zurück zu den Wurzeln: Einer der größten amerikanischen Elektronikhersteller will Computer wieder in den USA produzieren lassen. So sollen auch amerikanische Arbeitnehmer vom Erfolg des Computergiganten profitieren. Eine Trendwende ist das aber nicht. Die Industrieproduktion ist globalisiert und wird es auch bleiben. Niemand von ökonomischem Verstand würde auch nur versuchen, daran etwas zu ändern. Das Unternehmen ist eines der einflussreichsten der Gegenwart. Seine Produkte prägen und ändern derzeit das Leben der Menschen rund um den Globus auf eine Weise, wie sich das bis vor kurzem niemand vorstellen konnte. Das Design wirkt stilbildend weit über die Computerwelt hinaus. Und wie die Produkte hergestellt werden, kann zum Politikum werden. Seit sich vor zwei Jahren 14 Arbeiter bei einem Zulieferbetrieb in China umgebracht haben, verfolgen die Medien genau, was passiert, ehe ein neues Produkt in New York oder München auf den Markt kommt. Jetzt macht das Unternehmen wieder Schlagzeilen. Zum ersten Mal seit gut zehn Jahren wird es wieder Computer in den Vereinigten Staaten selbst produzieren.

Lange Zeit schien es unausweichliches Schicksal zu sein: Einfache Jobs werden aus den USA, Deutschland oder Frankreich nach China, Mexiko oder Osteuropa ausgelagert. Den alten Industrieländern bleiben Dienstleistungen und wenige Industriejobs für Hochqualifizierte. Die

Arbeiter des chinesischen Zulieferbetriebs in der Fabrik Shenzhen

durchschnittlich qualifizierten Arbeiter haben keine Chancen mehr. Dieses düstere Bild hat in seiner Einfachheit nie gestimmt. Zwar wurde die Wertschöpfung globalisiert; einstige Entwicklungsländer wie Indien, Mexiko, Taiwan und vor allem China eroberten sich ihren Platz in der internationalen Arbeitsteilung. Die Lohnkosten waren dabei immer ein wichtiger Faktor, jedoch nie der einzige. Wenn das alte Bild vom Export der Arbeitsplätze nie so gestimmt hat, dann kann jetzt auch das Gegenteil nicht richtig sein: Es wird keinen massiven Rückimport von Jobs geben. Die Industrieproduktion ist globalisiert und wird es auch bleiben. Niemand von ökonomischem Verstand würde auch nur versuchen, daran etwas zu ändern. Der Wohlstand von Hunderten Millionen Menschen hängt davon ab, dass die internationale Arbeitsteilung funktioniert. China ist schon längst nicht mehr einfach ein Billiglohnland, sondern auch ein Hightech-Produzent und ein immer anspruchsvollerer Kunde. Der Wohlstand steigt und mit ihm die Lohnkosten. Damit haben auch die alten Industrieländer neue Chancen.

Nach: Nikolaus Piper, Süddeutsche Zeitung, 9.12.2012

M 3 Billigprodukt oder Qualitätslabel?

Gerhard Flatz kämpft um die Zukunft einer Textilfabrik, deren Betrieb eigentlich viel zu teuer ist – weil sie in China steht. „China ist inzwischen so teuer, dass man hier einfache Textilien kaum noch produzieren kann", sagt Flatz. Seine Idee: „Made in China" soll zum Markenzeichen für Handwerkskunst und bedingungslose Qualität werden. Er ist Geschäftsführer einer in Hongkong registrierten Textilfirma, mit Fabrik in Heshan, einer Industriestadt in der südchinesischen Industrieprovinz Guangdong. Die 2.500 Angestellten produzieren Outdoor- und Funktionskleidung für weltweit bekannte Marken und deren teure Labels, die nicht damit werben, dass ihre Wetterjacken oder Schneehosen in China gefertigt werden. Das will Flatz ändern. „Die Textilbranche hat einen schlechten Ruf, weil viele denken, dass in China nur Ramschwaren produziert und Arbeiter ausgebeutet werden. Dabei müsste „Made in China" eigentlich eine Qualitätsmarke für hoch spezialisierte Handwerkskunst sein."

Made in China als Gütesiegel? Darauf muss man erst einmal kommen. Doch Flatz meint es ernst, und weil davon die Existenz seiner Fabrik abhängt, ist es ihm nicht egal, ob man ihm glaubt oder nicht. Flatz wuchtet sich hoch und wirft eine Jacke auf den Tisch. „Das ist das Feinste vom Feinen", verkündet er. Der Schnittbogen bestehe aus 216 Einzelteilen, die in 520 Produktionsschritten und 780 Minuten Handarbeit zusammengesetzt würden. Wenn die Jacken ab Ende September in Europa in den Läden hängen, werden sie 799 Euro kosten. Wer so viel Geld bezahle, verlange Perfektion, sagt Flatz. „So etwas kann man heute in Europa kaum noch herstellen, nicht nur wegen der Lohnkosten, sondern weil es fast keine Arbeiter mehr gibt, die sich mit den neuesten Produktionsmethoden und Maschinen auskennen." Natürlich weiß er, dass viele in Europa bei China unwillkürlich an Sweatshops denken, und er würde nie leugnen, dass in vielen Fabriken schäbiges Zeug unter miserablen Arbeitsbedingungen produziert wird. Aber das sei eben nur ein Teil der Wirklichkeit. Die Geschichte seiner Firma zeige die andere Seite, jenseits der gängigen Stereotypen. „Deshalb ist es so wichtig, dass wir Transparenz schaffen und den Verbrauchern wieder vermitteln, unter welchen Bedingungen ihre Kleidung produziert wird."

Er möchte seine Textilfirma zu einer eigenen Marke aufbauen. Seine Kunden sollten damit werben können, dass sie in einer Fabrik fertigen lassen, bei der jeder hinter die Kulissen schauen dürfe – genau das Gegenteil von einem berüchtigten taiwanesischen Elektronikkonzern, bei dem das transformativste Unternehmen der Gegenwart unter größter Geheimhaltung seine Produkte fertigen lässt. Für Schlüsselkunden hat der Geschäftsführer bereits einen schicken Bildband erstellen lassen, mit dem europäische Verkäufer und Kunden darüber aufgeklärt werden sollen, dass sie nicht ein Stück Fließbandware in der Hand halten, sondern beste Handwerksarbeit. Das sei auch Marketing, keine Frage, aber wer es nicht glaube, könne gern nach Heshan kommen und die Textilfirma besichtigen, verspricht Flatz.

Nach: Bernhard Bartsch, brandeins 10/2012, S. 50 ff.

Textilien made in China

Aufgaben

1. Begründe, dass durch die internationale Arbeitsteilung die Wirtschaftlichkeit der Produktion gesteigert wird. (M1 – M3)

2. Diskutiere anhand von M2 und M3 die Aussage aus M1: „Produziert wird dort, wo die Arbeitskraft am billigsten ist."

3. Erläutere, wie Produktionsentscheidungen durch Marketingüberlegungen beeinflusst werden. (M2, M3)

4. Erläutere anhand von M2 und M3, wie durch reflektierte Konsumentscheidungen der globale Wohlstand gesteigert werden kann.

Fachwissen im Zusammenhang

Aufgaben und Funktionsbereiche im Unternehmen

Unternehmen versorgen sich auf den Beschaffungsmärkten mit Produktionsfaktoren (z. B. Rohstoffen, Maschinen, Personal). In der Produktion erfolgt die eigentliche Wertschöpfung des Unternehmens. Die erstellten Güter werden auf den Absatzmärkten verkauft.

Eine traditionelle Art der Strukturierung der Aufgaben in einem Unternehmen ist die Einteilung in Funktionsbereiche. Diese Einteilung eignet sich besonders für Industriebetriebe:

Geschäftsprozesse

Betriebswirtschaftliche Ereignisse (z. B. ein Kundenauftrag) betreffen meist mehrere Funktionsbereiche – z. B. löst der Kundenauftrag in fast allen Funktionsbereichen des Unternehmens Ereignisse aus. Solche Ereignisketten bezeichnet man auch als **Geschäftsprozesse**. Aufgabe der Organisation ist es, einen möglichst störungsfreien Informationsfluss zwischen den Funktionsbereichen zu gewährleisten.

Arbeitsteilige Tätigkeiten erfordern einen erhöhten Organisationsaufwand. Um Arbeitsabläufe im Unternehmen optimieren zu können, werden sie als Geschäftsprozesse dargestellt. Bei Geschäftsprozessen werden alle Aktivitäten, die im Verlauf eines Vorgangs anfallen, möglichst genau dargestellt.

Geschäftsprozesse können grafisch dargestellt werden. Die Form der Darstellung ist standardisiert und nennt sich „Ereignisgesteuerte Prozesskette (EPK)". Die genaue Darstellung ist Grundlage für die Optimierung von Prozessen, d. h. man überprüft, wo in einem Ablauf Zeit und Kosten eingespart und so die Wirtschaftlichkeit erhöht werden kann.

Der Geschäftsprozess beginnt mit einem **Ereignis** (z. B. Bestellung liegt vor), welches eine **Funktion**, d. h. eine Aktion oder Aufgabe, auslöst (z. B. Kundendaten aufnehmen), welches wiederum Ereignisse auslöst (z. B. Kundendaten sind im System aufgenommen). Ein Ereignis ist also ein Zustand, der vor oder nach einer Funktion auftritt. Das Symbol für ein Ereignis ist sechseckig, das Symbol für eine Funktion ist ein Rechteck.

Auch das Unternehmen geht – wie der private Haushalt – ökonomisch mit knappen Gütern um, also nach dem **Wirtschaftlichkeitsprinzip (ökonomisches Prinzip)**. Jede Entscheidung zielt darauf ab, entweder den Input (bzw. Aufwand) zu **minimieren** oder den Output (bzw. Ertrag) zu **maximieren**.

Produktionsfaktoren und ökonomisches Prinzip bei der unternehmerischen Entscheidung

Der Input des Unternehmens sind die **Produktionsfaktoren**. Man versucht also den Einsatz an Produktionsfaktoren möglichst gering zu halten bzw. teurere durch billigere Produktionsfaktoren zu ersetzen.

| INPUT Produktionsfaktoren | ▶ | Produktion: Ziel: **optimale** Kombination von Produktionsfaktoren | ▶ | OUTPUT Sachgüter oder Dienstleistungen |

Betriebswirtschaftliche Einteilung von Produktionsfaktoren

- Betriebsmittel, die im Umsatzprozess genutzt werden, ohne mit ihrer Substanz Eingang in die hergestellten Erzeugnisse zu finden (z. B. Maschinen, Gebäude)

- Werkstoffe wie Roh-, Hilfs- und Betriebsstoffe, Halb- und Fertigfabrikate, die als Bestandteil in die hergestellten Erzeugnisse eingehen

- Arbeitsleistungen, d. h. die von Menschen im Unternehmen zu erbringenden Leistungen

- Informationen, die für ein zielgerichtetes wirtschaftliches Handeln notwendig sind (z. B. Daten über die Bedürfnisse der Konsumenten)

Jean-Paul Thommen, Allgemeine Betriebswirtschaftslehre, Wiesbaden 2001, S. 39

Bei der Produktion erfolgt ein zielgerichtetes Handeln des Unternehmers nach dem **Wirtschaftlichkeitsprinzip**; entsprechend der Zielsetzung entweder nach dem:

Maximalprinzip

oder nach dem …
Minimalprinzip

Entscheidungen des Unternehmers:

Arbeitsteilung und ökonomisches Prinzip

Eines der wichtigsten Mittel, um den ökonomischen Einsatz von Produktionsfaktoren zu verbessern, also z. B. mit einer bestimmten Zahl an Arbeitsstunden mehr Güter zu produzieren, ist die **Arbeitsteilung**. Indem man sich auf eine bestimmte Tätigkeit spezialisiert, kann man – z. B. durch größeres Geschick bei dieser Tätigkeit oder den Einsatz von Maschinen – mehr produzieren, als wenn man sehr unterschiedliche produktive Tätigkeiten ausführen würde. So spezialisieren sich Menschen auf einen Beruf bzw. eine bestimmte Tätigkeit im Unternehmen und Unternehmen wiederum auf bestimmte Güter. Gleichzeitig können verstärkt Maschinen in der Produktion eingesetzt werden.

Entscheidungen bei der Produktion

In der Produktion wird versucht bei möglichst geringem Aufwand den Ertrag zu erhöhen. Dies geschieht insbesondere durch eine entsprechende Organisation der Arbeitsteilung.

Die **innerbetriebliche Arbeitsteilung** betrifft die Fertigungsprozesse im Unternehmen. Bei der Fließfertigung unterteilt man die Herstellung in aufeinanderfolgende Arbeitsschritte. Die Maschinen und Werkzeuge werden so aufgestellt, dass sie dem Produktionsablauf folgen. Bekanntestes Beispiel für die Fließfertigung ist der Automobilbau.

Bei der **zwischenbetrieblichen Arbeitsteilung** werden Teile der Produktion auf andere Unternehmen verlagert **(Outsourcing)**.

Um Lagerkosten zu senken, erfolgt die Zulieferung **„just-in-time"** also genau zu dem Zeitpunkt, an dem das Bauteil in der Produktion benötigt wird.

Auch im Marketing dürfen die vorhandenen Mittel nicht verschwendet werden. Man versucht mit den geeigneten Maßnahmen des Marketing-Mix die jeweilige Zielgruppe möglichst effizient anzusprechen.

Entscheidungen beim Absatz (Marketing)

Ein Unternehmen muss nicht nur gute Produkte herstellen, es muss sie auch verkaufen. Der Begriff Marketing beinhaltet sämtliche Maßnahmen und Aktivitäten eines Unternehmens, die darauf ausgerichtet sind, den Absatz auf den Märkten zu fördern. Angesichts gesättigter Märkte (Käufermärkte) und starker globaler Konkurrenz gleichartiger Produkte sind heute häufig Marketingüberlegungen Ausgangspunkt unternehmerischer Entscheidungen.

Die Marketingmaßnahmen, die dem Konsumenten am meisten auffallen, stammen aus dem Bereich der Werbung (vgl. Kap. 1). Tatsächlich ist es aber ein ganzes Paket von Maßnahmen, die das Unternehmen einsetzt, um seine Kunden zu erreichen. Diese Maßnahmen werden oft in vier Bereiche eingeteilt – entsprechend der englischen Bezeichnungen in die **„4 P"** des Marketing. In allen vier Ps sind zahlreiche Entscheidungen zu treffen, die unten mit einigen Grundfragen angedeutet sind:

Die Kommunikationspolitik (Promotion) ist die für den Konsumenten wohl auffälligste Marketingpolitik, vor allem in Form der Werbung. Gerade Werbung wird in der Wirkung aber oft überschätzt, da Konsumenten täglich mit Werbebotschaften überschüttet werden und diese daher oft gar nicht mehr wahrnehmen. Um wirtschaftlich sinnvolle Kommunikationspolitik zu machen, muss die Zielgruppe der Maßnahmen möglichst präzise angesprochen werden. Es wäre unwirtschaftlich z. B. durch sehr teure Fernsehwerbung, Gruppen anzusprechen, die als Käufer gar nicht in Frage kommen. Gezielte Kommunikationspolitik, beispielsweise durch das Verteilen von Flyern an Orten, wo sich die potenziellen Käufer aufhalten, kann hier wesentlich wirksamer – und billiger – sein.

Mithilfe der Preispolitik (Price) können Kunden erreicht werden, die aufgrund ihrer geringen Kaufkraft normalerweise nicht als Käufer in Frage kommen, z. B. durch Sonderpreise oder Rabatte. Umgekehrt besteht auch die Möglichkeit, zusätzlichen Umsatz zu erzielen, indem man z. B. Einführungspreise hoch ansetzt, da kaufkräftige Kunden aus Prestigegründen oft bereit sind, für neue Produkte mehr zu bezahlen.

Das Produkt an sich (Produktpolitik) spricht für sich – beispielsweise spielt die Verpackung beim Kauf im Supermarkt eine große Rolle. Außerdem können Werbebotschaften auf der Verpackung platziert werden. Produktnamen und -logos (Brands) spielen dabei eine wichtige Rolle: Sie haben einen hohen Wiedererkennungswert und werden in der Werbung mit Emotionen verknüpft. Etablierte Brands stellen für Unternehmen ein Vermögen von hohem Wert dar.

Die Bedeutung der Distributionspolitik (Place) ist vor allem im Einzelhandel, z.B. im Modebereich, sehr deutlich. Wie ein Laden gestaltet ist, kann entscheidend dafür sein, ob die Zielgruppe angesprochen werden kann. Auch der Internetauftritt ist – vor allem bei Unternehmen, die ausschließlich über dieses Medium verkaufen – von großer Bedeutung.

Es würde keinen Sinn machen, nur eine dieser Maßnahmen einzusetzen (z. B. nur auf eine aufwändige Fernsehwerbung zu vertrauen), ohne diese durch andere Maßnahmen zu unterstützen (z. B. eine entsprechende Produktgestaltung). Da diese Maßnahmen gut aufeinander abgestimmt – also gut „gemischt" – sein müssen, spricht man auch vom Markting-„Mix". Bei allen Maßnahmen ist die erwartete Wirkung mit den durch die Maßnahme verursachten Kosten in Bezug zu setzen. Entscheidend für die Wirkung einer Marketingmaßnahme ist unter anderem, ob es ihr gelingt, die richtige Zielgruppe anzusprechen. Dies ist besonders wichtig bei Produkten, die für jugendliche Konsumenten bestimmt sind.

Anwendung und Transfer

M1 Café Lounge

An deiner Schule soll von der SMV ein Schülercafé betrieben werden. Du bist mit einer Gruppe anderer Schülerinnen und Schüler mit dem Aufbau dieses Unternehmens beauftragt.

Aufgaben

1. Erstelle eine „To-Do-Liste" mit Maßnahmen und Entscheidungen, die für eine erfolgreiche Durchführung des Projekts getroffen werden müssen. (M1) Orientiere dich dabei an den unternehmerischen Entscheidungen, die in den beiden vorangegangenen Kapiteln beschrieben wurden.
2. Diskutiert die verschiedenen Maßnahmen und Entscheidungen unter dem Aspekt der Wirtschaftlichkeit.

Das Rechnungswesen als Grundlage unternehmerischen Handelns

Laut § 238 Handelsgesetzbuch (HGB) ist jeder Kaufmann verpflichtet, Bücher zu führen und in diesen seine Handelsgeschäfte sowie die Lage seines Vermögens ersichtlich zu machen. Die Buchführung muss dabei so beschaffen sein, dass sie einem sachverständigen Dritten innerhalb angemessener Zeit einen Überblick über die Geschäftsvorgänge und über die Lage des Unternehmens vermitteln kann. Die Geschäftsvorgänge müssen sich dabei in ihrer Entstehung und Abwicklung verfolgen lassen. Doch warum schreibt der Gesetzgeber eine Buchführungspflicht vor? Praktiker sagen: „Wer seine Bücher im Griff hat, hat auch sein Unternehmen im Griff". Welche Bedeutung hat also das Rechnungswesen (von dem die Buchführung einen wesentlichen Teil darstellt) für ein Unternehmen? Welche Informationen und Entscheidungsgrundlagen werden den Eigentümern und anderen an dem Unternehmen Interessierten geliefert?

NOTIZZETTEL
Kapitaleinlagen
Peter 15.000,- €
Petra 12.000,- €

BRIEF
der BB-Bank an die Pepe OHG
Mitteilung über Gewährung eines kurzfristigen
Kredits in Höhe von 15.000,- €, Laufzeit 1 Jahr.

DARLEHENSVERTRAG
SPAR-BANK
Auszahlung eines Darlehens in Höhe
von 40.000,- € am 15.1.

KONTOAUSZUG
BB-Bank
15. März
Konto 1200 345 678
der Pepe OHG
Guthaben 9.000,- €

Petra Felde und Peter Kortes, die Gründer der Pepe OHG

9

RECHNUNG bezahlt
Lieferant Printtech am 12.02.
über gelieferte
Flockmaschine 2.500,- €

NOTIZZETTEL
Kassenbestand zum 15. März
2.000,- €

Eigentumsurkunde
über Halle 50.000,- €

Kompetenzen

Am Ende dieses Kapitels solltest du Folgendes können:

- erklären, inwiefern das Rechnungswesen eine Grundlage unternehmerischen Handelns darstellt
- den Aufbau einer Bilanz erläutern
- verstehen, welche Informationen die Bilanz und Erfolgsrechnung eines Unternehmens liefern, und diese im Ansatz interpretieren
- eine Möglichkeit kennen, wie der Unternehmenserfolg gemessen werden kann

Was weißt du schon?

1. Analysiere, welche Informationen du anhand der Belege über das Unternehmen Pepe OHG gewinnen kannst.

2. Beurteile, ob es für ein Unternehmen ausreichend ist, alle Belege „in einem Schuhkarton" zu sammeln, um Dritte angemessen über die Lage des Unternehmens informieren zu können.

Wie erhält man schnell einen Überblick über die Lage eines Unternehmens?

M1 Die Pepe OHG

Petra Felde und Peter Kortes haben zusammen im Januar die Pepe OHG gegründet. Sie planen individuelle Filzschlüsselanhänger, z. B. als Werbematerial für Firmen mit deren Slogan und Logo, herzustellen. Es soll in Auftragsfertigung gemäß den speziellen Kundenwünschen gefertigt werden. Bis heute, 15. März, hat Peter alle Belege und Notizen in einen Karton mit der Aufschrift „Unterlagen" abgelegt, da er einfach noch keine Zeit hatte, sich mit „den lästigen Büchern" zu beschäftigen. Petra ist davon genervt, da sie endlich einen Überblick haben möchte, wer dem Unternehmen wie viel Kapital und für welchen Zeitraum zur Verfügung gestellt hat. Zudem hat die Spar-Bank einen Verwendungsnachweis für das gewährte Darlehen verlangt.

M2 Weitere Unterlagen der Pepe OHG

Peter, hast du die gelieferte Farbe und den Filz schon bezahlt?

Nein! Das muss ich nächste Woche noch machen!

Ich muss auch daran denken, die Rechnung der Fa. Bürowelt noch zu überweisen!

RECHNUNG
Lieferant XXLack
über gelieferte
Farbe 1.500,- €

RECHNUNG
Lieferant Weber
über gelieferten
Filz 4.000,- €

RECHNUNG
Fa. Bürowelt
über gelieferte Büromöbel 3.500,- €

RECHNUNG bezahlt am 13.2.
Lieferant MR
über gelieferte
Stanzmaschine 8.000,- €
Verpackungsmaschine 6.500,- €

BUSINESS-IT & MORE bezahlt am 1.2.
Lieferschein
Lieferung am 15.2. an: Pepe OHG

Büroausstattung
Gesamtpreis: 4.000,- €

M3 Forderungen und Verbindlichkeiten

Forderungen entstehen in der Pepe OHG, wenn das Unternehmen einen Kredit vergibt. Dies können Geldmittel sein, die es einem Dritten zur Verfügung stellt, oder ein Zahlungsaufschub, wenn gegenüber einem Kunden Güter geliefert und diese noch nicht bezahlt wurden. Erhält die Pepe OHG dagegen einen Kredit oder bezieht sie Güter von einem Lieferanten, entstehen bei der Pepe OHG Verbindlichkeiten, bis die Rechnungen beglichen sind oder der Kredit getilgt worden ist.

M 4 — Der schematische Aufbau der Bilanz

Die Bilanz spiegelt das Vermögen und das Kapital eines Unternehmens zu einem bestimmten Zeitpunkt (Stichtag) wider.

Bilanz	
Aktiva	**Passiva**
Diese Seite gibt Auskunft darüber, „was in dem Unternehmen vorhanden ist".	Diese Seite gibt Auskunft über die Finanzierungsquellen des Vermögens.
Das Vermögen wird unterteilt in die beiden Blöcke „Anlagevermögen" und „Umlaufvermögen".	Das Kapital wird unterteilt in die beiden Blöcke „Eigenkapital" und „Fremdkapital".
„Mittelverwendung"	„Mittelherkunft"

Bilanz
Der Begriff ist abgeleitet vom italienischen Wort „bilancia" und bedeutet „Waage" bzw. „Gleichgewicht". Die beiden Seiten der Bilanz befinden sich immer im Gleichgewicht: Der Wert des Vermögens entspricht stets dem Wert des Kapitals (Vermögen = Kapital).

Nach: André Liebig, www.rechnungswesen-info.de (5.6.2012)

M 5 — Die vier Bilanzblöcke

Für die Zuordnung zum Anlage- oder Umlaufvermögen auf der Aktivseite ist die Verwendung des Vermögensgegenstands entscheidend. Unter dem Anlagevermögen sind alle Vermögensgegenstände erfasst, die dauerhaft dazu bestimmt sind, dem Geschäftsbetrieb zu dienen (z. B. eine Flockmaschine der Pepe OHG). Zum Umlaufvermögen gehören alle Vermögenswerte, die nur vorübergehend im Unternehmen verbleiben sollen (z. B. der Filz der Pepe OHG, da daraus Schlüsselanhänger hergestellt und verkauft werden sollen). Das Eigenkapital auf der Passivseite der Bilanz ist das Kapital der Eigentümer (also von Petra und Peter) und muss nicht an Dritte zurückgezahlt werden. Fremdkapital sind dagegen Schulden, die einem Dritten (z. B. einem Lieferanten) zu einem bestimmten Zeitpunkt zurückgezahlt werden müssen.

Nach: André Liebig, www.rechnungswesen-info.de (5.6.2012)

Aufgaben

1. Anhand der Angaben auf der Kapitelauftaktseite und der Belege aus M2 kannst du Informationen hinsichtlich der Herkunft und der Verwendung des Kapitals der Pepe OHG gewinnen. Erstelle aufgrund dieser Informationen eine Tabelle, die sowohl den in M1 geforderten Verwendungsnachweis als auch den von Petra gewünschten Überblick liefert. Berücksichtige dabei zusätzlich die Informationen aus M3.
2. Überarbeite deine Tabelle und erstelle daraus die Bilanz der Pepe OHG für den 15. März. (M3–M5)
3. Begründe, warum in einer Bilanz der Wert des Vermögens stets dem Wert des Kapitals entspricht. (M4)
4. Benenne Personengruppen, die ein Interesse an der Bilanz eines Unternehmens haben könnten, und erläutere deren jeweilige Interessen.

Wie wirken sich Geschäftsprozesse auf die Bilanz aus?

M1 Doppelte Buchführung

Christliche Kaufleute brachten aus dem Nahen Osten ein neues System mit, anhand dessen sie ihre Bücher viel besser als früher führen konnten. Es ist eine Methode, die bis heute überall auf der Welt angewendet wird: die doppelte Buchführung. Der Grundgedanke ist einfach: Alles, was in einer Firma passiert, wird zweimal aufgeschrieben. Hat ein Kaufmann zum Beispiel ein Fass Wein für zehn Dukaten verkauft, dann notiert er auf seinem Konto „Weinvorräte" die Buchung –10 Dukaten, auf seinem Konto „Kasse" die Buchung +10 Dukaten. Wenn alle Geschäftsvorgänge auf diese Weise immer doppelt erfasst werden, dann kann man zu jeder Zeit eine Bilanz des Unternehmens aufstellen.

Nach: Nikolaus Piper, Geschichte der Wirtschaft, Weinheim 2007, S. 56 f.

M2 Die Pepe OHG bereitet sich auf den Produktionsstart vor

Bis die Pepe OHG nächsten Monat mit der Produktion starten kann, müssen Petra und Peter noch einiges erledigen:

1. Um mehr finanziellen Spielraum zu gewinnen, nehmen sie ein weiteres Darlehen in Höhe von 20.000 Euro bei der Spar-Bank auf. Der Betrag wird ihrem Konto gutgeschrieben.
2. Nun ist der Kauf einer vollautomatischen Siebdruckmaschine zum Preis von 25.000 Euro möglich und erfolgt mittels Banküberweisung.
3. Die Rechnung der Fa. Bürowelt in Höhe von 3.500 Euro ist fällig und wird vom Bankkonto überwiesen.
4. 10.000 Euro des kurzfristigen Kredits der BB-Bank werden auf Wusch von Peter und Petra in einen langfristigen Kredit umgewandelt.

M3 Geschäftsfälle verändern die Werte einer Bilanz

Geschäftsfälle
alle Vorgänge in einem Unternehmen, die Vermögens- bzw. Kapitalposten verändern

Bei Buchungen von Geschäftsfällen unterscheidet man zwischen vier Grundtypen der Bilanzveränderung:

Aktivtausch

Wird bei einem Geschäftsfall nur die Aktivseite der Bilanz berührt und ändert sich auch die Bilanzsumme nicht, so handelt es sich um einen Aktivtausch bzw. um eine Vermögensumschichtung.

Als Beispiel soll der Verkauf eines Betriebsgrundstückes zum Preis von 250.000 Euro dienen, dessen Verkaufserlös zur Erhöhung des Kassenbestandes benötigt wird.

Bilanz vom …	
Aktiva	**Passiva**
Grundstück – 250 T€	
Kasse + 250 T€	

Passivtausch

Ein Passivtausch liegt vor, wenn die Aktivseite nicht berührt wird, die Passivseite sich nur in der Zusammensetzung ändert und die Bilanzsumme gleich bleibt.

Beispielsweise wird eine Lieferantenschuld in Höhe von 250.000 Euro durch ein Bankdarlehen abgelöst. Durch diesen Geschäftsfall wird kurzfristiges Fremdkapital in langfristiges Fremdkapital umgeschichtet.

Bilanz vom …	
Aktiva	Passiva
	langfr. FK + 250 T€
	kurzfr. FK − 250 T€

Aktiv-Passiv-Minderung (Bilanzverkürzung)

Wird durch ein Geschäftsfall sowohl die Aktivseite als auch die Passivseite der Bilanz berührt und wird dadurch die Bilanzsumme verringert (Vermögen und Kapital nehmen ab), so spricht man von einer Bilanzverkürzung bzw. von einer Aktiv-Passiv-Minderung.

Zur Aktiv-Passiv-Minderung könnte man sich folgenden Geschäftsfall vorstellen: Ein Einzelhändler bezahlt seine Lieferantenschuld (Verbindlichkeiten) in Höhe von 100.000 Euro bar (Kasse).

Bilanz vom …	
Aktiva	Passiva
verschiedene Aktiva	verschiedene Passiva
Kasse − 100 T€	Lieferantenverbindlichkeiten − 100 T€

Aktiv-Passiv-Mehrung (Bilanzverlängerung)

Von einer Bilanzverlängerung spricht man, wenn durch einen Geschäftsfall sowohl die Aktivseite als auch die Passivseite um den gleichen Betrag erhöht werden. Die Bilanzsumme erhöht sich.

Beispiel: Ein Einzelhändler nimmt einen Kredit über 100.000 Euro auf. Durch diese Kreditaufnahme wird sowohl die Aktivseite (Kasse) als auch die Passivseite (Verbindlichkeiten) berührt.

Bilanz vom …	
Aktiva	Passiva
verschiedene Aktiva	verschiedene Passiva
Kasse + 100 T€	Bankkredit + 100 T€

Nach: azubister GmbH Redaktion, www.einzelhandelskaufmann.de, Das kaufmännische Basiswissen kurz und bündig, 7.6.2012

Aufgaben

1. Erläutere, weshalb alle Geschäftsvorgänge immer doppelt erfasst werden müssen, damit man zu jeder Zeit eine Bilanz des Unternehmens aufstellen kann. (M1)

2. Ordne jeden der vier Geschäftsfälle der Pepe OHG einem Grundtyp der Bilanzveränderung zu. Beschreibe dabei jeweils, welche Bilanzposten betroffen sind und wie sich diese verändern. (M2, M3)

3. Ordne die nachfolgenden Geschäftsfälle einem Grundtyp der Bilanzveränderung zu und begründe deine Entscheidung. (M3)
   a) Die Pepe OHG kauft einen neuen PKW-Kombi auf Ziel (d. h., der Pepe OHG wird vom Lieferanten eine Frist für die Bezahlung eingeräumt).
   b) Eine Lieferantenschuld wird durch Banküberweisung beglichen.
   c) Peter und Petra tätigen eine weitere Bareinlage in das Unternehmen.
   d) Peter tätigt eine Barabhebung vom Bankkonto.

4. Formuliere eigene Geschäftsfälle für jeden der vier Grundtypen der Bilanzveränderung. (M3)

Was sind die Grundlagen der Erfolgsrechnung?

M1 — Die Pepe OHG beginnt mit der Produktion

Die Pepe OHG hat bereits einige Kundenaufträge und produziert nun seit drei Monaten. Peter ist der Überzeugung, dass alles „super läuft" und die massive Werbung am Anfang „voll eingeschlagen" hat. Immerhin hat die Pepe OHG bereits Verkaufserlöse in Höhe von 60.000 Euro erzielt. Seinen Bekannten erzählt er daher, dass die OHG auf der „Gewinnspur" ist und sich seine Bareinlage bereits rentiert habe. Petra freut sich auch, dass die Aufträge so schnell in hoher Zahl eingegangen sind, dennoch ist sie weniger euphorisch als Peter. Sie fragt sich, ob das Unternehmen wirklich so erfolgreich arbeitet, wie es den Anschein hat. Deshalb erstellt sie eine Übersicht zu den Aufwendungen der letzten drei Monate:

Rohstoffverbrauch	28.000 €	Mietkosten Lagerplatz	6.000 €	Personalaufwand	9.000 €
Energiekosten	2.000 €	Werbung	7.550 €	Versandkosten	500 €
Abschreibungen (Wertverlust durch Abnutzung) auf Maschinen	1.100 €	Gründungskosten	5.000 €	Zinsaufwand für Fremdkapital	600 €

M2 — Inhalt der Erfolgsrechnung

Erfolg
Im Rechnungswesen unterscheidet sich der Begriff **Erfolg** vom alltäglichen Sprachgebrauch. Er umfasst sowohl den Gewinn („positiver Erfolg") als auch den Verlust („negativer Erfolg").

Die Erfolgsrechnung stellt den Aufwand und den Ertrag einer Periode einander gegenüber (Zeitraumrechnung). Die Differenz zwischen Ertrag und Aufwand ist der Erfolg (Erfolg = Ertrag minus Aufwand). Erfolgsvorgänge verändern das Eigenkapital.

Erfolgsrechnung	
Aufwand	Ertrag
Gewinn	

Erfolgsrechnung	
Aufwand	Ertrag
	Verlust

Der Erfolg (Gewinn oder Verlust) kommt in der Erfolgsrechnung als Saldo auf die schwächere Seite: der Gewinn auf die Aufwandsseite, der Verlust auf die Ertragsseite. Der dritte Fall, dass der Aufwand genau gleich hoch ist wie der Ertrag, kommt selten vor (der Erfolg wäre null).

Grundsätzlich hängt es von der Art und vom Umfang der Unternehmenstätigkeit ab, welche Erfolgspositionen in der Erfolgsrechnung ausgewiesen werden. Einige Erfolgspositionen sind branchentypisch, in Industrieunternehmen etwa Rohstoffaufwand und Umsatzerlöse aus dem Verkauf von Fertigerzeugnissen. Daneben findet man in der Erfolgsrechnung aber auch Aufwand- und Ertragsposten, die unabhängig von der Branchenzugehörigkeit anfallen, z. B. für Personal (Personalaufwand), für Abnutzung von Gütern des Anlagevermögens (Abschreibungen) und für Werbung (Werbeaufwand).

Nach: Erna Bivetti/Robert Baumann, Rechnungswesen 1, 2. überarbeitete Auflage, Compendio Bildungsmedien AG, Zürich 2010, S. 60 f.

M3 Die Darstellung der Erfolgsrechnung

Die Erfolgsrechnung kann in Kontenform (T-Form) oder Staffelform (Berichtsform) erstellt werden. Die Kontenform stellt Aufwand links dem Ertrag rechts gegenüber. Der Erfolg wird als Saldo ausgewiesen. Die Staffelform folgt der Logik „Ertrag abzüglich Aufwand" und weist den Erfolg als Differenz aus. In der Praxis wird in Geschäftsberichten die Staffelform bevorzugt.

Nach: Erna Bivetti/Robert Baumann, Rechnungswesen 1, 2. überarbeitete Auflage, Compendio Bildungsmedien AG, Zürich 2010, S. 61f.

Kontenform

Aufwand	Erfolgsrechnung der Fa. ... für den Zeitraum ... (in Tsd. Euro)		Ertrag
Rohstoffaufwand	300	Umsatzerlöse	550
Personalaufwand	150	Zinsertrag	12
Mietaufwand	54	Sonstiger Ertrag	8
Zinsaufwand	6		
Abschreibungen	10		
Verwaltungsaufwand	11		
Sonstiger Aufwand	9		
Gewinn	30		
	570		570

Staffelform

Erfolgsrechnung der Fa. ... für den Zeitraum ... (in Tsd. Euro)	
Ertrag	
Umsatzerlöse	550
Zinsertrag	12
Sonstiger Ertrag	8
Ertrag gesamt	**570**
Aufwand	
Rohstoffaufwand	300
Personalaufwand	150
Mietaufwand	54
Zinsaufwand	6
Abschreibungen	10
Verwaltungsaufwand	11
Sonstiger Aufwand	9
Aufwand gesamt	**540**
Gewinn	**30**

M4 Einflussfaktoren auf den Unternehmenserfolg

Europas größter Autobauer hat im Jahr 2011 seinen Umsatz um rund 25 % gesteigert und den Gewinn verdoppelt. Grund für die positiven Unternehmensergebnisse ist der weltweite Autoboom. Deshalb will er auch 2012 weiter wachsen – zumindest bei Verkäufen und Umsatz. Beim Gewinn legt der Autobauer dagegen eine Pause ein, da der zunehmend schärfere Wettbewerb und die Kosten der Einführung des Baukastensystems auf den Erträgen lasten. Da sich diese Ausgaben 2013 auszahlen und außerdem die Konjunkturlage aufhellt, werde es dann auch beim Gewinn wieder aufwärts gehen. Die „erheblichen" Entwicklungs- und Anlaufkosten müssten aber zuerst einmal eingespielt werden.

Nach: dpa/Reuters, Zeit online, 24.2.2012 und Nico Schmidt, Dow Jones Newswires, 12.3.2012

Aufgaben

1. Mache einen begründeten Vorschlag, wie sich durch Banküberweisung gezahlte Mieten und Werbungskosten in der Bilanz niederschlagen. (M1) Berücksichtige dabei den Grundsatz der doppelten Buchführung.
2. Erläutere, weshalb die Information über die Höhe der Verkaufserlöse alleine nicht ausreicht, um die Erfolgssituation eines Unternehmens zu ermitteln. (M1, M2)
3. Ermittle (ggf. mit Hilfe eines Tabellenkalkulationsprogramms) den Unternehmenserfolg der Pepe OHG für das erste Quartal. (M1–M3)
4. Diskutiert die Einschätzung von Peter bezüglich der wirtschaftlichen Lage und Perspektive der Pepe OHG. (M1, M4)
5. Belege mittels des Aufbaus der Erfolgsrechnung die in M4 beschriebenen Zusammenhänge.

Rentabel arbeiten – was heißt das?

M1 Jeder muss rentabel arbeiten

Karikatur: Tomaschoff/Baaske Cartoons

M2 Eigenkapitalrentabilität

Wenn man die Eigenkapitalrentabilität berechnen will, geht man folgendermaßen vor: Man investiert sein Eigenkapital in das Unternehmen und erwartet, dass es sich verzinst. Je höher die Verzinsung, desto größer der eigene finanzielle Erfolg. Man spricht daher auch von der Unternehmerrentabilität. Sie ist die Kennzahl, die von den Unternehmenseigentümern (größerer Unternehmen) am meisten beachtet wird.

Ob die Verzinsung des eingesetzten Kapitals als hoch oder niedrig empfunden wird, hängt zunächst von den eigenen Erwartungen und Ansprüchen ab. Objektiver aber ist es, einen Vergleichsmaßstab heranzuziehen: So kann man vergleichen, wie viel Erträge das Kapital abwerfen würde, wenn man es zum Beispiel längerfristig bei einer Bank anlegen würde. Im Vergleich zu diesem Zinssatz sollte die Eigenkapitalrentabilität höher ausfallen.

Nach: Bundesministerium für Wirtschaft und Technologie

M3 Gesamtkapitalrentabilität

Für die wirtschaftliche Beurteilung eines Unternehmens, das sich üblicherweise sowohl mit Eigenkapital als auch mit Fremdkapital finanziert, ist die Gesamtkapitalrentabilität ebenso wichtig wie die des Eigenkapitals. Denn die Gesamtkapitalrentabilität zeigt, wie ertragreich das Unternehmen für die Kapitalgeber insgesamt (Eigen- und Fremdkapitalgeber) arbeitet. Sie wird deshalb auch als Unternehmensrentabilität bezeichnet. In der Praxis dient sie als Maßstab dafür, wie erfolgreich ein Unternehmen geführt wird.

Bei der Berechnung der Gesamtkapitalrentabilität müssen neben dem Gewinn die Fremdkapitalzinsen berücksichtigt werden. Dies liegt daran, dass die Fremdkapitalzinsen bei der Gewinnermittlung in der Erfolgsrechnung gewinnmindernd als Aufwand erfasst werden. Wenn man jedoch die Rentabilität des gesamten Kapitals im Unternehmen berechnen möchte, darf man nicht nur die „Verzinsung", die zum Eigenkapital gehört, (ausgewiesener Gewinn in der Erfolgsrechnung) heranziehen, sondern muss auch die Verzinsung, die bereits an die Fremdkapitalgeber abgeführt wurde (Zinsaufwand für Fremdkapital), berücksichtigen.

M4 Wie hoch muss die Rentabilität sein?

Welche Kapitalrentabilität – also das Verhältnis von eingesetztem Kapital und seiner Verzinsung – erreicht werden kann, hängt von vielen Faktoren ab. So z. B. vom Entwicklungsstadium des Unternehmens, von der Branche und vom Marktanteil des Unternehmens. Normalerweise ist die Rentabilität in der frühen Phase nach der Gründung noch verhältnismäßig gering. Diese steigt erst nach und nach mit zunehmendem Umsatz und optimierter Kostengestaltung.

Nach: Jakob Linnemann, Jali Unternehmensberatung, 9.6.2012

M5 Social Business

Social Business ist eine neue Idee, meint der Friedensnobelpreisträger und Vorreiter der Mikrokreditbewegung, Muhammad Yunus, in seinem jüngsten Buch. So neu, dass er dem Vorstandsvorsitzenden der Danone-Gruppe, Franck Riboud, erst einmal erklären musste, was das eigentlich ist: „Ein Unternehmen, das rentabel arbeitet, dessen Daseinszweck aber nicht die Erwirtschaftung von Gewinn, sondern die Schaffung sozialer Nutzeffekte ist." Riboud war fasziniert, 2006 schlug die Geburtsstunde von Grameen Danone, dem „weltweit ersten gezielt geplanten Social Business".

Anja Ruf, „Mehr Schein als Sein", welt-sichten – Magazin für globale Entwicklung und ökumenische Zusammenarbeit, Ausgabe 2-2011, S. 63

Aufgaben

1. Interpretiere die Karikatur und belege die Aussage des Kellners anhand einer schlüssigen Argumentation. (M1)

2. Entwickle einen begründeten Vorschlag für die Berechnung der Eigenkapital- und der Gesamtkapitalrentabilität. Berechne diese Kennziffern für die Pepe OHG (S. 174, M1) und beurteile die sich ergebenden Renditen. (M2–M4) Eigenkapital: 27.000 Euro, Gesamtkapital: 91.000 Euro.

3. Erläutere, weshalb die Eigenkapitalrentabilität eine wichtige Kennzahl für Aktionäre ist. (M2)

4. Beurteile die Forderung, dass die Eigenkapitalrentabilität höher ausfallen sollte, als der Zins für eine längerfristige Geldanlage bei einer Bank. (M2)

5. Begründe, warum ein Unternehmen auch als Social Business rentabel arbeiten muss. (M5)

Zur Vertiefung: Wie können Daten anschaulich aufbereitet werden?

M 1 Die Erfolgsrechnung der Pepe OHG

in Tsd. Euro	Jahr 1	Jahr 2	Jahr 3	Jahr 4	Jahr 5
Ertrag					
Umsatzerlöse	217,0	244,0	297,0	322,0	353,0
Zinsertrag		1,1	0,9	0,9	1,0
Sonstiger Ertrag		2,0	1,5	1,6	1,5
Ertrag gesamt	217,0	247,1	299,4	324,5	355,5
Aufwand					
Rohstoffaufwand	98,0	116,0	140,0	154,0	172,0
Personalaufwand	40,0	56,0	81,0	81,0	86,0
Mietaufwand	24,0	24,0	24,0	34,0	34,0
Zinsaufwand	2,4	3,0	4,2	4,2	4,3
Abschreibungen	4,4	4,4	4,9	4,9	4,9
Verwaltungsaufwand	2,1	2,2	2,4	2,4	2,4
Energiekosten	9,0	11,0	14,0	16,0	18,5
Werbung	25,0	22,0	21,0	21,0	22,0
Sonstiger Aufwand	11,0	6,0	5,0	5,0	6,0
Aufwand gesamt	215,9	244,6	296,5	322,5	346,1
Erfolg	1,1	2,5	2,9	2,0	9,4

Zu Beginn des 3. Jahres nimmt die Pepe OHG einen weiteren Teilhaber auf, der ebenfalls im Unternehmen mitarbeitet. Die Einlage des neuen Teilhabers beträgt 20.000 Euro. Daneben wird zusätzliches Fremdkapital in Höhe von 30.000 Euro aufgenommen. Zudem wird eine neue Maschine erworben. Im 4. Jahr wird eine größere Halle gemietet.

M 2 Die Pepe OHG plant eine weitere Fremdkapitalaufnahme

Im 6. Jahr der Geschäftstätigkeit möchte die Pepe OHG eine neue Maschine erwerben. Mit dieser können feinere Grafiken als Motive auf die Filzanhänger aufgebracht werden. Für die Finanzierung der Maschine werden 50.000 Euro Fremdkapital benötigt. Daher möchte Peter eine Präsentation erstellen, mit der die „äußerst positive und erfolgsversprechende Entwicklung der Pepe OHG" für die Bank veranschaulicht wird. Die Kreditabteilung der Bank, die den Kreditantrag der Pepe OHG prüft, möchte insbesondere über die Entwicklung der Eigenkapital- und Fremdkapitalrentabilität, der Umsatzerlöse sowie des Anteils des Eigenkapitals am Gesamtkapital informiert werden.

M3 Welches Diagramm für welchen Verwendungszweck?

Diagramme ermöglichen es, Daten übersichtlich darzustellen. Die Erstellung eines Diagramms erfolgt dabei mithilfe einer Tabellenkalkulationssoftware. Hier stehen dem Nutzer zahlreiche Diagrammformen zur Auswahl. Aber welches Diagramm wird wann verwendet?

Säulendiagramme
- Sie sind gut geeignet zur Darstellung von Zeitreihen, wenn die Anzahl der Datenpunkte nicht zu groß ist. Bei einer großen Datenmenge ist ein Liniendiagramm besser.
- Die Ordinate sollte bei Null beginnen, da sonst die Größenunterschiede überbetont werden.
- Alle Säulen sollten gleich breit sein, da eine breitere Säule den Eindruck einer höheren Wertigkeit erzeugt. Fehlt ein Wert, ist die entsprechende Rubrik zur Verdeutlichung leer zu lassen.

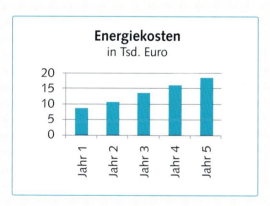

Balkendiagramme
- Sie werden wie das Säulendiagramm eingesetzt, allerdings sind sie nicht zur Darstellung von Zeitreihen geeignet.
- Traditionell werden sie verwendet, um Größen zu vergleichen. Die Achsenbeschriftung tritt gegenüber dem Säulendiagramm in den Hintergrund – die ganz links angeordneten Texte erscheinen dem Betrachter weniger wichtig. Balken sollten auf sortierten Zahlen basieren, weil sonst der Vergleich schwierig ist.

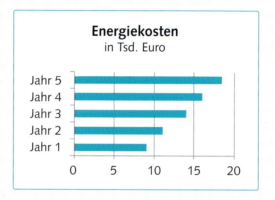

Liniendiagramme
- Linien werden verwendet, um zeitabhängige Trends zu ermitteln. Sie sind geeignet für eine große Anzahl von Datenreihen. Auf der Abszisse wird die Zeit aufgetragen.
- Die Intervalle sollten gleich groß sein und die Ordinate bei Null beginnen.
- Sie vermitteln den Eindruck einer kontinuierlichen Entwicklung zwischen den Datenpunkten.

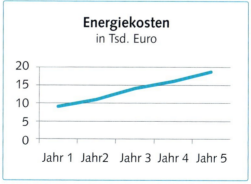

Kreis- und Ringdiagramme

- Hauptsächliches Einsatzgebiet ist die Darstellung der prozentualen Aufteilung einer Gesamtmenge.
- Eine Gegenüberstellung von Anteilen für mehrere Jahre kann mit mehreren Kreisdiagrammen nebeneinander geschehen – besser ist aber die Wahl eines gestapelten Säulendiagramms.
- Sehr viele kleine Datensegmente in einem Kreis sind oft schwierig zu erkennen.

Flächendiagramme

- Eigentlich eine Ergänzung der Linie und ähnlich zu verwenden.
- Wird in einem Diagramm z. B. nur ein Linienzug dargestellt, ist die Fläche psychologisch besser: Sie hinterlässt einen nachhaltigeren Eindruck.
- Nicht geeignet, wenn mehrere Linienzüge verglichen werden sollen – bei überlappenden Flächen werden manche u. U. nicht mehr wahrgenommen.

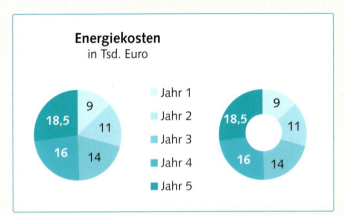

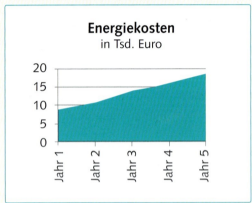

Nach: Pia Bork, www.ppt-faq.de (24.6.2013)

Aufgaben

1. Erstelle für die Kreditabteilung der Bank drei geeignete Diagramme. (M1 – M3)
   a) Für die Entwicklung der Eigenkapital- und Fremdkapitalrentabilität im Vergleich.
   b) Für die Entwicklung des Umsatzes.
   c) Für die Entwicklung des Anteils des Eigenkapitals am Gesamtkapital.
   Begründe jeweils die von dir gewählte Diagrammform und erläutere auch mögliche Schwächen der Darstellung.

2. Die Daten sollen derart präsentiert werden, dass die Rentabilitätsentwicklung der Pepe OHG in den letzten fünf Jahren möglichst positiv erscheint. Beurteile die Wirkungen folgender nacheinander durchgeführter Veränderungen bei einem Säulen- oder Liniendiagramm:
   a) Veränderung des Startwerts der Ordinate.
   b) Variierung des Maßstabs der Höhenskalierung.
   c) Auslassen geeigneter Jahre in der Darstellung.

Fachwissen im Zusammenhang

Eine Bilanz ist eine übersichtlich zusammengefasste Gegenüberstellung des Vermögens und des Kapitals eines Unternehmens in Kontenform. Sie wird für einen Stichtag erstellt und bildet die Vermögens- und Kapitallage des Unternehmens wie ein Foto zu einem bestimmten Zeitpunkt ab.

Aufbau der Bilanz

Die nachfolgende vereinfachte Bilanz enthält typische Vermögens- und Kapitalposten:

Aktiva		Bilanz zum 31.05.20.. (in Tsd. Euro) der Fa. ...	Passiva	
Anlagevermögen			**Eigenkapital**	1.360
Grundstücke und Gebäude	1.000			
Maschinen	600		**Fremdkapital**	
Fuhrpark	50		Darlehen	700
Betriebs- und Geschäfts-			sonst. langfr. Verbindlichkeiten	70
ausstattung	30		sonst. kurzfr. Verbindlichkeiten	210
Umlaufvermögen				
Rohstoffe	120			
Fertigerzeugnisse	200			
Forderungen	300			
Kasse	5			
Bank	35			
	2.340			**2.340**

Die **Aktivseite** zeigt die Zusammensetzung der Vermögenswerte, die sich im Unternehmen befinden. Aus Gründen der Übersichtlichkeit werden die Vermögenswerte nach der Liquidität gestaffelt, d. h. je länger der Vermögenswert im Rahmen der Erstellung des betrieblichen Leistungsprozesses im Unternehmen verweilt, desto weiter oben ist er aufgelistet. Dabei ergibt sich die Zuordnung zu den beiden Blöcken Anlagevermögen (diese Vermögenswerte sollen langfristig im Unternehmen verbleiben) und Umlaufvermögen (diese Vermögenswerte sollen nur kurzfristig im Unternehmen verbleiben). Vereinfacht kann man dies mit den Zeigern einer Uhr vergleichen: Wenn das Ziffernblatt die „Lebensdauer" des Vermögenswertes im Unternehmen darstellt, verhält sich das Anlagevermögen wie der Stundenzeiger und das Umlaufvermögen wie der Minutenzeiger.

Aktivseite

Die **Passivseite** zeigt, aus welchen Quellen das Kapital, mit dem das Vermögen finanziert wurde, stammt. Die Kapitalposten werden nach der Fälligkeit gegliedert, also nach der Dauer der Zeitspanne zwischen dem Erhalt des Kapitals und dem Zeitpunkt, an dem die Rückzahlung fällig wird. Die Kapitalposten mit der längeren Laufzeit stehen dabei weiter oben und, da das Eigenkapital niemals fällig wird, steht es immer ganz oben auf der Passivseite. Danach wird das Fremdkapital entsprechend der anfänglichen Laufzeit aufgelistet.

Passivseite

Fachwissen im Zusammenhang

Bilanzschema

Bilanz	
Aktiva	**Passiva**
Anlagevermögen Umlaufvermögen	Eigenkapital Fremdkapital
„Mittelverwendung"	„Mittelherkunft"

Der Wert des Vermögens entspricht stets dem Wert des Kapitals (Vermögen = Kapital): Alle Vermögenswerte (Mittelverwendung) müssen in irgendeiner Form finanziert worden sein (Mittelherkunft). Umgekehrt muss das Kapital, das dem Unternehmen zur Verfügung steht in irgendeiner Form im Unternehmen als Vermögenswert vorhanden sein.

Arten der Bilanzveränderung

Die in einem Unternehmen ablaufenden Geschäftsprozesse spiegeln sich in den Veränderungen der Bilanzposten wider. Da in der Bilanz sowohl die Mittelherkunft als auch die Mittelverwendung erfasst werden, muss sich die Bilanz zu jedem Zeitpunkt im Gleichgewicht befinden. Daher wirkt sich jeder Geschäftsfall im Unternehmen auf (mindestens) zwei Bilanzposten aus **(Prinzip der doppelten Buchführung)**, sodass die Bilanz stets ausgeglichen ist.

Grundsätzlich lassen sich **vier Arten der Bilanzveränderung** unterscheiden:

1. Aktivtausch

Werden lediglich Posten der Aktivseite verändert, ändert sich also allein die Mittelverwendung, so handelt es sich um einen Aktivtausch. Hierbei entsprechen die Mehrungen den Minderungen auf der Aktivseite (z. B. Kasse + 100 Geldeinheiten (GE), Bank – 100 GE), die Bilanzsumme bleibt unverändert.

Bilanz	
Aktiva	**Passiva**
Minderung → Mehrung	

2. Passivtausch

Werden lediglich Posten der Passivseite verändert, ändert sich also allein die Mittelherkunft, so handelt es sich um einen Passivtausch. Hierbei entsprechen die Mehrungen den Minderungen auf der Passivseite (z. B. Darlehen + 100 GE, kurzfristige Verbindlichkeiten – 100 GE), die Bilanzsumme bleibt unverändert.

Bilanz	
Aktiva	**Passiva**
	Minderung → Mehrung

3. Aktiv-Passiv-Minderung (Bilanzverkürzung)

Steht dem Unternehmen weniger Kapital zur Verfügung (Minderung der Passivseite, z. B. Verbindlichkeiten aus Lieferungen und Leistungen –100 GE), mindern sich auch die Vermögenswerte des Unternehmens (Minderung der Aktivseite, z. B. Bank –100 GE). Die Bilanzsumme verringert sich.

Bilanz	
Aktiva	Passiva
Minderung	Minderung

4. Aktiv-Passiv-Mehrung (Bilanzverlängerung)

Fließt dem Unternehmen zusätzliches Kapital zu (Mehrung der Passivseite, z. B. Verbindlichkeiten aus Lieferungen und Leistungen +100 GE), wird dieses auch im Unternehmen verwendet (Mehrung der Aktivseite, z. B. Rohstoffe +100 GE). Die Bilanzsumme erhöht sich.

Bilanz	
Aktiva	Passiva
Mehrung	Mehrung

Grundlagen der Erfolgsrechnung

Die bisherigen Geschäftsfälle veränderten lediglich die Vermögens- und Fremdkapitalposten in der Bilanz. Tatsächlich haben Industriebetriebe jedoch unter anderem das Ziel, durch die Kombination der Produktionsfaktoren im Rahmen ihrer Geschäftsprozesse einen Gewinn zu erzielen, also das Eigenkapital zu mehren.

Erfolgsvorgänge sind Geschäftsfälle, die das Eigenkapital verändern. Aufwendungen vermindern dabei das Eigenkapital, Erträge erhöhen dieses. Aufgrund des unternehmerischen Risikos können diese Erfolgsvorgänge jedoch nicht nur zu einem Gewinn (Aufwand < Ertrag), sondern auch zu einem Verlust (Aufwand > Ertrag), also einer Minderung des Eigenkapitals, führen.

Erfolgsrechnung		Erfolgsrechnung	
Aufwand	Ertrag	Aufwand	Ertrag
Gewinn			Verlust
Kontenform		*Kontenform*	

Fachwissen im Zusammenhang

Der Erfolg (Gewinn oder Verlust) wird in der Erfolgsrechnung in Kontenform als Saldo auf der schwächeren Seite ausgewiesen. Ein Gewinn steht somit auf der Aufwandsseite, ein Verlust auf der Ertragsseite.

In der Staffelform wird der Erfolg am Ende ausgewiesen und ergibt sich aus der Differenz „Ertrag abzüglich Aufwand". In der Praxis wird in Geschäftsberichten die Staffelform bevorzugt.

Erfolgsrechnung
Ertrag
– Aufwand
= Gewinn oder Verlust

Staffelform

Die Ermittlung der Rentabilität

Die Gewinnerzielung ist die Voraussetzung für eine dauerhafte unternehmerische Tätigkeit. Die absolute Höhe des Jahresgewinns ist allerdings nur von beschränkter Aussagefähigkeit, da diese noch keine Auskunft darüber gibt, ob sich der Einsatz des Kapitals rentiert hat. Um dies beurteilen zu können, muss der Gewinn in das Verhältnis zum eingesetzten Kapital gesetzt werden.

Eigenkapitalrentabilität

$$\text{Eigenkapitalrentabilität} = \frac{\text{Gewinn}}{\text{Eigenkapital}} \times 100\,\%$$

Die Eigenkapitalrentabilität sagt aus, wie hoch das Eigenkapital im Unternehmen „verzinst" wurde. Diese Rentabilität sollte über die übliche Verzinsung für längerfristige festverzinsliche Kapitalanlagen hinaus auch das unternehmerische Risiko („Risikoprämie") abdecken, da das Eigenkapital als Haftungskapital auch das Verlustrisiko trägt.

Gesamtkapitalrentabilität

$$\text{Gesamtkapitalrentabilität} = \frac{\text{Gewinn} + \text{Zinsaufwand}}{\text{Gesamtkapital}} \times 100\,\%$$

Die Gesamtkapitalrentabilität zeigt, wie erfolgreich das Unternehmen für die Kapitalgeber insgesamt (Eigen- und Fremdkapitalgeber) gearbeitet hat. Sie wird deshalb auch als Unternehmensrentabilität bezeichnet. Da der Zinsaufwand die Verzinsung des Fremdkapitals darstellt, wird dieser für die Berechnung der Rentabilität zu dem Gewinn („Verzinsung" des Eigenkapitals) addiert.

Anwendung und Transfer

M 1 — Vereinfachte Bilanz einer AG der chemischen Industrie zum 31.12.2013

Aktiva	Millionen €	Passiva	Millionen €
Immaterielles Vermögen	12.200	Grundkapital	5.600
Sachanlagen	18.100	Gewinnrücklagen	20.300
Beteiligungen an anderen Unternehmen	2.000	**Eigenkapital**	**25.900**
Sonstige Finanzanlagen	900		
Übrige Forderungen und sonstiges Vermögen	2.200	Rückstellungen für Pensionen	5.500
Langfristiges Vermögen	**35.400**	Sonstige Rückstellungen	3.000
		Finanzschulden	11.600
Vorräte	9.900	Übrige Verbindlichkeiten	1.100
Forderungen aus Lieferungen und Leistungen	10.200	**Langfristiges Fremdkapital**	**21.200**
Übrige Forderungen und sonstiges Vermögen	7.000		
Kurzfristige Wertpapiere	50	Verbindlichkeiten aus Lieferungen und Leistungen	4.700
Zahlungsmittel	1.800	Rückstellungen	2.700
Kurzfristiges Vermögen	**28.950**	Finanzschulden	5.300
Gesamtvermögen	**64.350**	Übrige Verbindlichkeiten	4.550
		Kurzfristiges Fremdkapital	**17.250**
		Gesamtkapital	**64.350**

Ergänzende Angaben für 2013:
- Jahresüberschuss (Gewinn) 5.220 Mio. Euro
- Zinsaufwand für das Fremdkapital 750 Mio. Euro.

Rückstellungen

Rückstellungen sind Verbindlichkeiten oder Aufwendungen, die zum Abschluss-Stichtag hinsichtlich ihrer Fälligkeit oder Höhe ungewiss sind.

Aufgaben

1. Recherchiere im Internet, welche konkreten „immateriellen Vermögenswerte" eine AG der chemischen Industrie vermutlich besitzt. (M1)

2. Erläutere aufgrund deiner Kenntnisse aus Kapitel 8, warum die vorgenommene Aufspaltung des Eigenkapitals erforderlich ist. (M1)

3. Erläutere, weshalb Pensionsverpflichtungen (bereits erworbene, später fällige Rentenansprüche der Mitarbeiter gegen das Unternehmen) auf der Passivseite als Rückstellungen erfasst werden. (M1)

4. Beschreibt mögliche Risiken, für die ein Unternehmen der chemischen Industrie Rückstellungen bilden sollte. (M1) Beziehe dabei auch deine Kenntnisse aus Kapitel 5 mit ein.

5. Berechne die Eigenkapital- und Gesamtkapitalrentabilität der AG. (M1) Zeige eine Möglichkeit auf, wie bei unverändertem Gesamtkapital und Jahresüberschuss die Eigenkapitalrentabilität erhöht werden könnte.

Bürgerliches Gesetzbuch (BGB)

§ 1 Beginn der Rechtsfähigkeit
Die Rechtsfähigkeit des Menschen beginnt mit der Vollendung der Geburt.

§ 2 Eintritt der Volljährigkeit
Die Volljährigkeit tritt mit der Vollendung des 18. Lebensjahres ein.

§ 13 Verbraucher
Verbraucher ist jede natürliche Person, die ein Rechtsgeschäft zu einem Zwecke abschließt, der weder ihrer gewerblichen noch ihrer selbständigen beruflichen Tätigkeit zugerechnet werden kann.

§ 14 Unternehmer
(1) Unternehmer ist eine natürliche oder juristische Person oder eine rechtsfähige Personengesellschaft, die bei Abschluss eines Rechtsgeschäfts in Ausübung ihrer gewerblichen oder selbständigen beruflichen Tätigkeit handelt.
(2) Eine rechtsfähige Personengesellschaft ist eine Personengesellschaft, die mit der Fähigkeit ausgestattet ist, Rechte zu erwerben und Verbindlichkeiten einzugehen.

§ 90 Begriff der Sache
Sachen im Sinne des Gesetzes sind nur körperliche Gegenstände.

§ 90a Tiere
Tiere sind keine Sachen. Sie werden durch besondere Gesetze geschützt. Auf sie sind die für Sachen geltenden Vorschriften entsprechend anzuwenden, soweit nicht etwas anderes bestimmt ist.

§ 104 Geschäftsunfähigkeit
Geschäftsunfähig ist:
1. wer nicht das siebente Lebensjahr vollendet hat,
2. wer sich in einem die freie Willensbestimmung ausschließenden Zustand krankhafter Störung der Geistestätigkeit befindet, sofern nicht der Zustand seiner Natur nach ein vorübergehender ist.

§ 105 Nichtigkeit der Willenserklärung
(1) Die Willenserklärung eines Geschäftsunfähigen ist nichtig.
(2) Nichtig ist auch eine Willenserklärung, die im Zustand der Bewusstlosigkeit oder vorübergehenden Störung der Geistestätigkeit abgegeben wird.

§ 106 Beschränkte Geschäftsfähigkeit Minderjähriger
Ein Minderjähriger, der das siebente Lebensjahr vollendet hat, ist nach Maßgabe der §§ 107 bis 113 in der Geschäftsfähigkeit beschränkt.

§ 107 Einwilligung des gesetzlichen Vertreters
Der Minderjährige bedarf zu einer Willenserklärung, durch die er nicht lediglich einen rechtlichen Vorteil erlangt, der Einwilligung seines gesetzlichen Vertreters.

§ 108 Vertragsschluss ohne Einwilligung
(1) Schließt der Minderjährige einen Vertrag ohne die erforderliche Einwilligung des gesetzlichen Vertreters, so hängt die Wirksamkeit des Vertrags von der Genehmigung des Vertreters ab.
(2) Fordert der andere Teil den Vertreter zur Erklärung über die Genehmigung auf, so kann die Erklärung nur ihm gegenüber erfolgen; eine vor der Aufforderung dem Minderjährigen gegenüber erklärte Genehmigung oder Verweigerung der Genehmigung wird unwirksam. Die Genehmigung kann nur bis zum Ablauf von zwei Wochen nach dem Empfang der Aufforderung erklärt werden; wird sie nicht erklärt, so gilt sie als verweigert.
(3) Ist der Minderjährige unbeschränkt geschäftsfähig geworden, so tritt seine Genehmigung an die Stelle der Genehmigung des Vertreters.

§ 110 Bewirken der Leistung mit eigenen Mitteln
Ein von dem Minderjährigen ohne Zustimmung des gesetzlichen Vertreters geschlossener Vertrag gilt als von Anfang an wirksam, wenn der Minderjährige die vertragsmäßige Leistung mit Mitteln bewirkt, die ihm zu diesem Zweck oder zu freier Verfügung von dem Vertreter oder mit dessen Zustimmung von einem Dritten überlassen worden sind.

§ 112 Selbständiger Betrieb eines Erwerbsgeschäfts
(1) Ermächtigt der gesetzliche Vertreter mit Genehmigung des Familiengerichts den Minderjährigen zum selbständigen Betrieb eines Erwerbsgeschäfts, so ist der Minderjährige für solche Rechtsgeschäfte unbeschränkt geschäftsfähig, welche der Geschäftsbetrieb mit sich bringt. Ausgenommen sind Rechtsgeschäfte, zu denen der Vertreter der Genehmigung des Familiengerichts bedarf.

(2) Die Ermächtigung kann von dem Vertreter nur mit Genehmigung des Familiengerichts zurückgenommen werden.

§ 113 Dienst- oder Arbeitsverhältnis
(1) Ermächtigt der gesetzliche Vertreter den Minderjährigen, in Dienst oder in Arbeit zu treten, so ist der Minderjährige für solche Rechtsgeschäfte unbeschränkt geschäftsfähig, welche die Eingehung oder Aufhebung eines Dienst- oder Arbeitsverhältnisses der gestatteten Art oder die Erfüllung der sich aus einem solchen Verhältnis ergebenden Verpflichtungen betreffen. Ausgenommen sind Verträge, zu denen der Vertreter der Genehmigung des Familiengerichts bedarf.
(2) Die Ermächtigung kann von dem Vertreter zurückgenommen oder eingeschränkt werden.
(3) Ist der gesetzliche Vertreter ein Vormund, so kann die Ermächtigung, wenn sie von ihm verweigert wird, auf Antrag des Minderjährigen durch das Familiengericht ersetzt werden. Das Familiengericht hat die Ermächtigung zu ersetzen, wenn sie im Interesse des Mündels liegt.
(4) Die für einen einzelnen Fall erteilte Ermächtigung gilt im Zweifel als allgemeine Ermächtigung zur Eingehung von Verhältnissen derselben Art.

§ 145 Bindung an den Antrag
Wer einem anderen die Schließung eines Vertrags anträgt, ist an den Antrag gebunden, es sei denn, dass er die Gebundenheit ausgeschlossen hat.

§ 147 Annahmefrist
(1) Der einem Anwesenden gemachte Antrag kann nur sofort angenommen werden. Dies gilt auch von einem mittels Fernsprechers oder einer sonstigen technischen Einrichtung von Person zu Person gemachten Antrag.
(2) Der einem Abwesenden gemachte Antrag kann nur bis zu dem Zeitpunkt angenommen werden, in welchem der Antragende den Eingang der Antwort unter regelmäßigen Umständen erwarten darf.

§ 184 Rückwirkung der Genehmigung
(1) Die nachträgliche Zustimmung (Genehmigung) wirkt auf den Zeitpunkt der Vornahme des Rechtsgeschäfts zurück, soweit nicht ein anderes bestimmt ist.
(2) Durch die Rückwirkung werden Verfügungen nicht unwirksam, die vor der Genehmigung über den Gegenstand des Rechtsgeschäfts von dem Genehmigenden getroffen worden oder im Wege der Zwangsvollstreckung oder der Arrestvollziehung oder durch den Insolvenzverwalter erfolgt sind.

§ 433 Vertragstypische Pflichten beim Kaufvertrag
(1) Durch den Kaufvertrag wird der Verkäufer einer Sache verpflichtet, dem Käufer die Sache zu übergeben und das Eigentum an der Sache zu verschaffen. Der Verkäufer hat dem Käufer die Sache frei von Sach- und Rechtsmängeln zu verschaffen.
(2) Der Käufer ist verpflichtet, dem Verkäufer den vereinbarten Kaufpreis zu zahlen und die gekaufte Sache abzunehmen.

§ 434 Sachmangel
(1) Die Sache ist frei von Sachmängeln, wenn sie bei Gefahrübergang die vereinbarte Beschaffenheit hat. Soweit die Beschaffenheit nicht vereinbart ist, ist die Sache frei von Sachmängeln,
1. wenn sie sich für die nach dem Vertrag vorausgesetzte Verwendung eignet, sonst
2. wenn sie sich für die gewöhnliche Verwendung eignet und eine Beschaffenheit aufweist, die bei Sachen der gleichen Art üblich ist und die der Käufer nach der Art der Sache erwarten kann.
Zu der Beschaffenheit nach Satz 2 Nr. 2 gehören auch Eigenschaften, die der Käufer nach den öffentlichen Äußerungen des Verkäufers, des Herstellers (§ 4 Abs. 1 und 2 des Produkthaftungsgesetzes) oder seines Gehilfen insbesondere in der Werbung oder bei der Kennzeichnung über bestimmte Eigenschaften der Sache erwarten kann, es sei denn, dass der Verkäufer die Äußerung nicht kannte und auch nicht kennen musste, dass sie im Zeitpunkt des Vertragsschlusses in gleichwertiger Weise berichtigt war oder dass sie die Kaufentscheidung nicht beeinflussen konnte.
(2) Ein Sachmangel ist auch dann gegeben, wenn die vereinbarte Montage durch den Verkäufer oder dessen Erfüllungsgehilfen unsachgemäß durchgeführt worden ist. Ein Sachmangel liegt bei einer zur Montage bestimmten Sache ferner vor, wenn die Montageanleitung mangelhaft ist, es sei denn, die Sache ist fehlerfrei montiert worden.
(3) Einem Sachmangel steht es gleich, wenn der Verkäufer eine andere Sache oder eine zu geringe Menge liefert.

§ 437 Rechte des Käufers bei Mängeln
Ist die Sache mangelhaft, kann der Käufer, wenn die Voraussetzungen der folgenden Vorschriften vorliegen und soweit nicht ein anderes bestimmt ist,
1. nach § 439 Nacherfüllung verlangen,
2. nach den §§ 440, 323 und 326 Abs. 5 von dem Vertrag zurücktreten oder nach § 441 den Kaufpreis mindern und
3. nach den §§ 440, 280, 281, 283 und 311a Schadensersatz oder nach § 284 Ersatz vergeblicher Aufwendungen verlangen.

§ 439 Nacherfüllung
(1) Der Käufer kann als Nacherfüllung nach seiner Wahl die Beseitigung des Mangels oder die Lieferung einer mangelfreien Sache verlangen.
(2) Der Verkäufer hat die zum Zwecke der Nacherfüllung erforderlichen Aufwendungen, insbesondere Transport-, Wege-, Arbeits- und Materialkosten zu tragen.
(3) Der Verkäufer kann die vom Käufer gewählte Art der Nacherfüllung unbeschadet des § 275 Abs. 2 und 3 verweigern, wenn sie nur mit unverhältnismäßigen Kosten möglich ist. Dabei sind insbesondere der Wert der Sache in mangelfreiem Zustand, die Bedeutung des Mangels und die Frage zu berücksichtigen, ob auf die andere Art der Nacherfüllung ohne erhebliche Nachteile für den Käufer zurückgegriffen werden könnte. Der Anspruch des Käufers beschränkt sich in diesem Fall auf die andere Art der Nacherfüllung; das Recht des Verkäufers, auch diese unter den Voraussetzungen des Satzes 1 zu verweigern, bleibt unberührt.
(4) Liefert der Verkäufer zum Zwecke der Nacherfüllung eine mangelfreie Sache, so kann er vom Käufer Rückgewähr der mangelhaften Sache nach Maßgabe der §§ 346 bis 348 verlangen.

§ 442 Kenntnis des Käufers
(1) Die Rechte des Käufers wegen eines Mangels sind ausgeschlossen, wenn er bei Vertragsschluss den Mangel kennt. Ist dem Käufer ein Mangel infolge grober Fahrlässigkeit unbekannt geblieben, kann der Käufer Rechte wegen dieses Mangels nur geltend machen, wenn der Verkäufer den Mangel arglistig verschwiegen oder eine Garantie für die Beschaffenheit der Sache übernommen hat.
(2) Ein im Grundbuch eingetragenes Recht hat der Verkäufer zu beseitigen, auch wenn es der Käufer kennt.

§ 446 Gefahr- und Lastenübergang
Mit der Übergabe der verkauften Sache geht die Gefahr des zufälligen Untergangs und der zufälligen Verschlechterung auf den Käufer über. Von der Übergabe an gebühren dem Käufer die Nutzungen und trägt er die Lasten der Sache. Der Übergabe steht es gleich, wenn der Käufer im Verzug der Annahme ist.

§ 447 Gefahrübergang beim Versendungskauf
(1) Versendet der Verkäufer auf Verlangen des Käufers die verkaufte Sache nach einem anderen Ort als dem Erfüllungsort, so geht die Gefahr auf den Käufer über, sobald der Verkäufer die Sache dem Spediteur, dem Frachtführer oder der sonst zur Ausführung der Versendung bestimmten Person oder Anstalt ausgeliefert hat.
(2) Hat der Käufer eine besondere Anweisung über die Art der Versendung erteilt und weicht der Verkäufer ohne dringenden Grund von der Anweisung ab, so ist der Verkäufer dem Käufer für den daraus entstehenden Schaden verantwortlich.

§ 474 Begriff des Verbrauchsgüterkaufs
(1) Kauft ein Verbraucher von einem Unternehmer eine bewegliche Sache (Verbrauchsgüterkauf), gelten ergänzend die folgenden Vorschriften. Dies gilt nicht für gebrauchte Sachen, die in einer öffentlichen Versteigerung verkauft werden, an der der Verbraucher persönlich teilnehmen kann.
(2) Auf die in diesem Untertitel geregelten Kaufverträge ist § 439 Abs. 4 mit der Maßgabe anzuwenden, dass Nutzungen nicht herauszugeben oder durch ihren Wert zu ersetzen sind. Die §§ 445 und 447 sind nicht anzuwenden.

§ 475 Abweichende Vereinbarungen
(1) Auf eine vor Mitteilung eines Mangels an den Unternehmer getroffene Vereinbarung, die zum Nachteil des Verbrauchers von den §§ 433 bis 435, 437, 439 bis 443 sowie von den Vorschriften dieses Untertitels abweicht, kann der Unternehmer sich nicht berufen. Die in Satz 1 bezeichneten Vorschriften finden auch Anwendung, wenn sie durch anderweitige Gestaltungen umgangen werden.
(2) Die Verjährung der in § 437 bezeichneten Ansprüche kann vor Mitteilung eines Mangels an den Unternehmer nicht durch Rechtsgeschäft er-

leichtert werden, wenn die Vereinbarung zu einer Verjährungsfrist ab dem gesetzlichen Verjährungsbeginn von weniger als zwei Jahren, bei gebrauchten Sachen von weniger als einem Jahr führt.
(3) Die Absätze 1 und 2 gelten unbeschadet der §§ 307 bis 309 nicht für den Ausschluss oder die Beschränkung des Anspruchs auf Schadensersatz.

§ 476 Beweislastumkehr
Zeigt sich innerhalb von sechs Monaten seit Gefahrübergang ein Sachmangel, so wird vermutet, dass die Sache bereits bei Gefahrübergang mangelhaft war, es sei denn, diese Vermutung ist mit der Art der Sache oder des Mangels unvereinbar.

§ 477 Sonderbestimmungen für Garantien
(1) Eine Garantieerklärung (§ 443) muss einfach und verständlich abgefasst sein. Sie muss enthalten
1. den Hinweis auf die gesetzlichen Rechte des Verbrauchers sowie darauf, dass sie durch die Garantie nicht eingeschränkt werden und
2. den Inhalt der Garantie und alle wesentlichen Angaben, die für die Geltendmachung der Garantie erforderlich sind, insbesondere die Dauer und den räumlichen Geltungsbereich des Garantieschutzes sowie Namen und Anschrift des Garantiegebers.
(2) Der Verbraucher kann verlangen, dass ihm die Garantieerklärung in Textform mitgeteilt wird.
(3) Die Wirksamkeit der Garantieverpflichtung wird nicht dadurch berührt, dass eine der vorstehenden Anforderungen nicht erfüllt wird.

§ 478 Rückgriff des Unternehmers
(1) Wenn der Unternehmer die verkaufte neu hergestellte Sache als Folge ihrer Mangelhaftigkeit zurücknehmen musste oder der Verbraucher den Kaufpreis gemindert hat, bedarf es für die in § 437 bezeichneten Rechte des Unternehmers gegen den Unternehmer, der ihm die Sache verkauft hatte (Lieferant), wegen des vom Verbraucher geltend gemachten Mangels einer sonst erforderlichen Fristsetzung nicht.
(2) Der Unternehmer kann beim Verkauf einer neu hergestellten Sache von seinem Lieferanten Ersatz der Aufwendungen verlangen, die der Unternehmer im Verhältnis zum Verbraucher nach § 439 Abs. 2 zu tragen hatte, wenn der vom Verbraucher geltend gemachte Mangel bereits beim Übergang der Gefahr auf den Unternehmer vorhanden war.
(3) In den Fällen der Absätze 1 und 2 findet § 476 mit der Maßgabe Anwendung, dass die Frist mit dem Übergang der Gefahr auf den Verbraucher beginnt.
(4) Auf eine vor Mitteilung eines Mangels an den Lieferanten getroffene Vereinbarung, die zum Nachteil des Unternehmers von den §§ 433 bis 435, 437, 439 bis 443 sowie von den Absätzen 1 bis 3 und von § 479 abweicht, kann sich der Lieferant nicht berufen, wenn dem Rückgriffsgläubiger kein gleichwertiger Ausgleich eingeräumt wird. Satz 1 gilt unbeschadet des § 307 nicht für den Ausschluss oder die Beschränkung des Anspruchs auf Schadensersatz. Die in Satz 1 bezeichneten Vorschriften finden auch Anwendung, wenn sie durch anderweitige Gestaltungen umgangen werden.
(5) Die Absätze 1 bis 4 finden auf die Ansprüche des Lieferanten und der übrigen Käufer in der Lieferkette gegen die jeweiligen Verkäufer entsprechende Anwendung, wenn die Schuldner Unternehmer sind.
(6) § 377 des Handelsgesetzbuchs bleibt unberührt.

§ 479 Verjährung von Rückgriffsansprüchen
(1) Die in § 478 Abs. 2 bestimmten Aufwendungsersatzansprüche verjähren in zwei Jahren ab Ablieferung der Sache.
(2) Die Verjährung der in den §§ 437 und 478 Abs. 2 bestimmten Ansprüche des Unternehmers gegen seinen Lieferanten wegen des Mangels einer an einen Verbraucher verkauften neu hergestellten Sache tritt frühestens zwei Monate nach dem Zeitpunkt ein, in dem der Unternehmer die Ansprüche des Verbrauchers erfüllt hat. Diese Ablaufhemmung endet spätestens fünf Jahre nach dem Zeitpunkt, in dem der Lieferant die Sache dem Unternehmer abgeliefert hat.
(3) Die vorstehenden Absätze finden auf die Ansprüche des Lieferanten und der übrigen Käufer in der Lieferkette gegen die jeweiligen Verkäufer entsprechende Anwendung, wenn die Schuldner Unternehmer sind.

§ 480 Tausch
Auf den Tausch finden die Vorschriften über den Kauf entsprechende Anwendung.

Sammlung wichtiger Paragrafen

§ 823 Schadensersatzpflicht
(1) Wer vorsätzlich oder fahrlässig das Leben, den Körper, die Gesundheit, die Freiheit, das Eigentum oder ein sonstiges Recht eines anderen widerrechtlich verletzt, ist dem anderen zum Ersatz des daraus entstehenden Schadens verpflichtet.
(2) Die gleiche Verpflichtung trifft denjenigen, welcher gegen ein den Schutz eines anderen bezweckendes Gesetz verstößt. Ist nach dem Inhalt des Gesetzes ein Verstoß gegen dieses auch ohne Verschulden möglich, so tritt die Ersatzpflicht nur im Falle des Verschuldens ein.

§ 828 Minderjährige
(1) Wer nicht das siebente Lebensjahr vollendet hat, ist für einen Schaden, den er einem anderen zufügt, nicht verantwortlich.
(2) Wer das siebente, aber nicht das zehnte Lebensjahr vollendet hat, ist für den Schaden, den er bei einem Unfall mit einem Kraftfahrzeug, einer Schienenbahn oder einer Schwebebahn einem anderen zufügt, nicht verantwortlich. Dies gilt nicht, wenn er die Verletzung vorsätzlich herbeigeführt hat.
(3) Wer das 18. Lebensjahr noch nicht vollendet hat, ist, sofern seine Verantwortlichkeit nicht nach Absatz 1 oder 2 ausgeschlossen ist, für den Schaden, den er einem anderen zufügt, nicht verantwortlich, wenn er bei der Begehung der schädigenden Handlung nicht die zur Erkenntnis der Verantwortlichkeit erforderliche Einsicht hat.

§ 854 Erwerb des Besitzes
(1) Der Besitz einer Sache wird durch die Erlangung der tatsächlichen Gewalt über die Sache erworben.
(2) Die Einigung des bisherigen Besitzers und des Erwerbers genügt zum Erwerb, wenn der Erwerber in der Lage ist, die Gewalt über die Sache auszuüben.

§ 903 Befugnisse des Eigentümers
Der Eigentümer einer Sache kann, soweit nicht das Gesetz oder Rechte Dritter entgegenstehen, mit der Sache nach Belieben verfahren und andere von jeder Einwirkung ausschließen. Der Eigentümer eines Tieres hat bei der Ausübung seiner Befugnisse die besonderen Vorschriften zum Schutz der Tiere zu beachten.

§ 929 Einigung und Übergabe
Zur Übertragung des Eigentums an einer beweglichen Sache ist erforderlich, dass der Eigentümer die Sache dem Erwerber übergibt und beide darüber einig sind, dass das Eigentum übergehen soll. Ist der Erwerber im Besitz der Sache, so genügt die Einigung über den Übergang des Eigentums.

§ 985 Herausgabeanspruch
Der Eigentümer kann von dem Besitzer die Herausgabe der Sache verlangen.

§ 1626 Elterliche Sorge, Grundsätze
(1) Die Eltern haben die Pflicht und das Recht, für das minderjährige Kind zu sorgen (elterliche Sorge). Die elterliche Sorge umfasst die Sorge für die Person des Kindes (Personensorge) und das Vermögen des Kindes (Vermögenssorge).
(2) Bei der Pflege und Erziehung berücksichtigen die Eltern die wachsende Fähigkeit und das wachsende Bedürfnis des Kindes zu selbständigem verantwortungsbewusstem Handeln. Sie besprechen mit dem Kind, soweit es nach dessen Entwicklungsstand angezeigt ist, Fragen der elterlichen Sorge und streben Einvernehmen an.
(3) Zum Wohl des Kindes gehört in der Regel der Umgang mit beiden Elternteilen. Gleiches gilt für den Umgang mit anderen Personen, zu denen das Kind Bindungen besitzt, wenn ihre Aufrechterhaltung für seine Entwicklung förderlich ist.

§ 1922 Gesamtrechtsnachfolge
(1) Mit dem Tode einer Person (Erbfall) geht deren Vermögen (Erbschaft) als Ganzes auf eine oder mehrere andere Personen (Erben) über.
(2) Auf den Anteil eines Miterben (Erbteil) finden die sich auf die Erbschaft beziehenden Vorschriften Anwendung.

Register

A
Abitur **66**
Absatz **162**, **165**
Absatzmarkt **141**, **162**
Abstraktionsprinzip **78** f., **85**
AG **138**, **143**
Akademiker **52**
Aktie **45**
Aktiva **171** f., **182**
Aktiv-Passiv-Mehrung (Bilanzverlängerung) **173**, **183**
Aktiv-Passiv-Minderung (Bilanzverkürzung) **173**, **183**
Aktivseite **181**
Aktivtausch **172**, **182**
Allgemeine fachgebundene Hochschulreife/Fachhochschulreife **62**
Allgemeine Hochschulreife **62**, **66**
Alterskennzeichen **128**
Altersstufen **127**
Anlagevermögen **182**
Annahme **83**
Annahmefrist **187**
Antrag **83**, **187**
Arbeitsleben **123**
Arbeitsleistungen **163**
Arbeitslosigkeit **52**
Arbeitsteilung **150** f., **160**, **164**
Arbeitsteilung, innerbetriebliche **151**, **164**
Arbeitsteilung, internationale **151**
Arbeitsteilung, zwischenbetriebliche **151**, **164**
Arbeitsverhältnis **187**
Arbeitszeitmodell, flexibles **65**
Assessment Center **66**
Aufwand **142**, **183**
Ausbildung **48**
Ausbildungsberuf **62**
Ausgleichsfunktion **82**

B
Balkendiagramme **179**
Bankeinzug **34**
Bedürfnis **8**, **10**, **22** f.
Bedürfnisbefriedigung **22**
Befugnisse **190**
Beruf **48**, **52**
Berufliche Arbeitsteilung **151**
Berufsausbildung **52**, **63**
Berufsfachschule **62**
Berufsinformationszentrum (BIZ) **65**
Berufsleben **115**
Berufsoberschule (BOS) **62**, **66**
Berufsschule **62**
Berufswahl **48**, **52**
Beschaffung **162**
Beschaffungsmärkte **162**
Beschäftigung, atypische **52**
Besitz **76**, **84**, **190**
Besitzer **77**
Betriebserkundung **156**
Beweislastumkehr **104**, **189**

Bewerbung **55**
Bewerbungsmappe **55**, **65**
Bewerbungsschreiben **55**, **65**
BGB **79**
Bilanz **171**, **181** f.
Bilanzblöcke **171**
Bilanzschema **182**
Bilanzveränderung **182**
Bildung **52**, **62**
Bildung, berufliche **62**
Bildung, schulische **62**
Brands **166**
Buchführung, doppelte **172**, **182**
Bürgerliches Gesetzbuch (BGB) **80**, **186**

D
Dauerauftrag **43**
Deflation **42**
Deliktsfähigkeit **118**, **126** f.
Deliktsfähigkeit, beschränkte **126** f.
Deliktsfähigkeit, volle **126**
Deliktsunfähigkeit **126** f.
Der didaktische Bleistift **54**, **65**
Diagramm **179**
Dienstleistungen **23**, **151**
Dienstverhältnis **187**
Drei-Sektoren-Modell **64**
Duales System **63**, **66**

E
Eigenkapital **142**, **182**, **184**
Eigenkapitalrentabilität **176**, **184**
Eigentum **76**, **84**
Eigentümer **77**, **190**
Eigentumsübertragung **79**
Eigentumsübertragungsvertrag **78**
Eigenwerbung **145**
Einführungsklasse **66**
Einigung **84**, **190**
Einstellungstest **58**, **66**
Einwilligung **123**, **186**
Einzelkaufmann **138**
Einzelunternehmen **144**
Elterliche Sorge **190**
Entscheidung, unternehmerische **163**
Entscheidungsfindung **24**
Entscheidungsmatrix **65**, **144**
Entscheidungsmatrix, gewichtete **14**, **24**
Entscheidungsphase **65**
Entwicklung, nachhaltige **18**
Epikur **8**, **22** f.
Erfolg **174**, **184**
Erfolgsrechnung **174** f., **183**
Erfüllungsgeschäfte **84**
Ersatzlieferung **94**
Ertrag **142**, **183**
Erwerb **190**
Erwerbsgeschäfts **186**
Existenzbedürfnisse **22**

F
Fachabitur **66**

Fachakademie **62**
Fachkräfte **52**
Fachoberschule (FOS) **62**, **66**
Fachschule **62**
Familienunternehmer **145**
Finanzierung **142**
Finanzierungsbedarf **142**
Flächendiagramme **180**
Fonds **36**
Förderschule **62**
Forderungen **170**
Freiraum, rechtlicher **116**
Fremdkapital **142**, **182**
Fremdkapitalaufnahme **178**
Friedensfunktion **82**
Funktionen des Geldes **40**

G
Garant **95**
Garantie **95**, **104**, **189**
Garantieerklärung **104**
Gefahrübergang **92**, **98**, **101**, **104**, **188**
Geld **28**, **30** f., **36**, **116**
Geldanlage **36**
Geldwertstabilität **42**
Genehmigung **187**
Gesamtkapitalrentabilität **176**, **184**
Gesamtrechtsnachfolge **190**
Geschäftfähiger, beschränkt **112**, **114**, **125**
Geschäftsfähigkeit **110**, **122**, **125**, **127**
Geschäftsfähigkeit, beschränkte **122**, **127**
Geschäftsfähigkeit, volle **122**
Geschäftsfälle **172**
Geschäftsidee **133**, **142**
Geschäftsprozesse **146**, **162**, **172**
Geschäftsunfähigkeit **80**, **122**, **125**, **127**, **186**
Gesellschaft mit beschränkter Haftung (GmbH) **138** f.
Gesetz **86**
Gesetzlicher Vertreter **117**, **123**, **186**
Gewährleistung **95**
Gewährleistungsfrist **104**
Gewinn **183** f.
Girocard **35**, **43**
Girokonto **35**, **43**
Gläubiger **38**, **46**
GmbH **138**, **143**
Grundgeschäft **79**
Grundgesetz **128**
Güter **8**, **22** f., **151**
Güterproduktion **26**
Gütertausch **31**
Gymnasium **62**

H
Haftung **144**
Haftung, persönliche **138**
Hard Skills **50**, **64**
Haushaltsplan **10**
Herausgabeanspruch **190**
Höherer Berufsabschluss (und Hochschulzugang) **62**

Register

I

Inflation 32, 41 f.
Informationen 163
Informationsphase 65
Informationstechnologie 64
Inkassounternehmen 38
Innovationen 143, 151
Investitionen 151
Investitionsgüter 23

J

Jugendliche 120
Jugendschutzgesetz 121, 128
Jugendstrafrecht 127
Juristische Person 144
Just-in-sequence 153
Just-in-time 153, 165
Justitia 71

K

Kaizen 154
Kanban 154
Kapitalgesellschaft 138, 143
Kauf 90, 98
Käufer 102
Kaufhandlung 68, 78
Kaufkraft 42
Kaufvertrag 74, 78, 83, 103 f., 187
Kausalgeschäft 79
Kenntnis 188
Klimawandel 18
Knappheit 12 f.
Kommanditgesellschaft (KG) 139, 143
Konsum 6, 8 f., 21 ff., 38
Konsumentscheidung 26
Konsumgüter 23
Kontenform 175, 183 f.
Kreditkarte 34 f., 44
Kreditwürdigkeit 144
Kreisdiagramme 180
Kulturbedürfnisse 22

L

Lastenübergang 188
Lastschriftverfahren 34, 43
Lean Production 154
Lebenslauf 56, 65
Leitung 162
Liniendiagramme 179
Liquidierbarkeit 36
Liquidität 36, 44
Logistik 153
Lohnkosten 141, 160
Luxusbedürfnisse 22

M

Magisches Dreieck der Geldanlage 44
Mangel 94, 151, 188
Mangelfolgeschaden 103
Mängelhaftung 104
Marke 158
Markenartikel 16

Marketing 157, 159
Marketing-Mix 165
Markt 24, 159
Marktchancen 142
Marktlücke 142
Marktvolumen 142
Materialfluss 153
Maximalprinzip 24, 164
Mehrung 182 f.
Minderjährige 106, 115 ff., 123, 190
Minderjähriger, beschränkt geschäftsfähig 186
Minderjähriger, rechtliche Stellung 106
Minderung 96 f., 102, 182 f.
Minimalprinzip 24, 164
Mittelherkunft 182
Mittelschul-Abschlüsse 62
Mittelschule 62
Mittelverwendung 182
M-Zweig 66

N

Nachbesserung 94
Nacherfüllung 94, 96, 102 f., 188
Nachhaltigkeit 18
Nachnahme 34
Naturalgeld 40
Naturaltausch 40
Nebenpflichtverletzungen 100
Netzwerke, soziale 61
Nichtigkeit 186
Norm (z. B. Paragraf) 86
Norm 80 f.
Normalarbeitsverhältnis 65
Normenanalyse 80, 86

O

Offene Handelsgesellschaft (OHG) 139, 143
Ordnungsfunktion 82
Outsourcing 154, 164

P

Passiva 171 f., 182
Passivseite 181
Passivtausch 173, 182
PayPal 34
Person, natürliche 143 f.
Personalchef 60 f.
Personengesellschaft 138, 143
Persönlichkeitstest 135
Pflichten 78, 106
Pflichtverletzungen beim Kauf 88, 90, 100
Place 165 f.
Potenzialfaktoren 163
Price 165 f.
Prinzip der Nachhaltigkeit 18, 25
Prinzip, ökonomisches 163 f.
Privatvermögen 145
Product 165
Produkt 25
Produktion 159, 162, 164

Produktionsablauf 153
Produktionsfaktor 148, 162 f.
Produktionsprinzipien 154
Produktionssystem 155
Produktpolitik 166
Promotion 165 f.

R

Realschule 62
Recheneinheit 40 f.
Rechnung 34
Rechnungswesen 162, 168
Recht 82, 88, 108, 188
Recht, primäres 102
Rechte, vorrangige 94
Rechte, weitere 96, 102
Rechtsfähigkeit 108, 122, 127, 186
Rechtsfolge(n) 80, 86, 106
Rechtsform 138
Rechtsgeschäfte 78
Rechtsnorm 80 f., 86
Rechtsordnung 106
Rechtspersönlichkeit 138, 143
Regelungen 70
Rendite 36
Rentabilität 44, 176 f., 184
Ressourcen, erneuerbare 18, 26
Ressourcen, nicht-erneuerbare 19, 26
Ricardo, David 150
Ringdiagramme 180
Rohstoffverbrauch 27
Rückgriff 189
Rückgriffsansprüche 189
Rückstellungen 185
Rücktritt 96 f., 102, 111
Rückwirkung 187

S

Sache 186
Sache, bewegliche 103
Sachgüter 23
Sachmangel 92, 100 f., 103, 187
Sachverhalt 80, 86
Säulendiagramme 179
Schadensersatz 96 f., 102 f., 126
Schadensersatzpflicht 190
Schenkungsvertrag 79
Schlüsselqualifikationen 50
Schlüsseltechnologien 141, 148
Schulabschluss, mittlerer 62
Schulden 38
Schuldfähigkeit 119
Schuldner 38, 46
Schuldunfähigkeit 119
Schule für Kranke 62
Schulsystem, gegliedertes 66
Schumpeter, Joseph A. 143
Schutzfunktion 82
Selbstversorgungswirtschaft 64
Seltene Erden 27, 148
Sicherheit 44
Smith, Adam 9, 23, 150 f.

Register

Social Business **177**
Soft Skills **50**, **64**
Sonderbestimmungen **189**
Sparbrief **45**
Sparbuch **36**, **45**
Spezialisierung **30**, **151**
Staffelform **175**, **184**
Standort Deutschland **140**
Standortentscheidung **140**
Standortfaktoren **144**
Standortwahl **144**
Strafe **119**
Straffähigkeit **127**
Straffähigkeit, Inhalt **126**
Strafgesetzbuch **129**
Strafmündigkeit (Erwachsenenstrafrecht) **127**
Strafmündigkeit **118**, **127**
Strafmündigkeit, bedingte **127**
Strafmündigkeit, volle **127**
Strafunmündigkeit **127**
Subsistenzwirtschaft **64**
Subventionen **141**

T

Tagesgeldkonto **36**
Taschengeldparagraph **117**, **124**
Tatbestandsmerkmale **80**, **86**
Tausch- und Zahlungsmittel **40** f.
Tausch **189**
Tauschhandel **30** f.
Tauschketten **30**
Tauschvertrag **79**
Testaufgaben **58**
Tiere **186**

U

Übereignung **79**
Übereignungsvertrag **78**
Überfluss **151**
Übergabe **84**, **190**
Überschuldung **45**
Überweisung **34**
Umlaufvermögen **182**
Umsatz **157**
Unternehmen **130**, **132**, **162**
Unternehmenserfolg **175**
Unternehmensgründer **115**, **134**
Unternehmensverantwortung **145**
Unternehmer **103**, **136**, **186**

V

Verantwortung, gesellschaftliche/soziale **136**
Verbindlichkeiten **170**
Verbote **106**
Verbraucher **18**, **24**, **88**, **98**, **103**, **186**
Verbraucherinsolvenzverfahren **39**
Verbrauchsgüterkauf **99**, **103** f., **188**
Vereinbarungen **188**
Verfügungsgeschäfte **84**
Verjährung **103**, **189**
Verlust **183** f.
Vermögen **138**
Verpflichtungsgeschäft **79**, **83**
Verschuldung **45**
Versendungskauf **98**, **104**, **188**
Vertrag **72** f., **82**, **88**, **116** f.
Vertrag, gültiger **114**
Vertragspartner **88**
Vertragsschluss **186**
Verwaltung **162**
Verwirklichungsphase **65**
Vierter Sektor **64**
Vollbeschäftigung **52**
Volljährigkeit **186**
Voraussetzungen, persönliche **142**
Vorschusszinsen **36**
Vorstellungsgespräch **60**, **66**
Vorteil, lediglich rechtlicher **112**, **123**

W

Waren **151**
Wenn-dann-Beziehung **80**
Werbebotschaft **25**
Werbeträger **16**, **25**
Werbung **15** ff., **24**
Werbung, emotionale **17**
Werbung, informierende **17**
Wertaufbewahrungsmittel **31**, **40** f.
Wertmaßstab **40** f.
Wertpapiere **45**
Wertschöpfung **160**
Wettbewerbsdruck **141**
Willen, rechtlicher **110**
Willenserklärung **75**, **80**, **83**, **125**, **186**
Wirtschaften **12**, **23**
Wirtschaftlichkeit **150**, **153**
Wirtschaftlichkeitsprinzip (ökonomisches Prinzip) **24**, **151**, **163**
Wohlstand **150**, **160**
Wohlverhaltenszeit **46**
Wünsche **8**, **10**, **23**

Z

Zahlungsarten **34**
Zahlungsfähigkeit **36**
Zerstörung, schöpferische **136**
Zielgruppe **16**, **24** f.
Zinsaufwand **184**
Zinsen **36**

Bildnachweis

123rf/dedmazay – S. 93; 123rf/inhabitant – S. 93
Archiv für Kunst und Geschichte, Berlin – S. 150; Archiv für Kunst und Geschichte/Erich Lessing – S. 147; Artothek, Weilheim – S. 12
Baaske Cartoons/Kai Felmy, Müllheim – S. 134; Baaske Cartoons/Burkhard Mohr – S. 72; Baaske Cartoons/Thomas Plassmann – S. 51; Baaske Cartoons/Jan Tomaschoff – S. 176; Gotthard Bauer, München – S. 139; Bilderbox/Erwin Wodicka, Thening – S. 147
CartoonStock/Dave Allen, Bath Somerset – S. 91; CartoonStock/Robertson Royston – S. 88; Kirill Chudinskiy – S. 30
dieKLEINERT.de/Martin Guhl, München – S. 88, 89 (2); dpa Info-Grafik, Frankfurt – S. 18, 33; dpa Picture-Alliance/FC Barcelona, Handout – S. 72; dpa Picture-Alliance/GES-Sportfoto, Jan Kraft – S. 167; dpa Picture-Alliance/Tobias Hase – S. 107; dpa Picture-Alliance/Andreas Heddergott – S. 119; dpa Picture-Alliance/KPA-Aquila – S. 39; dpa Picture-Alliance/Sascha Radke – S. 6, 7; dpa Picture-Alliance/Ronald Wittek – S. 48; Drama-Berlin.de/Fabbri, Berlin – S. 29
Fotoagentur CARO/Blume, Berlin – S. 81; Fotolia/jarma – Einband; Fotolia/Thomas Lammeyer – S. 71

Jose Giribas – S. 154
Horst Haitzinger, München – S. 99; Walter Hanel, Bergisch-Gladbach – S. 140; Haus der Geschichte/© Jupp Wolter (Künstler), Bonn – S. 21; http://www.wikipedia.de – S. 9, 28, 31 (4), 32, 70 (3), 71, 128, 137 (2), 159; http://www.wikipedia.de/Avatar – S. 157; http://www.wikipedia.de/B. Erdödy – S. 108; http://www.wikipedia.de/Christopher Johnson – S. 16; http://www.wikipedia.de/Steve Jurvetson – S. 160; http://www.wikipedia.de/Guillaume Paumier – S. 134; http://www.wikipedia.de/Gerhard Streminger – S. 151; http://www.wikipedia.de/Usien – S. 28; http://www.wikipedia.de/World Economic Forum – S. 136
iStockphoto/bgblue – S. 35; iStockphoto/Enjoylife2 – S. 153; iStockphoto/Lise Gagne – S. 93; iStockphoto/KellyT – S. 148; iStockphoto/Viktoria Prikhodko – S. 63; iStockphoto/Alexander Raths – S. 63; iStockphoto/sceka – S. 35; iStockphoto/Leigh Schindler – S. 38; iStockphoto/Nikolay Titov – S. 63
Jantoo Cartoons/Chris Wildt, Bath – S. 156
Keystone Pressedienst/Jochen Zick, Hamburg – S. 94 (2), 96

Piero Masztalerz, Cartoons & Animationen, Hamburg – S. 108; myboshi GmbH – Jürgen Jaenisch, Hof – S. 130, 131
PantherMedia/Sabine Schäfer – S. 111; Peter Preller – Peißenberg – S. 79; Andreas Prüstel, Berlin – S. 61
Guido Schiefer, Köln – S. 95; Reiner Schwalme, Krausnick-Groß-Wasserburg – S. 51; Laura aus dem Siepen, Mülheim an der Ruhr/www.kleine-helden.de – S. 105; Statistisches Bundesamt, Wiesbaden – S. 33, 115; Klaus Stuttmann, Berlin – S. 27
Thinkstock/AbleStock.com – S. 13; Thinkstock/Brand X Pictures – S. 10, 73; Thinkstock/Digital Vision – S. 13, 106; Thinkstock/Hemera – S. 152; Thinkstock/ImageSource – S. 110; Thinkstock/Ingram Publishing – S. 48; Thinkstock/iStockphoto – S. 13, 15, 29, 48, 49 (2), 63, 68 (2), 69, 73, 75 (5), 76, 78, 79, 94, 106, 107, 129, 146 (2), 161, 169; Thinkstock/Pixland – S. 13, 168; Thinkstock/Stockbyte – S. 15, 49, 95; tiff.any, Berlin – S. 69, 81 (2), 167; tiff.any/Heimo Brandt – S. 60 (2), 87, 132; TOM/Tom Körner, Berlin – S. 149; Toon-Agent/Marcel und Pel, Berlin – S. 121; TV-Yesterday/Wolfgang Maria Weber, München – S. 92
VISUM Foto GmbH/Holde Schneider, Hamburg – S. 74 (3), 78, 90